内蒙古中华民族共同体建设研究工程（2023—2027年）系列丛书

内蒙古自治区铸牢中华民族共同体意识蓝皮书 2023

NEIMENGGU ZIZHIQU ZHULAO ZHONGHUA MINZU GONGTONGTI YISHI LANPISHU

内蒙古自治区社会科学院　编

内蒙古人民出版社

图书在版编目(CIP)数据

内蒙古自治区铸牢中华民族共同体意识蓝皮书. 2023/内蒙古自治区社会科学院编. -- 呼和浩特 ：内蒙古人民出版社，2024.6. -- ISBN 978-7-204-18097-4

Ⅰ. C955.2

中国国家版本馆 CIP 数据核字第 2024FM2164 号

内蒙古自治区铸牢中华民族共同体意识蓝皮书（2023）

编　　者　内蒙古自治区社会科学院
责任编辑　王　静　董丽娟　蔺小英
责任校对　党　蒙　海　日
封面设计　刘那日苏
出版发行　内蒙古人民出版社
地　　址　呼和浩特市新城区中山东路 8 号波士名人国际 B 座 5 楼
网　　址　http://www.impph.cn
印　　刷　内蒙古恩科赛美好印刷有限公司
开　　本　710mm×1000mm　1/16
印　　张　18.75
字　　数　300 千
版　　次　2024 年 6 月第 1 版
印　　次　2024 年 6 月第 1 次印刷
书　　号　ISBN 978-7-204-18097-4
定　　价　78.00 元

编写单位

内蒙古自治区社会科学院

指导单位

内蒙古自治区党委统战部

内蒙古自治区民族事务委员会

支持单位

呼和浩特市委统战部

呼和浩特市民族事务委员会

包头市委统战部

包头市民族事务委员会

呼伦贝尔市委统战部

呼伦贝尔市民族事务委员会

兴安盟委统战部

兴安盟民族事务委员会

通辽市委统战部

通辽市民族事务委员会

赤峰市委统战部

赤峰市民族事务委员会

锡林郭勒盟委统战部

锡林郭勒盟民族事务委员会

乌兰察布市委统战部

乌兰察布市民族事务委员会

鄂尔多斯市委统战部

鄂尔多斯市民族事务委员会

巴彦淖尔市委统战部

巴彦淖尔市民族事务委员会

乌海市委统战部

乌海市民族事务委员会

阿拉善盟委统战部

阿拉善盟民族事务委员会

摘 要

2023年6月习近平总书记在内蒙古考察时，首次提出铸牢中华民族共同体意识是民族地区各项工作的主线。这一重大论断，对做好新时代民族地区各项工作具有定向引航的重要指导意义。2023年7月，内蒙古自治区党委召开全委会，对贯彻铸牢中华民族共同体意识主线工作作出部署，全区各地各部门积极行动，在经济建设、政治建设、文化建设、社会建设、生态文明建设和党的建设等领域推开一系列工作。根据工作推进情况，结合实践中的探索，2023年底，自治区党委又制定了《关于全面贯彻铸牢中华民族共同体意识主线的若干措施》，全力把这条主线落实到内蒙古各项工作中，取得了可喜的成绩，也为本书的编写奠定了基础。

《内蒙古自治区铸牢中华民族共同体意识蓝皮书（2023）》由1个总报告、9个专题报告、12个盟市的区域报告和附录组成。“总报告”深入分析了以铸牢中华民族共同体意识为主线推进全方位建设模范自治区的深刻内涵、重大意义、实现路径及主要成效；9个“专题报告”紧紧围绕、毫不偏离铸牢中华民族共同体意识这条主线，总结分析推动经济建设、文化建设、社会建设、生态文明建设及组织开展群众教育实践活动、打造区域文化品牌、弘扬蒙古马精神和“三北精神”、实施“三项计划”、民族团结进步创建等方面工作取得的成效及存在的问题，并提出了对策建议；12个盟市的“区域报告”是各地结合当地实际贯彻落实自治区党委部署要求的实践篇。附录是2023年内蒙古民族工作大事记。

目　录

总报告

专题报告

区域报告

附 录

总 报 告

以铸牢中华民族共同体意识为主线全方位建设模范自治区研究报告

何生海*

摘　要： 内蒙古全方位建设模范自治区是中国式现代化在内蒙古的具体实践，是新时代铸牢中华民族共同体意识的必然要求，是立足于建设"两个基地""两个屏障"和"一个桥头堡"的战略需求，也是躬行以人民为中心的发展思想的重要实践。全方位建设模范自治区就是要在夯实各族人民感党恩、听党话、跟党走的思想政治根基，铸牢中华民族共同体意识，主动履行为国家发展大局作贡献和深入推进兴边富民、稳边固边的成效上走在全国的前面，作出表率、树立模范。厘清全方位建设模范自治区的重大意义、基本内涵、实现目标，才能明白"为谁建设""谁来建设""建设什么""怎样建设"这几个基本问题，才能在实践中找到落脚点，从而促进内蒙古全方位发

* 何生海，内蒙古大学铸牢中华民族共同体意识研究基地首席专家，教授，博士生导师。

展。本文梳理了内蒙古以铸牢中华民族共同体意识为主线，全方位建设模范自治区的内涵、意义、路径、成效，这对于内蒙古自治区党委提出办好两件大事的统领性要求和闯新路、进中游的奋斗目标具有重要意义。

关键词： 内蒙古　全方位建设模范自治区　铸牢中华民族共同体意识

内蒙古地区是中国共产党最早建立党组织的热土之一。抗日战争时期，为驱赶日本侵略者，铁骨铮铮的内蒙古各族儿女在中国共产党的领导下建立了大青山革命根据地。解放战争中，内蒙古地区作为解放东北与华北的稳固大后方，保障了前线的物资供应。中华人民共和国成立之初，内蒙古作为全国第一个省级民族自治区，为中国共产党正确处理国内民族问题，在理论和实践上提供了极其重要的依据。2019 年 7 月，习近平总书记在内蒙古考察并指导开展“不忘初心、牢记使命”主题教育时要求内蒙古“在新时代继续保持模范自治区的崇高荣誉”。因此，在全方位建设模范自治区的路上，全面厘清其重大意义、深刻内涵与建设路径，对于指导实践寓意深远。

一、全方位建设模范自治区的内涵

对“全方位建设模范自治区”这一概念进行拆解，“建设”是谓语，“全方位”是对“建设”的修饰，“模范自治区”是“建设”的结果。精准把握“全方位”这一内涵，有利于指导建设实践。

（一）全方位建设模范自治区的提出

在烽火连天的解放战争时期，1947 年 4 月，在中国共产党的正确领导下，内蒙古人民代表会议成功召开；5 月 1 日，正式宣告成立内蒙古自治政府。这一重大事件的发生不仅是党的民族工作取得的光辉成就，而且标志着我国首个省级民族自治区的诞生，具有深远的历史意义。毛泽东同志和朱德同志在祝贺内蒙古自治政府成立的贺电中说道：“曾经饱受困难的内蒙同胞，在你们领导之下，正在开始创造自由光明的新历史。我们相信：蒙古民族将与汉族和国内其他民族亲密团结，为着扫除民族压迫与封建压迫，建设新蒙古与新中国而奋斗。庆祝你们的胜利。”① 20 世纪 50 年代，周恩来同志赞誉内蒙古为“模范自治区”。邓小平、江泽民、胡锦涛等同志均对内蒙古自治区的相关工作给予赞扬，并提出殷切期望，鞭策内蒙古自治区发扬优良传统，争取更大光荣。2007 年 8 月，中共中央、全国人大常委会、国务院、全国政协、中央军委庆祝内蒙古自治区成立 60 周年的贺电指出：“60 年前，在中国共产党的领导下，内蒙古率先实行了民族区域自治。内蒙古自治区的成立，是中国共产党把马克思主义基本原理同我国民族实际相结合的一个伟大创举，谱写了内蒙古历史发展的新篇章，为在我国实施民族区域自治制度树立了光辉典范。”②

新时代以来，建设好模范自治区是习近平总书记对内蒙古一以贯之的要求。习近平总书记始终深情牵挂内蒙古，高度重视和支持内蒙古的各项工作。党的十八大以来，习近平总书记先后 3 次到内蒙古考察，连续 5 年参加全国人民代表大会内蒙古代表团审议，就内蒙古工作作出一系列重要指示，为内蒙古量身定制行动纲领、擘画宏伟蓝图，要求内蒙古精心呵护、继续保持“模范自治区”的崇高荣誉。内蒙古自治区党委深入贯彻落实习近平总书记的重要指示批示精神，在全面建设社会主义现代化国家新征程上书写内蒙古发展新篇章，最重要的是办好两件大事：一件是努力完成习近平总书记交给内蒙古的五大任务；另一件是全方位建设模范自治区，为建设中国式现代化贡献内蒙古力量。

2023 年 7 月 5 日，自治区党委十一届六次全会审议通过《内蒙古自治区党委关于全方位建设模范自治区的决定》。该决定向内蒙古全区上下各族各界

---

① 中共中央文献研究室、国家民族事务委员会：《毛泽东民族工作文选》，中央文献出版社 2014 年版，第 14 页。

② 国家民族事务委员会、中共中央文献研究室：《民族工作文献选编（二〇〇三—二〇〇九年）》，中央文献出版社 2010 年版，第 246 页。

发出了全方位建设模范自治区的动员令，指出内蒙古要在感党恩听党话、紧跟习近平总书记奋进新征程上作模范，在铸牢中华民族共同体意识上作模范，在民族地区推进中国式现代化建设中作模范，在边疆民族地区走向共同富裕的道路上作模范，在兴边稳边固边上作模范，在边疆地区联通国内国际双循环上作模范，在弘扬新风正气上作模范。7 月 31 日，内蒙古自治区第十四届人民代表大会常务委员会第五次会议通过《内蒙古自治区全方位建设模范自治区促进条例》，从经济建设、政治建设、文化建设、社会建设、生态文明建设和民族团结进步等方面，对全方位建设模范自治区予以全面保障。12 月 25 日至 26 日，中国共产党内蒙古自治区第十一届委员会第七次全体会议暨全区经济工作会议第一次全体会议召开。全会指出，要以铸牢中华民族共同体意识为主线，全力办好两件大事，凝心聚力闯新路、进中游，踔厉奋发、勇毅前行，不断书写中国式现代化的内蒙古新篇章；审议通过《关于全面贯彻铸牢中华民族共同体意识主线的若干措施》，进一步明确责任主体和工作职责，解决了谁来干、干什么、怎么干的问题。若干决定、条例、措施连续重磅发布，引领全区上下以铸牢中华民族共同体意识为主线，在“七个作模范”上聚焦用力，把模范体现在各个领域、各个方面。

（二）建设内容的多维度

不能狭义地将内蒙古全方位建设模范自治区理解为仅是做好民族团结工作，从建设内容而言，还应涉及政治、经济、文化、社会、生态等领域。要凝心聚力完成好习近平总书记交给内蒙古的五大任务，要在全国争作表率、争做“状元”，要走在其他省区的前面，让成果更丰硕。在经济方面，要在发展传统产业的基础上，加大对高新技术产业、现代服务业等新兴产业的支持力度。在生态建设方面，要着力进行全方位的环境保护，包括推进清洁能源的利用，减少污染排放，提高环境质量，增强人民群众的生态环境保护意识。在铸牢中华民族共同体意识方面，要进一步做实民族团结教育，完善民族地区基层组织建设，加快形成民族互嵌式社会结构。在社会发展方面，要提高教育、医疗、文化、体育等事业的发展水平，增强群众的获得感和幸福感；同时，要完善社会管理和公共服务体系，促进社会和谐稳定发展。

（三）建设主体的多元化

社会发展的力量源于人民。全方位建设模范自治区要充分发动广大人民群众，依靠人民力量取胜。首先，最广泛地调动人民群众的积极性。要充分发扬民主精神，让人民群众参与到自治区的建设和发展决策中，包括广泛征求民意、听取人民的意见和呼声，让人民群众参与决策、监督和评估，确保决策的科学性、公正性和民主性。其次，最大程度调动社会资源。要调动社会各方面的资源，包括人力资源、智力资源、物质资源等，让其共同参与到自治区的建设和发展中来。通过广泛的社会参与，提高人民群众的国家意识、公民意识和法治意识，让他们自觉履行义务、行使权利，为自治区的建设与发展助力。最后，发挥政府、企业和社会的不同功能。政府应制定具体的发展规划与实施方案，加强对企业和社会的引导，注重企业的专业化发展，提升整个自治区的综合实力和核心竞争力。同时，要打造政府、企业与社会信息畅通的绿色通道，提高社会治理效率和公共服务水平。企业应加强自身建设，增强社会责任感，为自治区的全面建设发挥重要作用。社会组织应发挥政府与民众的“桥梁”作用，促进社会公平与正义，推动社会全面发展。全方位建设模范自治区中的“全”体现在经济、社会、政治、生态等发展的全过程、各领域，体现在各族人民都是模范自治区的建设者、奉献者、成果的享有者，没有主次、先后之分。同时，要促进区内与区外合作“两翼”齐飞，推动国内循环与国际循环相结合，实现国内与国际合作接轨，尤其在生态建设、资源共享、技术共进、协同发展上深度融入。

（四）建设方法的多样性

就建设方法而言，“全方位”就是要突破传统的社会治理方法。首先，建设民族地区信息化平台。通过建立数据共享、交换、协作机制，实现信息跨部门共享；充分利用大数据技术，全面、快速、准确地掌握民族地区发展情况和社会民生状况。其次，推进智能化应用。提升社会治理的现代化与精细化水平，普及智能数据分析、人工智能、云计算等，推动互联网+、智慧物流、农畜产品网络销售等的发展，带动民族地区数字经济繁荣发展。实行公共领域自动化管理与服务，如可视化的垃圾分类投放系统、自动化的停车管理系统等。再次，延伸服务链条，盘活新业态。如内蒙古物流仓储运输业潜力巨大，要立足大宗商品多、大进大出多、长距离运输多的实际，完善“通道+枢纽+网络”的现代物流体系，培育本土网络货运平台企业，加快推进多式联运高质量发展，降低物流成本，把企业扶起来、业态做起来，把就业带起来、收入提上来。最后，发挥现代媒介的宣传作用。利用抖音、网站、微信、微博等新媒体，强化主流意识与国家意识的宣传，守好意识形态主阵地，不断创新民族团结教育的宣传方式，把线上与线下相结合、实物与影像相结合、课内与课外相结合，有形有感有效地铸牢中华民族共同体意识。

二、全方位建设模范自治区的重大意义

内蒙古全方位建设模范自治区具有重大的现实意义。

（一）全方位建设模范自治区是中国式现代化在内蒙古的具体实践

走中国式现代化之路就是开拓一条符合中国特殊国情的现代化道路，为世界其他发展中国家实现现代化提供经验与智慧。内蒙古是边疆民族地区，这就决定了内蒙古在现代化进程中，既要坚持中国式现代化的总原则，又要把握好民族地区现代化的独特要求。那么，如何理解中国式现代化与全方位建设模范自治区的关系呢？如何协调现代化的共性与模范自治区的独特性呢？首先，中国式现代化与全方位建设模范自治区目标一致，同频共振。二者的目标都是实现经济、社会、文化等方面的现代化发展，都追求社会进步，致力于改善人民生活水平、促进民族团结。中国式现代化是全局性要求，全方

位建设模范自治区必须在国家整体发展战略的框架下进行，与中国式现代化的目标一致。在全面深化改革、生态文明建设和实现第二个百年奋斗目标等重大战略中，内蒙古全方位建设模范自治区要与国家整体发展协调统一。其次，中国式现代化与全方位建设模范自治区相互促进，互为转化。中国式现代化的推进依托各个地区和各个层级的共同发展，全方位建设模范自治区就是为了更好地发挥示范引领作用，其成功经验可为中国式现代化提供参考和借鉴。最后，内蒙古进行现代化建设必须基于世情国情党情、社情民情舆情，发挥地方优势，实现转型发展。中国式现代化的推进需要因地制宜、因时施策，充分考虑各地区的实际情况和地方特色。内蒙古要立足地方优势，推进自身现代化进程。

总之，内蒙古全方位建设模范自治区是中国式现代化的重要组成部分，是中国特色社会主义现代化事业的一个生动实践。内蒙古要充分发挥资源优势和地域优势，为实现中国式现代化的目标作出积极贡献。内蒙古全方位建设模范自治区就是中国式现代化在具体区域落地生根的过程，这不仅是对“模范自治区”金字招牌的呵护，更是在新时代背景下对内蒙古提出的新要求、新目标，表明了内蒙古各族儿女在新时代建设祖国、家乡的热情与决心。

（二）全方位建设模范自治区是新时代铸牢中华民族共同体意识的必然要求

“模范自治区”根源于内蒙古自治区各族群众的爱国意识、民族团结意识和大局意识。如在 20 世纪 60 年代的三年困难时期，面临粮食紧缺的严峻形势，乌兰夫同志首先提出必须遵行“‘先中央后地方，先区外后区内’的原则。总之，要使自治区的财富成为全国的财富，首先为建设富强的社会主义祖国服务”[①]。仅 1961 年 8 月至 1962 年 8 月就向全国输送了 5 万多头牲畜，

① 《乌兰夫文选（下册）》，中央文献出版社 1999 年版，第 112 页。

帮助其他地区解决了燃眉之急。[1] 今天，全方位建设模范自治区成为铸牢中华民族共同体意识的切实要求。

首先，全方位建设模范自治区本质上就是维护各民族根本利益。“政如农功，日夜思之，思其始而成其终”，全方位建设模范自治区不仅是对过往殊荣的肯定和奋斗精神的延续，同时也为当下建设和未来发展指明了努力方向。这一号召锚定中华民族共同体建设的思想基础和实践指导，维护国家统一和安全，捍卫各族人民的根本利益。其次，全方位建设模范自治区是实现中华民族伟大复兴的区域实践。依靠区内与区外各族人民的力量，实现自治区全面快速发展，弥缝区域与民族之间发展的非均衡性，实现共同富裕，助推中华民族伟大复兴。最后，全方位建设模范自治区就是巩固和发展平等团结互助和谐的社会主义民族关系的过程。通过完善民族区域自治制度和多样化开展民族团结进步宣传教育，凝聚民心，汇聚民意，黏合人情，舒畅民怨，搭建国家认同视域下内蒙古民族关系和谐发展的理论框架，寻求国家一体化与民族多元化的共生路径。

（三）全方位建设模范自治区立足于习近平总书记赋予内蒙古的战略定位

党的十八大以来，习近平总书记 3 次到内蒙古考察，明确提出将内蒙古建设成为我国北方重要生态安全屏障、祖国北疆安全稳定屏障、国家重要能源和战略资源基地、国家重要农畜产品生产基地、国家向北开放重要桥头堡。这五大任务是国家全局性考量下赋予内蒙古的光荣使命，是内蒙古必须牢记的“国之大者”，也是内蒙古推动高质量发展的努力方向和着力点。内蒙古要完整、准确、全面贯彻新发展理念，见行见效地完成好五大任务，在全面建设社会主义现代化国家新征程上书写内蒙古发展新篇章，使“模范自治区”

① 《乌兰夫传》编写组：《乌兰夫传（1906—1988）》，中央文献出版社 2007 年版，第 367 页。

的荣誉实至名归。

（四）全方位建设模范自治区是躬行“以人民为中心”发展思想的需要

全方位建设模范自治区始终秉承为人民服务的宗旨，不断提升为人民服务的质量与水平。

首先，以人民为中心是全方位建设模范自治区的基本出发点。建设模范自治区就是要以人民群众的需求为出发点，以改善民生为主要目标，“以百姓之心为心”。正如习近平总书记所言：“从全国来看，推动全体人民共同富裕，最艰巨的任务在一些边疆民族地区。这些边疆民族地区在走向共同富裕的道路上不能掉队。要坚持以人民为中心，在发展中更加注重保障和改善民生，补齐民生短板，增进民生福祉，让各族人民实实在在感受到推进共同富裕在行动、在身边。”[①] 因此，在建设中出台的各项政策和法律法规都要以实现人民幸福为归依。

其次，建设模范自治区就是要更好地为人民服务，要在为人民服务上作出表率。通过全方位建设模范自治区，推动内蒙古在政治、经济、文化、社会、生态等方面快速发展，在满足人民群众住房、养老、上学、就医等方面需求上提升水平，践行“江山就是人民，人民就是江山”的誓言。

最后，建设模范自治区的过程就是人民实践的过程。人民群众是全方位建设模范自治区的磅礴力量。只有通过广泛的民主参与、社会动员，充分发挥人民群众的积极性和创造力，凝聚起团结奋进的强大力量，才能够推动全方位建设模范自治区迈上新的台阶。

① “习近平在内蒙古考察时强调 把握战略定位 坚持绿色发展 奋力书写中国式现代化内蒙古新篇章”，载《人民日报》2023 年 6 月 9 日。

三、全方位建设模范自治区的路径

在新时代内蒙古用什么来作“模范”？哪些可能成为“模范”？“模范”的基础是什么？这些都是必须回答的问题。全方位建设模范自治区不是喊口号，也不是走秀，更不能天马行空，必须基于区情、民情、社情发挥优势，守正创新，使亮的地方更亮，把不亮的地方擦亮。

（一）在感党恩听党话、紧跟习近平总书记奋进新征程上作模范

感党恩、听党话、跟党走是内蒙古革命成功与各项事业发展的基础与保障，是内蒙古的优良传统，也是开创新天地的法宝，更是全方位建设模范自治区应该遵循的金科玉律。

首先，内蒙古地区是中国共产党最早建立党组织的民族地区，开创了民族区域自治制度的先河，在执行党的民族政策上发挥了模范效应。早在1923年，李大钊等同志就在北京蒙藏学校宣传马克思主义革命理论。在他们的影响下，乌兰夫等一批蒙古族有志之士加入中国共产党。1924年，蒙藏学校建立了中共历史上第一个少数民族党支部，从此开启了中国共产党解决民族问题的伟大探索。在革命斗争的不同阶段，中国共产党准确分析内蒙古地区的革命斗争形势和民族问题，制定了不同的政策方针，推动了内蒙古地区的革命进程。如在新民主主义革命时期，党中央关于蒙古族和内蒙古民族问题的重要文件有230余件。[①] 在中国共产党的领导下，1947年内蒙古开始实行民族区域自治制度，开创了内蒙古历史的新纪元。

其次，内蒙古各项成就都是在党领导下取得的。“九一八”事变后，民族危机空前严重。一些蒙古王公为了自己的利益，出卖国家和民族利益，俯首

① 李玉伟：“中共关于内蒙古民族问题的四个纲领性文献”，载《蒙古史研究（第八辑）》2005年。

甘为日本侵略军的奴仆，更有甚者，企图把内蒙古从祖国的怀抱中分裂出去。关键时刻，中国共产党审时度势，正确把握“危”与“机”，妥善处理“时”与“运”，为广大群众分析形势与利害，带领人民群众和内蒙古革命走上正轨。新中国成立以后，在党的领导下，内蒙古稳步推进农牧区社会主义改造。为了支持内蒙古发展，7 万多名专业技术人员响应党和国家支援边疆的号召，远离家乡，到内蒙古工作和生活。

改革开放以来，内蒙古的发展备受党中央瞩目。习近平总书记曾说：“在确定十三届全国人大代表中央提名人选的选举地区时，我选择了内蒙古自治区。我这样做的考虑，是要表达党中央对民族地区、边疆地区的重视，是要体现党中央加快推进欠发达地区发展、坚决打赢脱贫攻坚战的决心。”① 在脱贫攻坚工作中，自治区省级领导一对一联系贫困旗县，18 个专项工作推进组、57 支工作总队、8 万多名扶贫干部奔赴一线，足迹遍布 3681 个贫困嘎查村和 5008 个非贫困嘎查村，逐级规划时间表、路线图，倒排工期，做到不脱贫工作队不撤离、责任人不脱钩。②

在党的坚强领导与全国人民支持下，内蒙古取得显赫成就。2022 年，人均生产总值为 96474 元，是 2000 年的 14.8 倍。其中，城镇居民可支配收入 46295 元，农牧民可支配收入 19641 元，分别是 2000 年的 9 倍和 9.5 倍。③ 2022 年，全区卫生机构［包括医院、乡镇卫生院、疗养院/所、专科疾病防治院（所/站）、疾病预防控制中心、妇幼保健所/站］共 25062 个，是 2000 年的 5.7 倍。④ 2022 年，全区铁路里程 14193 公里，公路里程 216176 公里，分别是 2000 年的 2.3 倍和 3 倍。⑤ 基础设施大幅改善，高速公路纵横交织，通

① “在参加十三届全国人大一次会议内蒙古代表团审议时的讲话（2018-03-05）”，载《习近平关于内蒙古工作论述摘编》，人民出版社 2023 年版，第 3 页。

② 本书编写组：《建设亮丽内蒙古——内蒙古自治区脱贫攻坚答卷》，人民出版社 2021 年版，第 3 页。

③ 内容来源于《内蒙古统计年鉴 2023》。

④ 内容来源于《内蒙古统计年鉴 2023》。

⑤ 内容来源于《内蒙古统计年鉴 2023》。

用机场数量增多，高速铁路开通运行，覆盖全区、连通全国和世界的现代交通网络基本形成。据统计，“分税制改革以来，1995—2021 年内蒙古自治区累计获得中央转移支付资金 2.86 万亿元，特别是党的十八大以来，中央安排内蒙古自治区的转移支付资金由 2012 年的 1618.5 亿元逐年增加到 2021 年的 2709 亿元，10 年累计达到 2.18 万亿元”①。2023 年地区生产总值比上年增长 7.3%，居全国第三位，人均地区生产总值突破 10 万元；规模以上工业增加值增长 7.4%，居全国第七位；固定资产投资增长 19.8%，居全国第二位；外贸进出口总额增长 30.4%，居全国第三位。②

凿凿可据，内蒙古的各项成就都是在党的领导下取得的。2023 年 6 月 30 日，自治区党委书记孙绍骋在内蒙古大学为广大师生讲授思政课，他勉励广大青年学子“牢记习近平总书记谆谆教诲，更加由衷地感党恩、听党话、跟党走，求真学问，练真本领，在中国式现代化伟大实践中书写青春华章、实现人生价值”③。

最后，内蒙古工作中出现的重大偏差都是党中央帮助纠正的。自治区成立以来，工作中出现重大偏差时，党中央都会及时给予指引，帮助我们把脉定向、纠偏正向。每一次改正改进后，内蒙古的工作都取得了新的重大进步。回过头看，如果没有党中央的指导和帮助，内蒙古一路走来不知会遭受多少挫折和困难，不知会走多少弯路、背上多么沉重的包袱。

土地改革初期，由于对农村情况研究得不够、把握得不准，自治区各地不同程度出现了“左”的倾向，错划了部分农民的成分，扩大了打击面。党中央敏锐察觉到工作中的偏差，及时对土改政策和策略进行完善，并在内蒙古地区解放区的农村普遍开展了一次土地改革复查纠偏工作，使土地改革逐渐回到正轨。在牧区开展民主改革之初，由于忽视了畜牧业经济的特点，内

---

① 孙绍骋：“感党恩听党话跟党走　在新时代继续保持模范自治区崇高荣誉”，载《党建》2022 年第 9 期。

② “政府工作报告”，载《内蒙古日报》2024 年 2 月 4 日。

③ “孙绍骋到内蒙古大学讲授思政课”，载《内蒙古日报》2023 年 7 月 1 日。

蒙古一些地方按照农区土改方法简单地划分阶级、斗争牧主、平分牲畜，使畜牧业生产受到严重破坏。发现这个问题后，中共中央东北局高度重视，要求必须团结蒙古族的大多数，采取“慎重缓进”的方针。正是有了中共中央东北局的有力指导，自治区党委才能及时总结民主改革中的经验教训，提出切合区情实际的“三不两利”政策，以一种比较和缓的方式打破了牧区落后的生产关系，充分调动了牧工和牧主的生产积极性，保证了牧区民主改革的顺利完成。“文化大革命”期间，内蒙古出现大量冤假错案，经济社会发展遭到严重破坏。后来在党中央的正确路线方针政策指引下，内蒙古按照实事求是、有错必纠的原则平反冤假错案、解决历史遗留问题，各方面才得以拨乱反正。

过去一个时期，内蒙古自治区一些地方不顾财政承受能力盲目铺摊子、上项目，沉迷于走高负债保增长的路子，积累了大量风险隐患。2017 年以来，习近平总书记多次就内蒙古政府债务问题作出重要指示，在关键时刻给我们打了“清醒剂”、踩了“急刹车”。在党中央的领导和指导下，全区上下吸取教训、坚决整改，举一反三、综合施策推进纠偏正向、固本培元，长期积累形成的一些问题总体上得到解决。① 党中央的关怀与支持成为内蒙古发展与赶超的强大精神力量和实践动力。历史已经证明，坚持党的领导是民族团结进步成功的关键，也是内蒙古各项事业成功的关键。

新时代以来，内蒙古地区的快速发展离不开以习近平同志为核心的党中央的坚强领导。现代化进程中，全区上下要坚决响应以习近平同志为核心的党中央的伟大号召，深刻领悟“两个确立”的决定性意义，增强“四个意识”、坚定“四个自信”、做到“两个维护”；要认真学习贯彻党的二十大和二十届一中全会精神，切实用党的二十大精神统一思想、统一意志、统一行动，埋头苦干、狠抓落实、团结奋斗，紧跟党的核心、人民领袖奋进新征程、

① 孙绍骋：“感党恩听党话跟党走 在新时代继续保持模范自治区崇高荣誉”，载《党建》2022 年第 9 期。

建功新时代，更好“扛起新使命、谱写新篇章”，在新的赶考之路上努力交出让习近平总书记和党中央放心、让全区人民满意的合格答卷。

（二）在铸牢中华民族共同体意识上作模范

铸牢中华民族共同体意识是新时代民族工作的主线，所有工作都要向此聚焦。习近平总书记指出：“民族地区的经济建设、政治建设、文化建设、社会建设、生态文明建设和党的建设等，都要紧紧围绕、毫不偏离这条主线。无论是出台法律法规还是政策措施，都要着眼于强化中华民族的共同性、增强中华民族共同体意识。”①

内蒙古在铸牢中华民族共同体意识方面必须走在全国前列，必须要正确把握共同性和差异性的关系。增进共同性、尊重和包容差异性是民族工作的重要原则。着眼于增进共同性，以多元滋养一体。各地要画出最大同心圆，在公共场所、广场建筑、城市地标等上突出各民族共有共享的中华文化符号和形象，营造各民族团结进步的社会氛围和社会环境。要正确把握中华民族共同体意识和各民族意识的关系，引导各民族始终把中华民族利益放在首位，本民族意识要服从和服务于中华民族共同体意识，同时要在实现好中华民族共同体整体利益进程中实现好各民族具体利益。要正确把握中华文化和各民族文化的关系，各民族优秀传统文化都是中华文化的组成部分，中华文化是主干，各民族文化是枝叶，根深干壮才能枝繁叶茂。要正确把握物质和精神的关系，要赋予所有改革发展以彰显中华民族共同体意识的意义，以维护统一、反对分裂的意义，以改善民生、凝聚人心的意义，让中华民族共同体牢不可破。全方位建设模范自治区就是要解决内蒙古发展不充分不均衡的问题，就是要加大推广国家通用语言文字的力度、广度和深度，构筑中华民族共有精神家园，夯实铸牢中华民族共同体意识的思想根基。

---

① “习近平在中央民族工作会议上强调 以铸牢中华民族共同体意识为主线 推动新时代党的民族工作高质量发展”，载《人民日报》2021 年 8 月 29 日。

我国学界一度受到西方民族学理论流派的影响，把民族差异性，即“特色”作为民族研究的核心主题。实际上，任何民族都是关系中的民族，民族一定处在一个特定的关系里，不可能不受其他文化的影响。静态地看民族就是割裂了民族的社会关系，如是呈现的就是民族的差异性。而且，文化是在不断变化和发展的，没有哪一种文化是某个民族独有的。当前，任何民族的发展都摆脱不了现代化的影响，如果静态或者孤立地看待一个民族的文化，总是呈现民族文化在一个区间内的具体特点，就会“见骥一毛，不知其状；见画一色，不知其美”，如是就总会突显“不同面”或者差异性。“智者察同，愚者察异”，今天，内蒙古全方位建设模范自治区，必须从民族的社会关系与社会变迁视角来揆情度理，必须置身于中华文化之中把握各民族文化，从中华民族整体发展脉络中把握某个具体民族的历史。如此，从整体观视角看待民族与民族文化，“求同”便可水到渠成。

全方位建设模范自治区是新时代赋予内蒙古发展的意义、民族团结的意义、铸牢中华民族共同体意识的意义，是内蒙古各族儿女向党和国家作出的伟大承诺。全方位建设模范自治区为内蒙古擘画了奋进蓝图、提供了根本遵循，内蒙古要把这项工作做到前面，成为全国的表率与楷模。

（三）在民族地区推进中国式现代化建设中作模范

内蒙古在推进中国式现代化的进程中，必须在完成好五大任务上展现新作为。

一是安全稳定屏障和生态安全屏障建设。祖国北部边疆的安全稳定事关国家统一、社会稳定、民族团结，那么，如何在这方面走在全国前列呢？首先，要从人民群众中汲取力量。人民群众是国家安全的捍卫者，要提高广大民众对边境安全重要性的认识，增强国家认同，提升中华民族凝聚力。通过媒体、学校、社区等渠道，弘扬爱国主义精神和中华优秀传统文化，确保地区政治稳定，进而为国家的整体安全作出贡献。其次，要做好边境安全统筹工作。所谓的“屏障”就是要把敌对势力的各种渗透阻挡在“门外”，内蒙古要做卫戍中华民族安全的“铜墙铁壁”。要加强边防建设、边境巡逻和踏查，牢牢守住意识形态阵地，守护好祖国北大门。同时也要加强区内安全建设，提升社会治安管控能力，确保社会稳定与安宁，为国家安全提供坚实保障。最后，要充分发挥向北开放的地缘优势，积极融入“一带一路”建设，加强与共建“一带一路”国家的合作共赢。

在生态安全屏障建设上，内蒙古具有先天优势。首先，内蒙古具有得天独厚的自然条件。2019 年，内蒙古的森林面积为 2614.85 万公顷，居全国第一；草地面积为 54171.9 千公顷，占全国 20.5%，仅次于西藏，具有世界上类型最丰富、保存最完整的天然草原；湿地面积 3809.4 千公顷，占全国 16.2%，[①] 自治区保护区数量 182 个，其中国家级保护区数量 28 个。[②] 在国家和内蒙古主体功能区规划中，限制和禁止开发区域占到全区的 86.9%，相当于祖国正北方有 100 多万平方公里的面积将用于生态建设。其次，内蒙古各族儿女有为祖国生态建设作贡献的决心与担当。如荣膺“全球 500 佳”环境奖、有“中国天然氧吧”等称号的赤峰市敖汉旗，曾是全区乃至全国荒漠化最严重的地区之一。面对恶劣的生态环境，敖汉旗几代人几十年如一日地植树种草，治理荒漠化，在祖国北疆建起了一道亮丽风景线。联合国防治荒漠化公约秘书处原官员卡尔·波马顿曾评价称，敖汉旗的经验可以成为世界各国人民防治荒漠化的样板和典范。[③] 在新征程上，内蒙古要继续扩大战果，把祖国北部边疆风景线打造得更加亮丽。

二是能源和战略资源基地与农畜产品生产基地建设。在能源和战略资源基地建设上，内蒙古具有不可替代性。内蒙古具有得天独厚的资源优势，在能源建设与经济结构优化转型上能走在前面。如何把资源优势转化成发展优势，在能源与战略资源保障方面走在前面？第一，发展清洁能源。内蒙古具

① 内蒙古自治区统计局：《内蒙古统计年鉴 2022》，中国统计出版社 2022 年版，第 249-251 页。

② 国家统计局：《中国统计年鉴 2020》，中国统计出版社 2020 年版，第 254-256 页。

③ “荒漠化治理的‘世界样板’——来自内蒙古敖汉旗的生态报告”，载《内蒙古日报》2023 年 6 月 19 日。

有丰富的风能和太阳能资源，可以大力发展风电、光伏发电和生物质能源等清洁能源，减少对传统能源的依赖，为国家能源保障作出贡献。第二，推动煤炭高效利用。加强煤炭高效利用技术的研发和应用，提高煤炭能源的清洁化、高效化水平，减少环境污染。发展煤炭清洁燃烧和煤炭气化等技术，促进能源结构的优化和转型升级。第三，建设智能电网。加大对智能电网建设的投资力度，推动电力系统的现代化升级，实现能源的高效利用和优化调度，提高能源供给的可靠性和灵活性。第四，加强科技创新。加大对能源科技创新的支持力度，推动新能源技术的研发和应用。鼓励企业、高校和科研院所加强合作，培养高素质的科技人才，推动新能源技术的突破和产业化。

内蒙古在建设国家农畜产品生产基地上具有无可比拟的优势。内蒙古被誉为祖国的“粮仓”“奶罐”“肉库”，名副其实。当然，存在的问题也比较突出，如牛羊肉产业目前还存在大而不强、资源分散、标准化生产程度较低、种养结合的规模化专业合作经济组织较少、市场不规范、高质量绿色牛羊肉产品产量较低以及龙头企业数量不多、规模不大、带动力不强等问题，制约了牛羊肉产业的绿色高质量发展。[①] 那么，如何把农畜产品生产基地打造得量大质优呢？第一，优化产品产业结构，推动农畜产品提质增效。第二，大力发展农畜产品深加工产业，延长产业链，提升产品附加值。对农作物进行精细加工，提高产品质量，做优品牌。同时，建设完善的物流体系和智能化的冷链设施，提高农畜产品的运输和储存水平，保持产品的新鲜度和品质。第三，拓展市场，加强贸易合作。拓展国内外市场，加强与其他国家和地区的贸易合作。通过参与国内外的农畜产品展会、加强品牌宣传和市场推广，提高产品的知名度和市场份额。

（四）在边疆民族地区走向共同富裕的道路上作模范

共同富裕不仅是社会主义的本质要求，更是中国人民的共同期盼，其核

① 苏红梅、刘俊华：“内蒙古牛羊肉产业绿色高质量发展路径探析”，载《内蒙古社会科学》2020 年第 5 期。

心在于缩小贫富差距，实现社会公平正义，让每一个人都能在国家发展进程中感受到实惠和尊严。共同富裕的实现，需要我们坚持以人民为中心的发展思想，确保发展成果由人民共享。这意味着我们必须在政治、经济、文化、社会、生态文明建设等各个方面下功夫，推动人的全面发展和社会全面进步。

在推动经济社会发展的进程中，内蒙古自治区必须始终把保障和改善民生放在优先位置，通过实施一系列措施来促进民生持续改善、福祉不断增进。实施就业优先战略，通过创造更多的就业机会，确保人民群众有稳定的收入来源。这包括支持创业创新，举办职业技能培训，对困难群体进行就业援助，等等。加大对教育事业的投入力度，确保每个孩子都能享有公平优质的教育资源。这包括改善农村和贫困地区的教育条件，提高教育质量，推动教育公平立法。进一步落实医疗卫生体制改革，建立健全城乡统一的基本医疗保险和大病保险体系，提高基层医疗服务能力，确保人人享有基本医疗服务；同时，加强公共卫生体系建设，提高应对突发公共卫生事件的能力。建立更加完善的社会保障体系，确保人民群众面临老龄化、失业等风险时有基本的生活保障。完善住房保障体系，通过建设公租房、限价房等，解决低收入家庭的住房问题。同时，加强房地产市场调控，优化房地产政策。

通过这些措施，内蒙古逐步实现教育、医疗、住房、社会保障等民生领域的全面进步，让各族人民实实在在感受到推进共同富裕在行动、在身边。同时，我们还要不断总结经验，调整政策，确保民生改善的措施既符合当前的实际情况，又具有可持续性。共同富裕的实现是一个漫长的过程，需要我们坚定信心，持之以恒地推进改革和发展。在这个过程中，我们要始终坚持以人民为中心的发展思想，不断满足人民日益增长的美好生活需要，让共同富裕的道路越走越宽广。

（五）在兴边稳边固边上作模范

兴边富民、稳边固边对于加快边境地区发展，加强民族团结，维护国家安全统一具有重要意义。“兴边富民”的核心是促进边疆地区经济发展，提高边疆地区居民的生活水平。通过扩大投资、加强基础设施建设、发展现代农业、发展特色产业等方式，不断推进农牧业产业化发展，同时打造特种畜产品、林下经济、沙产业等特色产业，持续增强经济发展能力，增加居民的就业机会和收入来源，改善民生条件。“稳边固边”就是要确保边疆地区的稳定和安全，通过加强边境地区的治安防控、加强民族宗教政策法规的宣传教育、加强基层组织建设等方式，鼓励抵边居民主动承担巡边任务，积极保护边境国防设施；同时要加强对非法跨境行为、草原火情、野生动物迁徙等的监控和通报，维护好边疆地区的社会稳定，确保国家领土完整和边境安全。因此，内蒙古作为边疆民族地区，要在兴边富民、稳边固边中发挥示范和引领作用。

（六）在边疆地区联通国内国际双循环上作模范

内蒙古自治区地处中国北部边疆，拥有得天独厚的区位优势，是连接东北亚和欧洲的重要通道，在联通国内国际双循环中发挥着重要作用。将内蒙古打造成为我国向北开放的重要桥头堡这一战略定位的提出，为内蒙古的未来发展指明了方向。内蒙古要积极参与“一带一路”建设，加强与俄罗斯、蒙古国等周边国家的经贸合作，推动形成全方位、多层次、立体化的开放格局。同时，要利用资源和产业优势，吸引外资，推动产业结构升级，为地区经济发展注入新的活力。

新时期，内蒙古如何更好发挥“桥头堡”的作用？第一，加强合作平台建设。通过设立经贸合作区、自由贸易区等，吸引更多企业参与到跨境贸易中来。第二，促进贸易便利化。认真落实《关于服务构建新发展格局 推动边（跨）境经济合作区高质量发展若干措施的通知》和《区域全面经济伙伴关系协定》等重要文件精神，简化贸易手续，提供优惠政策。建立高效便捷的物流通道和跨境运输体系，降低贸易成本，缩减运输时间，提升贸易便利度。第三，拓宽贸易渠道。开辟更多的对俄和对蒙贸易通道，推进多元化经贸合作。例如，通过铁路、公路等陆路运输方式，加强与俄罗斯和蒙古国的贸易往来，并建设跨境贸易物流中心。另外，还可以拓宽空运、海运等国际贸易渠道，扩大进出口规模。第四，完善贸易法律和规则体系。加强法律法规建设，加强知识产权保护、商务合规等方面的工作，营造良好的投资环境和商业氛围，吸引更多的企业和资金投入到中俄蒙贸易中。

（七）在弘扬新风正气上作模范

全方位建设模范自治区需要广大干部群众振奋精神，把严的标准立起来、实的作风树起来。成为模范，并非是要与他人竞争或为了标榜自身，而是要着眼于持续进步和追求卓越，依照更高标准将内蒙古的各项工作做得更好。为此，全区上下要全力以赴，以饱满的精神状态和昂扬的奋进姿态推动各项事业发展，在迈向中国式现代化的进程中，充分展示“模范自治区”的风采。

作风建设是推动事业发展的关键。只有营造风清气正的干事创业氛围，才能充分激发广大党员干部群众的积极性、主动性和创造性，形成强大的合力。要增强广大干部及基层工作者的责任意识，推动政策落实，提升服务效能。政府部门应优化服务流程，压缩办事时间，提高办事透明度，真正做到便民利民。同时，提升服务质量，对民众的合理诉求迅速响应并处理，提高民众的满意度，增强民众的幸福感。

加强法治建设，保障和改善民生。构建公正高效的法治环境，保障法律的严格执行和公平正义，为经济社会发展提供坚实的法治保障。同时，增强全社会的法治意识，构建和谐社会。培育和践行社会主义核心价值观，加强思想道德建设，广泛开展教育和实践活动，引导居民自觉践行社会主义核心价值观，形成积极向上、诚实守信的社会风气。

启航新时代，“凡益之道，与时偕行”，内蒙古全方位建设模范自治区既要用好战略思维的望远镜，洞悉潮流、研判趋势，也要用好问题意识的显微镜，实事求是、与时俱进，推动各项事业全面发展，把“模范”的牌子擦得更亮。

四、全方位建设模范自治区的成效

在百年未有之大变局下，内蒙古各族人民踔厉奋发、砥砺前行，在全方位建设模范自治区的宏伟事业中取得了显著成效，主要体现在以下方面：

（一）培根铸魂，做好铸牢中华民族共同体意识的思想教育工作

首先，加强教育实践基地建设。2023 年，自治区党委统战部、自治区民族事务委员会制定出台《全区铸牢中华民族共同体意识教育实践基地建设工作方案（2023—2027 年）》（以下简称《方案》）。《方案》明确，到 2027 年，自治区级铸牢中华民族共同体意识教育实践基地数量达到 100 个以上，盟市、旗县级教育实践基地达到 500 个以上，在全区初步建成较为完备的铸牢中华民族共同体意识教育实践基地体系。各级教育实践基地将以实物展示、影像再现、情景还原、沉浸体验等多元表现方式，充分展示我区铸牢中华民族共同体意识、建设中华民族共同体取得的丰硕成果。

其次，加强重大基础理论研究。自治区实施了内蒙古中华民族共同体建设研究工程（2023—2027 年），积极推进各民族交往交流交融的历史研究，编纂《中华民族交往交流交融史料汇编·内蒙古卷》，并将其列为自治区哲学社会科学规划委托项目，已按期向国家民委提交了第一批史料清单 123 万字。自治区教育厅组织编写了《习近平新时代中国特色社会主义思想在内蒙古生动实践案例》《铸牢中华民族共同体意识教学大纲》等优质教学资源。自治区将铸牢中华民族共同体意识研究基地建设纳入重要议事日程，纳入自治区党委绩效考核和自治区党委统一战线领导小组工作要点。启动实施铸牢中华民族共同体意识研究基地扩容、提质、增效工程，制定实施《内蒙古自治区铸牢中华民族共同体意识研究基地管理办法》。内蒙古大学入选国家首批铸牢中华民族共同体意识研究基地，内蒙古师范大学再次被确定为国家民委中华民族共同体研究基地。全区现有国家级研究基地 2 家，自治区级研究（培育）

基地 8 家。2023 年，自治区各研究（培育）基地举办和承办各类学术活动 34 次。关于铸牢中华民族共同体意识的课题共立项 152 项，出版著作 41 部，发表学术文章 176 篇，其中核心期刊 99 篇。

再次，加大国家通用语言文字推广力度。全面推行国家通用语言文字教育教学，坚定坚决推行使用国家统编教材。实施国家通用语言文字应用能力提升项目，截至 2023 年底共投入 1.9 亿元打造了语言评测、统编教材备授课和智能助教系统等平台，项目覆盖全区 349 所原民族语言授课中小学校和 2651 所普惠性幼儿园，教育教学水平得到全面提升。

最后，把课程思政与思政课程贯通。依托内蒙古独特的历史文化资源，组织了“行走的思政课”“红领巾寻访”“追寻足迹 奋进北疆”等“大思政课”实践活动，打造了“何以中国”“青年说”“奋进吧！北疆少年”等北疆文化育人品牌，引导大中小学生坚定不移感党恩、听党话、跟党走。

（二）统筹推进经济社会发展，提高各族人民的物质生活水平

内蒙古自治区以习近平新时代中国特色社会主义思想为指导，认真贯彻落实党中央、国务院决策部署，坚持稳中求进工作总基调，坚持生态优先、绿色发展导向不动摇，统筹推进经济社会发展，取得良好成效。2010—2023 年，内蒙古地区生产总值实现稳步增长，如下图所示。

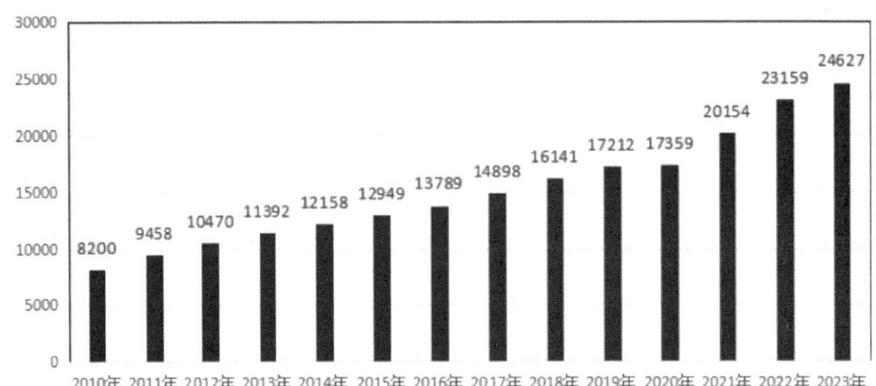

图 1　内蒙古 2010—2023 年地区生产总值（单位：亿元）

（资料来自于内蒙古各年度的统计年鉴）

如上图所示，2023 年内蒙古地区生产总值是 2010 年的 3 倍。随着经济总量的稳步增长，内蒙古人均国内生产总值也实现快速增长，从 2010 年的 33262 元增长到 2023 年的 102677 元；人均可支配收入从 2010 年的 12538 元增长到 2023 年的 38130 元。如下图所示。

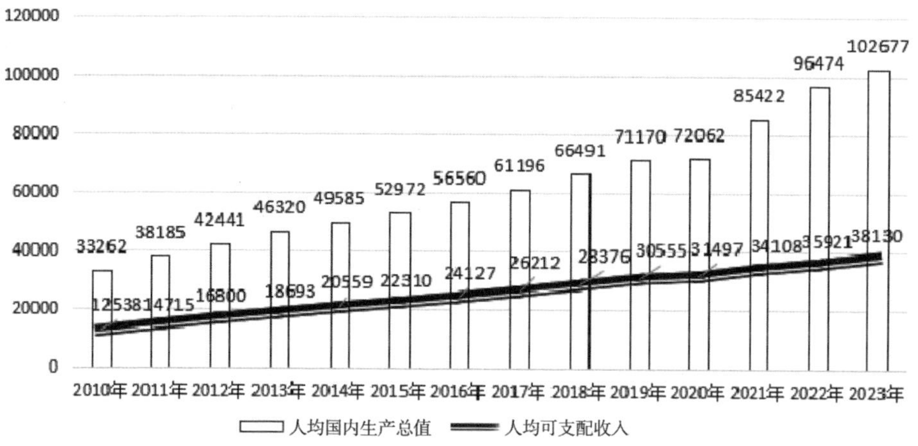

图 2　内蒙古 2010—2023 年人均国内生产总值与人均可支配收入（单位：元）

（资料来自于内蒙古各年度的统计年鉴）

（三）打好蓝天、碧水、净土三大保卫战，践行绿色发展理念

内蒙古自治区深入贯彻习近平生态文明思想，坚持以人民为中心，牢固树立和践行绿水青山就是金山银山的理念，把建设美丽中国摆在强国建设、民族复兴的突出位置，推动城乡人居环境明显改善、美丽中国建设取得显著成效，以高品质生态环境支撑高质量发展，加快推进人与自然和谐共生的现代化。2023 年，全区空气质量优良天数比率 90. 2%（扣除异常沙尘天气影响后），较 2015 年提高 4. 0 个百分点，超出全国平均值 3. 4 个百分点；PM2. 5 平均浓度 23 微克/立方米，较 2015 年同比下降 36. 1%，比全国平均值低 7 微克/立方米；重污染天数比率 0. 2%，较 2015 年下降 0. 5 个百分点，比全国平均值低 0. 9 个百分点。“十三五”以来，累计完成“一湖两海”及察汗淖尔治

理项目131个，“一湖两海”水域面积保持在合理范围，呼伦湖、岱海成为国家水生态监测评价试点湖泊，乌梁素海湖心断面水质由劣Ⅴ类提高至Ⅳ类，察汗淖尔生态环境呈向好态势。呼伦湖鸟类数量增加近万只，鱼类由治理前的32种增加至39种；岱海鸟类由治理前的68种增加至98种。2023年，河湖水生态环境持续向好，434个河湖全面建立健康档案，完成水土流失综合治理面积1163万亩。西辽河流域地下水水位总体保持稳定、局部有所回升，断流20年的西辽河干流连续4年实现“有水”目标，水头不断延伸。出台《内蒙古自治区湿地名录管理办法》，建成各类湿地公园63个。全面完成全区13段23.46公里城市黑臭水体治理。2013年以来，累计建设城镇污水收集管网0.93万公里，改扩建城镇污水处理厂88座，新建4座，新建改造园区污水处理厂72座，推动全区557个入河排污口落实“三个一批”整治要求。完成历史遗留废弃矿山治理125.59平方公里，全区受污染耕地安全利用率保持在98%以上。截至2023年11月，全区划定各类自然保护地380个，占全区总面积的12.43%。3个城市（呼和浩特市、包头市、鄂尔多斯市）列入国家“十四五”时期“无废城市”建设名单，5个旗县（市、区）（兴安盟突泉县、包头市九原区、鄂尔多斯市伊金霍洛旗、兴安盟阿尔山市、阿拉善盟阿拉善左旗）入选全国农村生活垃圾分类和资源化利用示范县。[①] 兴安盟、新城区等7个地区被评为“国家生态文明建设示范市县”，杭锦旗库布其沙漠亿利生态示范区等4个地区被命名为国家“绿水青山就是金山银山”实践创新基地，呼伦贝尔市、乌海市被授予国家水生态文明城市称号。[②]

2022年以来，国家先后批复内蒙古4个新能源外送基地，总设计外送能力约7000万千瓦。同时，内蒙古正在加快布局建设百万千瓦级风电光伏基地，基地建成后将极大提升绿电外送比例。2023年，内蒙古新能源全产业链

---

① 本书编写组：《不负嘱托 砥砺前行——奋力书写中国式现代化内蒙古新篇章》，内蒙古人民出版社2024年版，第16-18页。

② 《内蒙古自治区“十四五”生态环境保护规划》，由内蒙古自治区人民政府办公厅于2021年9月26日印发实施。

增加值增长 16.1%，建成全国单体规模最大的光伏治沙项目、国内在运最大陆上风电基地、世界首条固态低压储氢生产线；风光氢储装备制造业产值达到 2762 亿元，呼包鄂通 4 个基地占比达到 80%。现代煤化工产业增加值增长 15.4%，实施煤炭精深加工项目 34 个，投产 11 个，开工建设全球最大绿氢耦合煤制烯烃项目，煤制乙二醇、煤制烯烃产能均居全国第二位。稀土产业增加值增长 21%，中重稀土金属产品实现规模化生产，10 万吨级全球最大稀土绿色冶炼项目开工，稀土、铌、锂等战略资源勘探实现新突破。①

（四）培壅中华文化的根脉，构筑中华民族共有精神家园

内蒙古自治区深入贯彻落实习近平总书记关于建设中华民族现代文明的重要要求，以习近平文化思想为根本遵循，推出多种中华文化符号和形象宣传海报及《旗帜》《文物中的内蒙古》《我愿以身许国》等文艺作品。系统集成内蒙古大地上的红色文化和草原文化、农耕文化、黄河文化、长城文化等文化形态，从办好两件大事的实践中汲取精神养分，着力打造以守望相助、促进各民族交往交流交融、铸牢中华民族共同体意识、弘扬蒙古马精神和“三北精神”为基本内涵的北疆文化品牌。在研究阐释上，成立北疆文化研究中心，与中国文联、中国作协合作举办北疆文艺论坛，邀请专家学者通过参与专项课题、开展学术交流等方式，深入研究挖掘北疆文化的丰富内涵和精神特质。在宣传推广上，推出一系列多角度展示北疆文化的新闻、评论和新媒体产品，组织实施北疆文化创作工程，举办文化产业博览交易会，广泛开展以弘扬北疆文化为主题的群众文体活动，促进各民族人心归聚、精神相依。接下来，内蒙古将进一步健全北疆文化研究阐释、传播推广、创作生产、支撑保障机制，着力打造更多具有中华文化底蕴、北疆文化特色的符号和形象，并将其充分体现到城市街区、旅游景区、边境口岸、特色村镇等建设之中，

① 本书编写组：《牢记嘱托 感恩奋进——五大任务干部读本》，内蒙古人民出版社 2023 年版，第 23 页。

更好地展现北疆文化蕴含的历史之韵、民族之融、人文之美。充分发挥北疆文化在促进民族团结、铸牢中华民族共同体意识中的重要作用，一方面，正确认识北疆文化的重要内涵和时代价值，在把马克思主义基本原理同中华优秀传统文化相结合的基础上开拓创新；另一方面，积极开展各类交流活动，筑牢“民族团结一家亲”的根基，依托各民族交流互鉴成果，创造文明新形态。

（五）弘扬“石榴籽”精神，浇灌民族团结花

中华民族共同体意识，是国家统一之基、民族团结之本、精神力量之魂。民族团结进步创建是贯彻落实党和国家民族政策的重要载体，是凝聚各方力量、共同推进民族团结事业的重要平台，是全面推进新时代党的民族工作高质量发展的重要抓手。自 2020 年以来，自治区完成民族团结进步创建重点项目 66 个，涵盖铸牢中华民族共同体意识主题公园打造、红石榴驿站建设、民族团结进步教育展厅建设等项目。2024 年 1 月，国家民委公布第十一批全国民族团结进步示范区示范单位名单，内蒙古呼伦贝尔市、包头市、赤峰市等 14 个地区和单位榜上有名，成为全区学习的榜样。2023 年，自治区命名 138 个地区和单位为全区民族团结进步示范区示范单位，这些示范区示范单位以多种方式进行民族团结进步教育与宣传，如呼和浩特供电公司的“小课堂 微宣讲”和“石榴籽”课堂基层讲学活动、呼伦贝尔根河市的冷极“石榴籽”志愿服务活动、锡林郭勒盟嘎达布其镇的“党员中心户 + 综治乌日特 + 党群服务站+石榴籽讲堂+马背警队”示范项目、鄂尔多斯市伊金霍洛旗人民检察院“石榴籽+社会治理”工程、阿拉善盟“奋进新征程 建功新时代”主题采访活动等。截至 2023 年底，按照“一进一特色、一品一亮点”模式，自治区着力打造民族团结进步创建工作示范点位 1234 个，如“总书记走过的路”——铸牢中华民族共同体意识宣传教育路线点位，展示中华优秀传统文化的内蒙古博物院、包头金街、呼和浩特莫尼山非遗小镇等点位，深情讲述“三千孤儿入内蒙”“齐心协力建包钢”“最美牧场为航天”等历史佳话的教

育基地点位，充分展示了民族团结进步创建工作的创新成果。截至 2024 年 1 月，内蒙古分别有国家级、自治区级、盟市和旗县级民族团结进步示范区示范单位 95 个、747 个、4500 余个。2024 年 1 月，自治区党委统战部、自治区党委宣传部、自治区民委联合印发《关于实施民族团结进步示范区示范单位“百千万示范引领”工程的意见》，提出到 2027 年全区国家级民族团结进步示范区示范单位要超过 100 个，自治区级民族团结进步示范区示范单位要超过 1000 个，盟市和旗县级民族团结进步示范区示范单位要超过 10000 个。该意见的实施，旨在推动打造新时代自治区民族团结进步创建“升级版”，推动自治区在贯彻铸牢中华民族共同体意识主线上作表率。

结　语

内蒙古各族人民始终心向党、心向党中央，赢得并长期呵护了模范自治区的崇高荣誉。新时代，内蒙古广大干部群众要强化使命担当，铸牢中华民族共同体意识，继续保持模范自治区的崇高荣誉。

一是始终把“感党恩、听党话、跟党走”作为全方位建设模范自治区的基本准则。全面建设社会主义现代化国家，实现新时代新征程各项目标任务，关键在党。没有中国共产党，就没有新中国，就没有中华民族伟大复兴。中国共产党团结带领中国人民浴血奋战、百折不挠，创造了新民主主义革命的伟大成就，建立了人民当家作主的中华人民共和国。经过艰辛的探索，我们走上了适合中国国情的社会主义道路，如期全面建成小康社会、实现了第一个百年奋斗目标，迈上了全面建设社会主义现代化国家的新征程。“感党恩、听党话、跟党走”是中华民族伟大复兴的基础，也是各族人民开创未来的法宝。这个法宝也是内蒙古自治区全方位建设模范自治区应遵循的基本准则。

二是始终坚持以人民为中心。人民是历史的创造者，是决定党和国家前途命运的根本力量。全方位建设模范自治区的关键还在于能否发动人民群众，凝聚起奋进的力量。新时代新征程，必须站稳“江山就是人民，人民就是江山”的根本立场，坚持一切为了人民、一切依靠人民，坚持为人民执政、靠人民执政，坚持发展为了人民、发展依靠人民、发展成果由人民共享，坚定不移走全体人民共同富裕道路，只有这样，才能夺取中国特色社会主义新的更大胜利。全方位建设模范自治区，需要 2400 万内蒙古各族儿女心往一处想、劲往一处使、拧成一股绳，并肩携手加油干、锐意进取抓落实，让模范自治区的崇高荣誉永放光彩。

三是全方位建设模范自治区，就是要在中华民族伟大复兴中彰显担当作为。当前，国内经济下行压力依然存在，国际形势依然十分严峻复杂，实现中华民族伟大复兴还将面临不少困难和挑战。所以，我们更应该踔厉奋发、砥砺前行，扎扎实实做好各项工作。作为中国特色社会主义现代化事业的一个生动实践，全方位建设模范自治区，是祖国北疆各族儿女向党中央作出的伟大承诺。在新的赶考路上，内蒙古各族人民将发扬蒙古马精神和“三北精神”，向祖国和人民交出一份满意的答卷。

专题报告

以铸牢中华民族共同体意识为主线推进经济高质量发展研究报告

高 风 张 倩*

摘 要： 在党中央的深切关怀和重视下，内蒙古紧紧围绕习近平总书记交给的五大任务和全方位建设模范自治区两件大事，着力推动高质量发展，在全面建成社会主义现代化强国的进程中取得巨大成就。2023 年，内蒙古地区生产总值增长 7.3%，居全国第三位；固定资产投资增长 19.8%，居全国第二位；外贸进出口总额增长 30.4%，居全国第三位；全体居民人均可支配收入增长 6.1%，比 2022 年提高 0.8 个百分点。但在推进中国式现代化进程中，内蒙古经济建设高质量发展仍存在结构欠合理及发展不平衡等制约因素。在后续发展中，要以铸牢中华民族共同体意识为工作主线，加强三次产业结构

* 高风，内蒙古自治区社会科学院经济研究所研究员；张倩，内蒙古自治区社会科学院经济研究所研究实习员。

调整，增强经济发展动力，加快绿色转型步伐，构建供需协调的高新技术产业链，激发消费潜力，解决就业难题，实现各民族共同富裕。

关键词： 铸牢中华民族共同体意识　经济建设　共同富裕

党的十八大以来，以习近平同志为核心的党中央统筹中华民族伟大复兴战略全局和世界百年未有之大变局，创造性地把马克思主义民族理论同我国民族问题具体实际相结合、同中华优秀传统文化相结合，提出铸牢中华民族共同体意识这一重大原创性论断，进一步拓展了中国特色解决民族问题的正确道路。2014 年第四次中央民族工作会议强调，“发展是解决民族地区各种问题的总钥匙”，“支持民族地区加快经济社会发展，是中央的一项基本方针”。2021 年中央民族工作会议进一步指出，“要推动各民族共同走向社会主义现代化”，“民族地区要立足资源禀赋、发展条件、比较优势等实际，找准把握新发展阶段、贯彻新发展理念、融入新发展格局、实现高质量发展、促进共同富裕的切入点和发力点。要加大对民族地区基础设施建设、产业结构调整支持力度，优化经济社会发展和生态文明建设整体布局，不断增强各族群众获得感、幸福感、安全感”。党中央的一系列重要指示为以铸牢中华民族共同体意识为主线，推动各民族共同走向社会主义现代化提供了根本遵循。

一、党中央对民族地区及内蒙古发展的政策支持

一直以来，党和国家就非常重视民族地区的发展，始终把加快民族自治地方的发展摆到突出位置，优先合理安排民族自治地方基础设施建设项目，加大对民族自治地方财政投入和金融支持力度，满足少数民族群众特殊的生产生活需要，支持民族贸易发展等。尤其是改革开放以来，为改变西部地区的落后面貌，党中央出台了一系列重大扶持政策，其中西部大开发战略对缩小中西部民族地区与东部沿海发达地区的发展差距发挥了重大作用。2000 年

10 月，国务院发布《关于实施西部大开发若干政策措施的通知》，提出加快西部地区发展的基本思路、战略任务和工作重点。2010 年 6 月，中共中央、国务院印发了《关于深入实施西部大开发战略的若干意见》，针对新一轮西部大开发提出加快西部地区基础设施建设、夯实农业基础、发展特色优势产业、强化科技创新以及大力发展社会事业等多方面的措施、建议。我国正式实施西部大开发战略以来，国家先后发布了西部大开发“十五”“十一五”“十二五”“十三五”4 个五年规划，重点围绕产业发展、基础设施、生态环境、社会民生以及对外开放等进行了顶层设计。尤其是党的十八大以来，习近平总书记多次到西部地区考察调研，发表系列重要讲话，为新时期深入推进西部大开发指明了方向，提供了根本遵循。2020 年 5 月，中共中央、国务院印发《关于新时代推进西部大开发形成新格局的指导意见》，对于促进区域协调发展，决胜全面建成小康社会，开启全面建设社会主义现代化国家新征程，各民族繁荣发展、实现共同富裕具有重要意义。

内蒙古作为最早建立党组织的民族地区，一直以来都得到党和国家的关怀和重视。党的十八大以来，习近平总书记先后 3 次到内蒙古考察，连续 5 年参加全国人大内蒙古代表团审议，就内蒙古工作作出一系列重要指示。2023 年 6 月，习近平总书记在内蒙古考察时首次提出“铸牢中华民族共同体意识是民族地区各项工作的主线”重要论断，为做好新时代民族地区工作指明了方向。2023 年，国务院印发了《关于推动内蒙古高质量发展奋力书写中国式现代化新篇章的意见》，为推动内蒙古高质量发展提供了坚实支撑，注入了强大动力。2023 年初，国家批复在通辽市、赤峰市设立“蒙东承接产业转移示范区”，为点亮内蒙古东部地区“双子星座”注入澎湃动力。

国家对民族地区的扶持，极大地促进了民族地区的发展。内蒙古在习近平总书记和党中央的关怀与支持下，经济发展取得了巨大成就，为铸牢中华民族共同体意识打下坚实的物质基础。

二、内蒙古经济建设取得的成就

内蒙古作为民族地区，在国家一系列方针政策的扶持下，经济建设取得巨大成就。

（一）经济总量翻番，主要能源产品产量位居全国前列

内蒙古经济总量不断攀升，2023 年，全区地区生产总值 24627 亿元，约为 2010 年的 3 倍。规模以上原煤产量 12.1 亿吨，稳居全国第二位，占全国原煤产量的 26.0%。规模以上发电量 7450.5 亿千瓦时，居全国首位，比上年增长 14.3%，占全国发电量的 8.4%。其中，火力发电量同比增长 12.9%，风力发电量同比增长 21.6%。新能源装机容量实现跨越式增长，达 9322.6 万千瓦，比上年末增长 50.8%，占电力总装机容量的比重达到 43.2%，较上年提高 7.1 个百分点，加快了能源结构绿色转型步伐。[①]

（二）结构不断调整优化，转型升级持续推进

内蒙古加快产业结构优化升级，三次产业结构由 2010 年的 9.4∶54.5∶36.1 调整为 2023 年的 11.1∶47.5∶41.4。[②] 着力推动制造业高端化、智能化、绿色化发展，调整优化供给结构。坚持以链式思维抓产业发展，精心谋划八大产业集群，重点产业链由 12 条增加到 18 条。[③] 深入实施延链补链强链行动，围绕产业链部署创新链供应链，提升产业基础能力和产业链现代化水平。工业经济持续保持稳定向好发展，2023 年全区规模以上工业增加值同比增长 7.4%，居全国第七位。以煤炭为主的能源行业对工业经济发展带动作用显著。战略性新兴产业快速发展，高技术制造业和装备制造业增加值增速均

① 内容来源于内蒙古自治区统计局官网。

② 内容来源于内蒙古自治区人民政府官网。

③ 内容来源于内蒙古自治区发展和改革委员会官网。

快于规模以上工业增加值增速，对全区经济增长起到很大推动作用，工业经济转型升级态势良好。

内蒙古坚定不移地走生态优先、绿色发展之路。以坚决遏制“两高”（高能耗、高排放）项目盲目发展作为能耗双控和碳达峰碳中和的主要抓手，开展违规“两高”项目专项清理行动，系统梳理涉及“两高”项目的现行规章制度，有序清理不合理的支持政策，严格产业准入、强化能耗双控、优化能源结构，推动经济发展绿色低碳转型。全力推动新能源大规模开发、高比例应用。规划建设国家级大型风电光伏基地，重点在沙漠、戈壁、荒漠地区布局，保障新能源大规模开发外送。支持源网荷储一体化、风光氢储一体化项目及工业园区可再生能源替代行动示范工程建设，拓展新能源应用场景。科学合理安排保障性并网新能源项目建设，重点用于支持风光氢储产业链发展、生态保护修复工程、乡村振兴等。2023 年，新能源项目完成投资近 1700 亿元，同比增长 33%。①

（三）推进农畜产品基地建设，为保障国家粮食安全发挥重要作用

内蒙古作为国家重要农畜产品生产基地，持续深化农牧业供给侧结构性改革，扎实推动农牧业优质高效转型，全力保障粮食生产和重要农畜产品供给。2023 年，内蒙古实现粮食产量“二十连丰”，粮食总产量达 791.6 亿斤，平均单产 755.5 斤/亩，粮食总产和单产均创历史新高。② 全区近 1/3 的耕地建成高标准农田，一半以上的粮食调往区外、供应全国。粮、经、草种植结构协调，生产方式绿色化、集约化、标准化水平逐渐提高。2023 年，畜牧业生产实现“十九连稳”，全区猪、牛、羊、禽肉产量 285.4 万吨，同比增长 2.7%。其中，奶牛存栏量 168.7 万头，同比增长 6.1%；牛奶产量 792.6 万

---

① 内容来源于内蒙古自治区人民政府官网。

② 内容来源于新华网。

吨，同比增长 8.0%。[①] 畜禽良种繁育体系日益完善，畜禽养殖规模化、机械化水平显著提高，现代化饲草产业发展取得积极成效。农畜产品加工转化率提升到 65%，“名特优新”农畜产品总数位居全国第一，农畜产品生产基地建设稳步推进。

（四）城乡居民收入显著提高，民生福祉不断增进

内蒙古坚持以人民为中心的发展思想，不断增进民生福祉。2023 年，全区常住人口 2396 万人，常住人口城镇化率达 69.58%，较 2010 年提高 13.98 个百分点。大量农业劳动力从农业生产部门转向非农业部门，农业转移人口的收入水平得到提高。2023 年，全体居民人均可支配收入为 38130 元，是 2010 年的 3 倍多，居全国第九位。收入来源渠道不断拓宽，收入结构也在不断优化，人民群众的获得感、幸福感、安全感不断增强。全体居民人均生活消费支出 22298 元，是 2010 年的 2.2 倍，其中教育、文化、娱乐、医疗保健等服务消费占比逐步提升，恩格尔系数进一步下降。

（五）城乡收入差距缩小，推动东、中、西部差异化协调发展

内蒙古全面提升地区经济合作的紧密度，统筹城乡经济社会发展，推动东、中、西部差异化协调发展，努力实现全体人民共同富裕，为铸牢中华民族共同体意识奠定物质基础。随着城乡一体化进程的持续推进，全区农村牧区居民与城镇居民收入差距不断缩小。2023 年，城乡收入比为 2.29，较 2010 年缩小 0.91 个百分点。坚持实施区域协调发展战略，推动东、中、西部差异化协调发展。支持东部地区大力发展生态农牧业、生态旅游业等优势产业；加快呼包鄂乌一体化发展进程，推动智慧城市建设；支持西部地区补齐生态环境短板，推进煤化工产业绿色发展。2023 年，内蒙古东、中、西部地区生产总值比值为 29.7：61.0：9.3，区域发展协调性、协同性有所提升。

---

① 内容来源于内蒙古自治区人民政府官网。

表 1　2023 年内蒙古分盟市地区生产总值

地区	2023 年地区生产总值	
	绝对量（亿元）	增速（%）
全区	24627.0	7.3
呼和浩特市	3801.5	10.0
包头市	4263.9	10.2
呼伦贝尔市	1595.6	6.1
兴安盟	702.8	5.6
通辽市	1609.0	5.2
赤峰市	2197.5	4.8
锡林郭勒盟	1184.8	6.0
乌兰察布市	1084.6	7.8
鄂尔多斯市	5849.9	7.0
巴彦淖尔市	1161.1	7.9
乌海市	713.1	0.1
阿拉善盟	404.9	4.6

数据来源：2023 年 12 月统计月报

（六）兴边富民行动持续深化，强边固边成效显著

自 2000 年兴边富民行动实施以来，内蒙古自治区立足边境地区实际，以项目建设为突破口，加大财政支持力度，实施了一批以路、电、水、通信等为主的基础设施建设项目，以脱贫攻坚、危房改造、环境整治等为主的民生项目，以教育、文化、卫生事业等为重点的社会事业项目，以退耕还林还草等为重点的生态建设项目，兴边富民成效显著。苏木乡镇通客车率 100%。20 个边境旗（市、区）已实现电网全覆盖；实施了牧区储水窖工程，让边民喝上“放心水”。在农村牧区安装了垃圾收集转运处理及污水处理设施。制定了

《内蒙古自治区边境居民生活补助管理办法》，对边境一线的农牧民给予补助并逐年提高标准，从 2016 年的每户每年补助 1000 元提高到 2020 年的每人每年补助 3000 元。脱贫攻坚成效显著，边境地区 10 个贫困旗已全部脱贫摘帽。特色优势产业日益壮大，大力支持边境地区发展现代养殖、牧草、粮油、蔬菜果品、传统手工艺、特色旅游等产业，重点发展物流和加工等产业；同时，强化企业科技创新主体地位，为边境地区产业技术创新提供支撑。定期组织企业参加境内外大型展会，赴俄罗斯、蒙古国等国开展贸易促进和营销活动，积极搭建交流合作平台。口岸经济进一步发展，对外开放程度进一步提升。“十四五”以来，自治区加大对边境地区的转移支付力度，共安排转移支付资金 133.38 亿元，安排少数民族发展任务资金 7.6 亿元，有力支持了边境地区发展，使边境地区基础设施和群众生产生活条件得到显著改善，综合经济实力明显增强，呈现出经济发展、社会进步、边疆稳定、民族团结的大好局面。

（七）外输电力煤炭资源，为国家发展作出贡献

内蒙古拥有丰富的煤炭、太阳能、风能资源，是国家重要的电力供应基地。2023 年，内蒙古在能源领域实现“10 个全国第一”。自 1993 年第一条外送华北 500 千伏输电线路投运以来，内蒙古输电能力持续提升，目前已建成 11 条 500 千伏超高压、5 条特高压输电通道，电力外送能力达 7000 万千瓦，送电范围覆盖华北、东北、华东、西北地区。依托大电网优势和灵活的电力交易机制，电力外送规模不断扩大。2023 年，内蒙古外送电量 2890 亿度，同比增长 10%，外送电量连续 19 年领跑全国。其中，新能源发电量占比达到 23.2%，同比提高 3.2 个百分点。此外，新能源总装机、新能源新增装机、电力总装机、电力新增装机均居全国首位。2023 年，内蒙古外送煤炭 7.2 亿吨，占全国跨省外送煤炭总量的 36%，覆盖全国 25 个省区市，产量、外运量均创历史最高水平，有效缓解了全国煤炭供应紧张局势。

内蒙古是中国共产党最早建立党组织的民族地区，一直以来备受党中央重视和关怀。在国家一系列政策支持和扶持下，内蒙古经济发展取得巨大成

就，自身发展能力得到极大提升，粮食不仅实现自给还调往区外，煤炭外运、西电东送覆盖全国 20 多个省区市，实现了与兄弟省区市经济上的相互依存、相互帮助，为铸牢中华民族共同体意识作出内蒙古贡献。

三、内蒙古推进现代化进程的制约因素

在 2021 年召开的中央民族工作会议上，习近平总书记强调，“必须把推动各民族为全面建设社会主义现代化国家共同奋斗作为新时代党的民族工作的重要任务”，“必须以铸牢中华民族共同体意识为新时代党的民族工作的主线”。[①] 在全面建设社会主义现代化国家进程中，内蒙古经济建设仍存在一些问题，这些问题制约着内蒙古的现代化发展。

（一）产业结构仍不够合理

2023 年，内蒙古地区生产总值增速达 7.3%，实现了恢复性增长，但受疫情影响，三次产业结构由趋于合理化变为欠合理化，比例为 11.1：47.5：41.4，第三产业占地区生产总值的比重又重新落后于第二产业，且第三产业所占比重在全国排名倒数，第二产业对经济增长的贡献率超过了第三产业。这与近年来对第三产业投资不足有关。2016 年，第三产业投资增长率为 29.6%；2021 年为 2.9%；2022 年为-4.3%。各产业内部也存在结构欠合理问题：第二产业以制造业为主；第三产业以传统服务业为主，现代服务业虽发展势头较好，但在第三产业中所占份额较小。产业结构的协调度直接影响经济的高质量发展，应加快推进结构调整优化。

（二）区域经济发展仍不平衡

内蒙古各盟市间的发展仍存在较大差距。从地区生产总值增速看，2023

① 中共中央统一战线工作部、国家民族事务委员会：《中央民族工作会议精神学习辅导读本》，民族出版社 2022 年版。

年增长速度最快的是包头市，增速为 10.2%；最慢的是乌海市，增速为 0.1%，增速相差 10.1 个百分点。从居民人均可支配收入看，2023 年收入最高的是包头市，为 54375 元；最低的是兴安盟，为 27147 元，仅约为最高收入地区的一半。全区人均可支配收入为 38130 元，有 6 个盟市低于全区平均水平。从消费水平看，2023 年，呼和浩特市、包头市、鄂尔多斯市社会消费品零售总额同比增速分别为 13.5%、8.5%、9.1%，三市社会消费品零售总额合计占全区近半。可见，各盟市发展差距仍然较大。

表 2　2023 年内蒙古分盟市全体居民人均可支配收入

地区	2023 年全体居民人均可支配收入	
	绝对量（元）	增速（%）
全区	38130	6.1
呼和浩特市	46911	5.0
包头市	54375	4.5
呼伦贝尔市	36523	4.8
兴安盟	27147	7.6
通辽市	30504	6.2
赤峰市	28828	5.2
锡林郭勒盟	40502	5.4
乌兰察布市	28154	6.4
鄂尔多斯市	50765	5.1
巴彦淖尔市	34188	6.3
乌海市	52318	4.0
阿拉善盟	46647	3.9

数据来源：《内蒙古统计年鉴（2023）》

（三）经济增长与就业增长不相协调

内蒙古经济增长与就业增长不相协调，经济增长快于就业增长。2019 年，地区生产总值增长率为 5.2%，就业增长率为-2.4%；2020 年，地区生产总值增长率为 0.2%，就业增长率为-2.3%；2021 年，地区生产总值增长率为 6.7%，就业增长率为-1.9%；2022 年，地区生产总值增长率为 4.2%，就业增长率为-2.3%。而且受疫情影响，2020—2022 年以来，失业率呈上升趋势，2020 年为 3.8%，2021 年为 3.84%，2023 年为 5.2%。就业形势严峻，就业压力较大。

（四）城乡居民收入差距依然较大

内蒙古城乡居民收入差距较大。2000 年，城镇居民人均可支配收入与农牧民人均可支配收入之比为 2.5（数值越大表明城乡差距越大）；2020 年，城乡收入之比仍为 2.5；2023 年，城乡收入之比略有下降，为 2.29。据统计，2022 年，内蒙古城乡居民收入比在全国居第十九位，在全国范围内属于差距较大的省区。

（五）科技创新人才严重短缺

内蒙古高技术人才从业人数和增速双双下降，人才短缺现象严重。以科学研究与技术服务业为例，就业人数逐年减少：2019 年，科学研究与技术服务业就业人数为 70176 人；2020 年为 62987 人；2021 年为 59430 人；2022 年为 56302 人。尤其是大数据、人工智能、新能源、高性能计算相关产业的高层次人才短缺。技术人员和创新型人才的短缺影响企业创新能力的提升，导致企业发展后劲不足，进而影响经济转型升级。

内蒙古作为民族地区，肩负着做好民族团结进步事业的历史重任。在经济建设中，除解决好结构性的矛盾和问题，还应解决好与人民群众生活息息相关的收入与就业问题，这样才能增强各族人民的凝聚力、向心力，激发人民的斗志，实现各民族共同富裕，铸牢中华民族共同体意识。

四、以铸牢中华民族共同体意识为主线加快内蒙古经济建设的思路及建议

夯实经济基础，使各族人民共享改革发展成果，各民族地区经济社会实现协同发展，是持续增强中华民族凝聚力、向心力，铸牢中华民族共同体意识的基本前提。内蒙古应围绕铸牢中华民族共同体意识工作主线，加快经济建设步伐，全领域全方位推动发展方式绿色转型，让全体居民都能平等享有发展成果。

（一）推进三次产业结构调整，增强经济发展动力

针对三次产业结构不合理、比例不协调及第三产业发展缓慢，对经济增长的贡献有限等问题，要加快调整优化产业结构，由以第二产业为主导向三次产业协调发展转变，加快发展现代物流业、信息服务业和高技术服务业，强化服务业对经济增长的拉动作用，有效推动结构优化升级，实现发展速度和质量、效益相统一，形成高效率的集约化的经济发展方式，增强经济发展动力。

（二）加快绿色转型步伐，构建供需协调的高新技术产业链

内蒙古经济正处于高速增长向高质量发展转换的关键时期，高新技术产业的发展步伐加快，尤其是新能源、大数据等上中游新兴产业发展势头强劲，但下游产业发展缓慢，不能消化上中游产业的产能，而且这些新兴产业存在应用场景有限、区域产业链短、市场占有率低、运行成本高等问题，因而未能得到广泛应用，对经济的拉动力较弱。因此，要加强新兴产业应用推广和市场拓展工作，研究和探索落地新兴产业本地应用的办法和措施，满足企业

和应用领域的创新需求。在新能源、大数据等新兴产业的市场开拓方面给予大力支持和扶持，把下游产业做强，将上、中、下游产业全线贯通，提升产业链韧性和安全性，避免企业自主延链带来的风险隐患。增强新兴产业发展的接续性和竞争力，发挥新兴产业价值项目带动作用，推动经济强有力增长。能源产业转型升级是绿色转型的重中之重，应加快构建新能源产供储销体系，广泛拓展新能源应用场景，推动数字经济与能源产业深度融合，促进数字经济向相关上下游产业链延伸，充分发挥数字经济对传统产业数字化智能化升级的动力引擎作用，加快绿色转型步伐。

（三）加大投资力度，加快服务业发展步伐

近年来，内蒙古服务业发展速度缓慢，第三产业占地区生产总值比重连续三年低于第二产业。发展服务业是减少能源资源消耗和环境污染、加快经济增长方式转变的迫切需要，可以有效增加就业、带动经济增长。而2023年，全区第三产业占地区生产总值的比重为41.4%，低于第二产业6.1个百分点。服务业发展滞后制约了产业结构的优化，不利于提高人民生活水平、改善人民生活质量，不利于营造舒适、和谐、绿色的生活环境，也不利于铸牢中华民族共同体意识。要加大对服务业的投资力度，积极引导社会力量投资服务业，尤其要出台鼓励中小微企业投资服务业的优惠政策，想方设法提升服务业对经济增长的贡献率。

（四）多点发力，激发消费潜力

近年来，内蒙古居民收入增长较快，但消费却一直比较低迷。2023年以来，全区消费实现恢复性增长，对经济增长起到一定的带动作用。但是呼、包、鄂三地占了消费的半壁江山，其他9个盟市的消费潜力尚未充分释放。因此，扩大内需各盟市要共同发力，要高度重视本区域消费潜力的激发，承担起提升消费水平的重任。紧抓传统佳节等契机，激发消费市场活力，释放居民消费潜力。鼓励企业开展满减满赠、折扣让利、红包补贴、优惠叠加等

形式多样的促消费活动，积极策划开展有当地鲜明特色的“品老字号”“逛步行街”等配套活动。积极推动电商服务向农村延伸，品牌消费、品质消费进农村，拓宽农畜产品销售渠道。支持传统商业企业加快数字化、智能化转型和跨界融合，增加适销对路的产品和服务，满足农村牧区居民个性化需求。促进文旅消费，加强不同季节的特色旅游产品开发，鼓励各盟市打造特色文旅品牌，推出兼具民俗风情和文化特色的旅游精品项目，从而激发消费潜力，增强经济发展动力。

（五）有效扩大就业面，缓解就业压力

就业一直是内蒙古经济社会发展面临的一个难题，为此，自治区多次出台相关政策措施，为促进就业提供政策保障。例如2023年12月1日起施行的修订后的《内蒙古自治区就业促进条例》把微型企业吸纳就业纳入政策支持范围；调整了就业补助资金使用范围，增加了一次性创业补贴、求职创业补贴、就业创业服务补助、高技能人才培养补助等内容，突出创业扶持；明确政府补贴的职业技能培训项目全部向具备资质的职业学校、职业培训机构等开放。但是，政策出台后须及时进行宣传，这样才能让用工者和劳动者了解就业优惠政策，从而让政策快速落地。

（六）加快完善人才引留政策，提升科技创新能力

人才是创新和产业发展的重要因素，没有人才，科技创新就是一句空话。内蒙古科技人才严重短缺的问题必须引起高度重视。要把培养区内人才和留住人才的工作放在第一位，全力解决劳动力技能结构与市场需求结构不匹配的问题。针对人才短缺严重且引进人才困难的实际情况，自治区要制定大力度的人才优惠政策，以吸引和留住人才；对已经出台的人才优惠政策，必须不折不扣地落实到位，兑现承诺。同时要优化教育环境、提升师资水平，让更多优秀的人才参与到建设内蒙古的实践中来，为内蒙古高质量发展贡献力量。要大力提升经济发展水平，将内蒙古打造成各类人才向往之地、集聚

之地。

我们要牢记习近平总书记对内蒙古的殷切期望，完成好习近平总书记交给内蒙古的五大任务和全方位建设模范自治区两件大事，为维护国家生态安全、能源安全、粮食安全、产业安全、边疆安全作贡献，为铸牢中华民族共同体意识作贡献。

增进文化认同
推进文化事业发展研究报告

德红英*

摘　要： 2021年中央民族工作会议召开以来，内蒙古自治区紧扣铸牢中华民族共同体意识工作主线，着力在加强党对宣传思想文化工作的领导，树立和突出各民族共有共享的中华文化符号和中华民族形象，保护和传承中华优秀传统文化，打造“北疆文化”品牌，大力推广普及国家通用语言文字和全面推行使用国家统编教材，加强古籍文物保护利用等方面下功夫，推进中华民族共有精神家园建设，加强中华文明研究和阐释，促进各民族交往交流交融。但是在工作主线有效融入文化建设，推动各民族优秀传统文化创新交融等方面还存在不足。下一步，要着力提升工作主线贯穿文化建设的实践能力，推动各民族优秀传统文化创新交融，助力文化强国建设，努力为建设中华民族现代文明作出内蒙古贡献。

关键词： 铸牢中华民族共同体意识　文化建设　北疆文化　中华民族共有精神家园

“十四五”时期（2021—2025年）是我国全面建成小康社会、实现第一个百年奋斗目标之后，乘势而上开启全面建设社会主义现代化国家新征程、

* 德红英，内蒙古自治区社会科学院民族研究所副所长、研究员。

向第二个百年奋斗目标进军的第一个五年，也是内蒙古走好以生态优先、绿色发展为导向的高质量发展新路子，实现新的更大发展的关键时期。内蒙古各级各部门坚持以习近平新时代中国特色社会主义思想为指导，深入学习贯彻习近平文化思想和习近平总书记关于加强和改进民族工作的重要思想，紧扣铸牢中华民族共同体意识主线，积极推动文化繁荣，建设文化强国、建设中华民族现代文明，确保党中央关于文化建设的各项决策部署落到实处。

一、紧扣铸牢中华民族共同体意识工作主线推进文化建设

2021 年中央民族工作会议召开以来，内蒙古自治区的文化建设在引领当代价值、构筑中华民族共有精神家园、提升公众素养、提高人民生活质量、助推经济发展、塑造内蒙古良好形象等方面的作用明显增强。下面主要从党对文化建设的领导、中华民族共有精神家园建设、中华文明研究阐释、各民族交往交流交融四个方面对内蒙古推动文化建设的情况进行概述。

（一）着力加强党对宣传思想文化工作的领导，为践行新的文化使命提供坚强政治保证

宣传思想文化工作是党的一项极端重要的工作，加强党的领导是做好宣传思想文化工作的根本保证。

1. 坚持把“学思想”作为首要政治任务，强化思想引领

内蒙古各级各部门发挥党委（党组）“龙头”作用，落实“第一议题”制度，推动规划安排、巡听旁听、定期通报等规范化制度化，坚持以上率下带动党员干部深学细悟、学以致用，不断将理论武装引向深入。《习近平著作选读》《习近平新时代中国特色社会主义思想概论》《习近平关于内蒙古工作论述摘编》《牢记嘱托 感恩奋进——五大任务干部读本》《铸牢中华民族共

同体意识学习问答》等辅导读物成为广大党员干部理论学习的案头卷、必读书。

2023 年，内蒙古围绕学习贯彻党的二十大精神、贯彻落实习近平总书记考察内蒙古重要讲话精神、铸牢中华民族共同体意识及“感党恩、听党话、跟党走”等主题，组织各级宣讲团、“理论学习轻骑兵”、宣讲小分队等深入基层一线开展集中宣讲、互动宣讲、分众化宣讲 14.5 万场，受众 990 万人次。

根据机关干部、青年学生、知识分子、国企职工、城镇居民、农牧民、“两新”组织等不同受众特点，编印出版 7 部党的创新理论分众化读物，通过“政策理论+鲜活事例”等编写方式，有的放矢解决群众思想之惑，以百姓视角、百姓话语把党的创新理论送到群众身边。[①]

2. 做好统筹规划，为文化建设提供遵循和指引

内蒙古中长期发展规划、文化建设发展规划及政策法规、各级各领域宣传文化部门的年度工作要点等的设计和制定，都紧密围绕铸牢中华民族共同体意识这一工作主线，为推进文化建设各项工作提供了基本保障。《内蒙古自治区“十四五”文化和旅游融合发展规划》提出内蒙古“十四五”时期文化和旅游融合发展的目标，即到 2025 年，文化和旅游强区建设取得重大进展，国内外知名的文化体验与生态休闲旅游目的地效应得到彰显，推动文化事业、文化产业和旅游业高质量发展的体制机制更加完善，治理效能显著提升，人民精神文化生活日益丰富，中华优秀文化影响力进一步提升，中华民族凝聚力进一步增强，文化铸魂、文化赋能和旅游为民、旅游带动作用全面凸显，文化事业、文化产业和旅游业成为自治区经济社会发展和综合实力提升的强大动力和重要支撑。这一发展目标，既顺应时代潮流又体现人民愿望、既紧扣主线又符合实际，必须努力实现。

---

① “举旗铸魂担使命 守正创新奏强音——二〇二三年全区宣传思想文化工作综述”，载《内蒙古日报》2024 年 1 月 18 日。

该发展规划还提出了内蒙古文化建设的新要求，指出“十四五”时期文化建设要突出“一条主线”，即以铸牢中华民族共同体意识为主线，构筑各民族共有精神家园。要充分发挥自身优势，通过文艺创作演出、文化遗产保护传承、文化和旅游活动开展等多种途径，全方位、立体式讲好各民族交往交流交融故事、中华文化故事、民族团结故事，让“三个离不开”“五个认同”融入血脉，促进各民族像石榴籽一样紧紧抱在一起。

3. 出台保障文化发展的新法规、新举措，为文化建设提供法治保障

一是聚焦推进中华民族共有精神家园建设完善地方法规和规章制度。《内蒙古自治区促进民族团结进步条例》① 第二章对内蒙古促进中华文化认同和文化传承提出明确要求。《内蒙古自治区全方位建设模范自治区促进条例》② 第四章内容为文化建设，明确了文化建设要坚持把马克思主义基本原理同中华优秀传统文化相结合，推动中华优秀传统文化创造性转化、创新性发展，推动中国特色社会主义文化建设，推进中华民族共有精神家园建设。同时提出深入实施中华优秀传统文化传承发展工程；弘扬革命文化，用好红色资源，深入研究和整理中国共产党在内蒙古地区的历史；发展社会主义先进文化，弘扬以伟大建党精神为源头的中国共产党人精神谱系；推进文物保护利用和文化遗产保护传承；全面普及国家通用语言文字，全面推行使用国家统编教材；健全现代公共文化服务体系，加强文化阵地建设等具体要求。《关于全面贯彻铸牢中华民族共同体意识主线的若干措施》③，共 28 条，围绕全面贯彻铸牢中华民族共同体意识主线提出了一系列创新性举措，明确了对各项工作和民族工作全面贯彻铸牢中华民族共同体意识主线进行统筹协调的两个责任部门，要求各类机构和组织把全面贯彻铸牢中华民族共同体意识主线写入“三定”规定，明确职能职责；在学习教育和宣传阐释工作、地方性法规审核审查、经济社会发展政策规划及资金审核、北疆文化品牌打造、干部队伍和基

① 2021 年 1 月 30 日在内蒙古自治区第十三届人民代表大会第四次会议上通过。

② 2023 年 7 月 31 日在内蒙古自治区第十四届人民代表大会常务委员会第五次会议上通过。

③ 2023 年 12 月 26 日在中国共产党内蒙古自治区第十一届委员会第七次全体会议上审议通过。

层党组织建设等若干方面提出要求。二是聚焦健全现代公共文化服务体系完善地方法规和规章制度。近年来，内蒙古就健全现代公共文化服务体系进行了有益尝试和积极探索，积累了诸多可借鉴的经验。从群众需求和实际出发，积极落实《中华人民共和国公共文化服务保障法》以及国家和自治区制定出台的一系列政策措施，推动自治区公共文化服务的法治化建设。内蒙古出台了《关于加快构建现代公共文化服务体系的实施意见》《关于推进基层综合性文化服务中心建设的实施意见》《公共文化服务体系建设评价考核办法（试行）》《社区与机关单位公共文化服务设施共建共用管理办法（试行）》等政策措施，明确了内蒙古公共文化服务体系建设要求、基本标准和推进路径，对内蒙古公共文化服务体系建设起到指导作用和保障作用。三是聚焦弘扬革命文化和保护利用文物完善地方法规和规章制度。积极落实《中华人民共和国文物保护法》《中华人民共和国文物保护法实施条例》以及国家和自治区制定出台的一系列政策措施，推动文物保护利用进入高质量发展的新阶段。内蒙古印发了《内蒙古自治区文物建筑保护维修计划（2021—2023 年）》《内蒙古自治区革命文物保护利用条例》，编制了《内蒙古自治区“十四五”红色旅游发展规划》《内蒙古自治区“十四五”文物事业发展规划》等一系列政策文件，对红色旅游发展、革命文物保护、红色专题文艺创作等提出了明确要求，进行了统筹规划，为充分发挥革命文物在开展爱国主义教育、培育社会主义核心价值观、全面推进中华民族伟大复兴中的重要作用提供了政策保障。四是聚焦非物质文化遗产的保护和传承完善地方法规和规章制度。出台了《内蒙古自治区级非物质文化遗产代表性传承人认定与管理办法》《内蒙古自治区级非物质文化遗产代表性传承人传承活动评估实施细则》，为非物质文化遗产保护提供了保障。

（二）聚焦增进中华文化认同，建设中华民族共有精神家园

构筑中华民族共有精神家园，是铸牢中华民族共同体意识的应有之义。加强中华民族大团结，长远和根本的是增强文化认同，建设中华民族共有精

神家园，铸牢中华民族共同体意识。

1. 树立和突出各民族共有共享的中华文化符号和中华民族形象

近年来，特别是2021年中央民族工作会议召开以来，内蒙古深入贯彻落实习近平总书记关于加强和改进民族工作的重要思想和习近平总书记对内蒙古重要指示精神，着力于增进共同性，围绕国家象征、国家通用语言文字、中华优秀传统文化、革命文化、当代精神、人文地理标识等，以项目化方式打造中华文化符号和中华民族形象、打造优秀文化产品，推动中华民族共有精神家园建设取得重要成效。一是打造以长城、黄河文化为主题的国家文化公园和博物馆。高效推进长城、黄河国家文化公园建设；推动建设呼和浩特市长城文化博物馆、乌海市黄河文化博物馆等主题博物馆，支持具备条件的博物馆打造展示中华文化符号和中华民族形象的专题展厅。二是大力推出各类优秀文化产品，并加强宣传推广。推出中华文化和中华文明系列宣传海报，儿童绘本《“石榴籽”绘本丛书》，音乐剧《黄河情》，杂技剧《我们的美好生活》，大型文化综艺节目《长城长》《黄河魂》，大型融媒体直播节目《根脉》，舞剧《骑兵》《马铃摇响幸福歌》，儿童舞台剧《国家的孩子》，电影《片警宝音》《守望相思树》等文化产品，不断增强各族人民对中华文化的认同感、归属感。

2. 提升非物质文化遗产保护和传承水平

一是健全完善非遗保护体系。完善调查记录体系，实施非遗记录工程，已完成清水河瓷艺项目传承人张选等20人的调查记录。健全国家、自治区、盟市、旗县（市、区）四级非遗代表性传承人认定与管理制度，探索建立非遗代表性传承团体（群体）认定制度。加强对非遗代表性传承人的评估和动态管理，实施非遗传承人研修培训计划。截止到2023年底，先后举办100期研修班、培训班，培训5000余名学员，延伸覆盖1万余人次。① 二是提高非遗传播普及水平。深挖非遗蕴含的中华民族特有的精神价值和文化内涵，举

① 内容来源于内蒙古自治区文旅厅。

办非遗展示、展览、展演活动，建设内蒙古网上数字非遗馆。如，内蒙古非遗集市有60.97万人次到现场参观。“非遗之夜”展演直播曝光量约150万人次，新华网、人民网、奔腾融媒等媒体专题报道100余篇，浏览量近300万人次。这些活动的开展促进了非遗保护成果的广泛传播，助力文旅产业蓬勃发展。三是推动非遗项目进景区。评选创建莫尼山非遗小镇等24个自治区级非遗特色村镇、塞上老街历史文化街区等11个非遗特色街区。在已有旅游线路中有机融入非遗展示体验内容，设计打造12条自治区、24条盟市非遗特色精品旅游线路。

3. 打造“北疆文化”品牌

自治区党委深入落实习近平总书记重要指示精神，立足内蒙古深厚的历史文化资源，创造性提出打造“北疆文化”这一具有内蒙古特质的地域文化品牌。各部门各领域积极行动起来，做了大量的研究阐释和宣传推广工作，取得了积极成效。内蒙古社会科学院和部分高校等成立了北疆文化研究机构，组织开展了一系列学术研究活动。报纸期刊设立了北疆文化专栏，围绕北疆文化的内涵意义、外延价值及品牌建设等进行研究阐释。各类展陈馆聚焦北疆文化建设举办了一系列主题鲜明的美术、摄影、文学、文物、非遗代表性项目等作品展，进一步扩大北疆文化的影响力和传播力。内蒙古广播电视台推出了《北疆文化 青城印记》《北疆文化 青城文脉》等大型文博综艺节目，设置了《弘扬北疆文化 赓续中华文脉》等一系列高端访谈栏目。

4. 全面推行使用国家统编教材、大力推广普及国家通用语言文字工作取得新成效

中考国家统编教材科目首次实行“一张卷考试”并使用国家通用语言文字命题答卷，全区中等职业学校起始年级全部使用国家统编教材。2023年，各级各类学校（幼儿园）国家通用语言文字规范化达标率93.3%，较上一年提升8个百分点。将推广使用普通话作为一项经常性工作常抓不懈，对全区8.9万名在职公务员开展普通话培训测试，85%的在岗公务员普通话水平达到

三级甲等以上。[①] 全面加强高质量教师队伍建设。高质量实施中小学教师“国培计划”“区培计划”和“职业院校教师素质提高计划”，完成23万余名教师暑期研修，提高通用语言授课能力水平。实施公费定向培养师资等专项计划，持续开展优秀中青年教师支援乡村教育工作，统筹选派1122名教师支教，全面加强国家通用语言授课师资力量。[②]

（三）加强古籍文物保护利用，深化对中华文明的研究和阐释

全区各地各有关部门紧扣工作主线，担负起新的文化使命，实施中华文明探源工程、“考古中国”等重大项目，深化对中华文明的研究和阐释，取得良好效果。

1. 加强古籍挖掘保护利用

持续做好民族古籍整理与出版工作，深入挖掘蕴含其中的民族团结进步思想内涵。整理出版民族古籍文献、档案文献《格斯尔》《江格尔》系列丛书，促进民族优秀古籍文献深度开发利用。影印出版《大藏经·甘珠尔》和托忒文《西游记》。指导鄂尔多斯市筹建“交融汇聚中华瑰宝”全国少数民族古籍文献及保护成果展厅。拍摄制作“铸牢中华民族共同体意识——对话民族古籍”“内蒙古民族古籍《格斯尔》保护出版工作40年成就”等专题宣传片。举办全区《江格尔》师资培训班，实施“英雄史诗《江格尔》资源建设”项目。

2. 加强文物保护利用

深入实施“考古中国”项目，实施主动性考古发掘项目11项、抢救性考古发掘项目14项，跨省区推动长城联合保护、红山文化申遗，征集文物近3万件套，推出了“融合之路”“大河毓秀”等精品展览，“交融汇聚——公元八至十九世纪内蒙古历史文化陈列”入选国家文物局全国重点主题展览推介

① 内容来源于内蒙古自治区人民政府官网。

② 内容来源于中华人民共和国国家民族事务委员会官网。

项目。成立了黄河流域博物馆馆际联盟，“体质人类学与分子考古学国家文物局重点科研基地内蒙古研究中心”挂牌。实施大遗址保护工程，持续推动实施内蒙古文物建筑修缮计划，完善充实内蒙古文物保护数据库。

3. 加强铸牢中华民族共同体意识的研究阐释工作

实施“红色百年内蒙古”工程，出版了《中国共产党内蒙古历史（第一卷）》《简明内蒙古地方史》等。深入研究阐释内蒙古各地区各民族交往交流交融史实，持续推进《中华民族交往交流交融史料汇编·内蒙古卷》编纂工作。实施“内蒙古中华民族共同体建设研究工程（2023—2027 年）”，加强各级铸牢中华民族共同体意识研究（培育）基地建设，举办铸牢中华民族共同体意识理论研讨会、高端学术论坛，推出更多理论和实践成果。

（四）推动各民族在文化上全方位嵌入，促进各民族交往交流交融

着力推动中华优秀传统文化嵌入群众文化活动、旅游、公共文化服务，推动各民族实现全方位互嵌，促进各民族交往交流交融，夯实铸牢中华民族共同体意识的文化基础。

1. 推动中华优秀传统文化嵌入群众文化活动

一是围绕“北疆文化”品牌打造，举办“舞动北疆”广场舞大赛、“唱响北疆”群众歌咏展演、“悦读悦享·书香北疆”全民阅读活动、“北疆文化”主题展览等系列活动，开展各类文化活动、下基层演出 5. 35 余万场次。[①] 二是充分发挥乌兰牧骑作用。2023 年全区乌兰牧骑月活动期间，内蒙古三级乌兰牧骑联合组成小分队，进农村牧区、进社区、进学校、进企事业单位、进厂矿、进边防部队，集中开展演出、宣传宣讲 2100 余场次，为基层群众送温暖和贴心服务 1200 余场次，总行程达 11600 余公里，惠及群众 180 余万人次，用文艺的形式宣传党的路线方针政策，把党的声音和关怀传遍千里草原，引导各族群众坚定不移地“感党恩、听党话、跟党走”。

① 内容来源于内蒙古自治区文旅厅。

2. 推动中华优秀传统文化嵌入文旅活动

一是深入挖掘内蒙古各民族优秀文化元素和传统民俗文化，结合现代文化消费和旅游休闲需求，推动开展特色文化旅游节庆活动。创新举办黄河几字弯生态文化旅游季、内蒙古冰雪那达慕、赛马节等示范性节庆活动。围绕春节、元宵节等传统节日，创新开展传统民俗文化活动。二是推动红色文化元素全链条融入旅游项目。将红色文化融入旅游项目中，推出红色旅游精品线路 10 条，让各族群众在文化旅游中弘扬革命文化，传承红色基因。①

3. 推动公共文化服务嵌入文化阵地建设

近年来，内蒙古深入践行以人民为中心的发展思想，从“我送你接”向“你需我送”转变，将基层老百姓的需求放在服务的首位，推动公共文化服务体系建设进入全面提升、高质量发展的新阶段。全面落实公共图书馆、文化馆（站）、美术馆、博物馆和纪念馆免费开放政策，确保公共文化场馆高质量开展基本公共文化服务。截至 2023 年末，建成公共图书馆 117 个、文化馆（站）118 个、美术馆 27 个、博物馆 165 个。备案博物馆接待 1482.92 万人次，是 2022 年全年的 2.81 倍；公共文化场馆接待人次是 2022 年同期的 1.7 倍。公共图书馆评估定级取得突破性进展，评定一级馆 36 个、二级馆 26 个、三级馆 34 个，等级图书馆占比首次达到 80%。②

截至 2023 年末，内蒙古共有国有文艺院团 103 个，其中乌兰牧骑 75 支。③ 广播节目人口综合覆盖率为 99.8%，电视节目人口综合覆盖率为 99.8%。自治区和盟市两级出版各类报纸 19494 万份、各类期刊 944 万册、图书 5775 万册。④ 文化阵地建设不断完善，人民群众精神文化生活质量显著提升。

---

① 内容来源于内蒙古自治区文旅厅。

② 内容来源于内蒙古自治区文旅厅。

③ 内容来源于内蒙古自治区文旅厅。

④ 内容来源于内蒙古自治区统计局。

二、文化建设中存在的问题及不足

近年来，内蒙古文化建设取得了新进展新成效，但在具体实践过程中还存在一些困难和短板，需要加以关注和改进。

（一）在工作主线与文化建设的有效融入上还存在不足

大部分地区和部门已认识到将铸牢中华民族共同体意识工作主线贯穿文化建设全过程的重要性，但是具体实践中，对于“怎么做”还存在困惑。一些地方对“怎么融入”“拿什么融入”缺乏深入思考和系统谋划，落实工作要求存在简单化倾向，在工作中举措不多、抓手不多、有效性不足。

1. 在“怎么融入”上存在“硬结合”“两张皮”的现象

把什么工作都往主线上靠，存在形式与内容不相符等问题。如，有的地区将所有文艺作品都视为贯彻落实铸牢中华民族共同体意识工作主线或打造“北疆文化”品牌的成果，但有些作品反映的主题与铸牢中华民族共同体意识或“北疆文化”并没有关联。

2. 在具体实践中存在“坐等式”“跟风式”“雷同式”问题

一些地区和部门缺乏深入思考，等着上级开会部署；有的收到上级文件，落实细化没有思路和举措，等着上级拿方案；有的不考虑实际情况，奉行“拿来主义”，等着学别人的现成经验。如，在文艺创作中，关涉“长城”“黄河”等题材的作品明显“扎堆”，既浪费创作资源，又很难推出思想精深、艺术精湛、制作精良的扛鼎之作。据统计，2019—2023 年，内蒙古有影响力的重大题材舞台艺术创作作品仅有《骑兵》《我们的美好生活》《江格尔》三部，重大主题文艺精品创作力度需要加大。此外，在讲好各民族交往交流交融故事方面，存在典型和事迹不够丰富、时代性不强、深入挖掘内涵不足等问题。

3. 在“拿什么融入”上存在抓手、载体还不够丰富的情况

大部分地区，尤其是基层，主要采用讲座、宣讲等便于组织的方式开展相关活动，很难吸引群众参与。据部分基层干部反映，他们已经认识到文化建设要突出群众的主体地位，要调动群众的积极性、主动性，但是在具体落实过程中，还是存在缺乏体验式、沉浸式、互动式抓手的问题；很多乡村面临人口外流的问题，留守人口基本上是60岁以上的老人，对于如何调动这一群体的主动性，还缺乏有效举措，也需要上级部门给予具体指导。

（二）在推动各民族优秀传统文化创新交融上还存在差距

1. 各民族优秀传统文化还未能很好融入群众日常生活，时代价值还未被充分激活

有些非物质文化遗产在生活中缺乏活化利用，创新发展不足。中华文化符号和中华民族形象嵌入式融入公共文化设施、文化产品、文化活动以及其他相关服务的能力不强，对城市建设的具体影响不够。

2. 文化交融的空间建设力度有限

一方面，目前城市公共文化空间多为传统型空间，如图书馆、文化馆、博物馆、美术馆、科技馆、纪念馆、广场和公园等，新型公共文化空间还比较少。这些传统空间形态已经不能满足群众对高品质精神文化的需求。另一方面，社区公共文化空间供给和需求不平衡。部分社区公共文化空间建设存在单一性和均质性倾向，部分老旧小区没有供居民交往交流交融的公共文化空间。

（三）基层宣传在有形有感有效上还需加强

基层尤其是偏远地区，由于新媒体应用技术不成熟，基础设施相对落后，宣传形式比较单一，导致宣传效果不理想。如，没能充分利用抖音、小红书、微信短视频等新媒体进行宣传，不能满足当下青年群体通过新媒体获取相关信息的需求。此外，据部分干部、群众反映，有些宣传教育内容不够接地气、

针对性不强，不适宜普通群众。

（四）理论研究有待深入

对于中华民族共同体等重大基础性问题的研究未形成有效合力，指导实践的作用不强，不能满足高效落实全方位建设模范自治区的需求。如，北疆文化建设虽然已经有了良好的开端，但是研究的深度和广度仍需拓展。接下来，要更加深入地阐释好北疆文化的内涵要义和基本特质，要更加有针对性地研究好“北疆文化”品牌建设的实践路径、落实举措等，切实把“北疆文化”品牌形象全面立起来。

三、进一步加强文化建设的对策和建议

内蒙古文化建设必须紧扣铸牢中华民族共同体意识工作主线，推动“七个着力”文化发展战略落地见效，不断汇聚新时代全方位建设模范自治区的磅礴力量。

（一）深化理论学习，着力提升文化建设紧扣主线的实践能力

1. 以学促干

持续做好干部理论学习培训工作，各级领导干部要持之以恒用党的创新理论武装头脑、指导实践、推动工作。要深入学习贯彻习近平文化思想和习近平总书记关于加强和改进民族工作的重要思想，不断增强政策解读、理论宣讲、实践应用能力，增强做好群众工作的本领。要围绕“七个着力”，加强前瞻性思考和全局性谋划，敢于打破陈规、克服路径依赖，推动文化建设取得新的成效。要牢牢把握铸牢中华民族共同体意识工作主线，使“三个离不开”“四个与共”“五个认同”和“七个作模范”充分融入文化建设全过程，确保不跑偏、不走样。

2. 以思践行

多思考，多研究，多探索，少观望，少跟风。工作主线贯穿文化建设的切入点，即各族群众的日常生活。各地要因地制宜，以生活化呈现为抓手，以生活化的符号体系建构为支撑，将工作主线融入日常教育、旅游活动、节庆活动、村规民约、社区服务等与人们日常生活紧密相关的事务中，融入各类展馆、公共文化设施、城市标志性建筑、旅游景区景点之中。

（二）加快新型公共文化空间建设，搭建各民族优秀传统文化创新交融平台

新型公共文化空间建设要突出体现地域文化要素和文化特色，坚持新建与改造并举，坚持适用性和美观性有机结合，秉持开放式、嵌入式建设理念，把服务功能摆在首位，注重运营管理。对于城市来说，可结合老旧小区和厂房改造等，创新打造一批融合图书阅读、艺术展览、文化沙龙、轻食餐饮等服务的“城市书房”“文化驿站”等新型文化空间。对于乡村来说，要盘活利用当地优秀传统文化资源，打造综合性文化服务中心、村史馆、文化户等乡村公共文化空间，展示农村牧区优秀民俗文化，提高农牧民参与公共文化服务建设的积极性。同时，要加强公共文化空间的无障碍和适老化改造，增强残疾人和老年人使用文化场所的获得感和满足感。

（三）创新丰富宣传教育方式方法，有形有感有效铸牢中华民族共同体意识

铸牢中华民族共同体意识既需在政策、制度等宏观层面上进行综合考量，又需在“润物细无声”上下功夫，要开展沉浸式、滴灌式、服务式宣传教育，让宣传教育聚人气、冒热气、接地气，形成全社会广泛参与、宣传教育浸润人心的良好局面。社区要算好惠民账，亮出百姓明白账，让老百姓有获得感和幸福感。重视微信、抖音及各类视频客户端等新媒体在基层工作中的运用，

有针对性地通过动漫、短视频等生动活泼的形式让党的创新理论“飞入寻常百姓家”。

（四）推动传统文化和现代文明有机交融，为建设中华民族现代文明奠定坚实基础

激活中华优秀传统文化的时代价值是推动中华优秀传统文化创造性转化、创新性发展，实现传统文化和现代文明有机交融的强心剂。内蒙古文化建设要立足中华优秀传统文化，守正创新，探索出一条让传统文化与现代文明相互融合、相互促进的新路，使传统文化在新时代绽放新光彩。

要强化文化遗产系统性保护利用。文物和文化遗产承载着中华民族的基因和血脉，为我们建设中华民族现代文明奠定了深厚的底蕴。内蒙古拥有丰富的文化遗产，如长城、红山文化遗址群、仰韶文化遗址、万里茶道（内蒙古段）等历史文化遗址，包头市土默特右旗美岱召镇美岱召村、呼伦贝尔市莫力达瓦达斡尔族自治旗腾克镇腾克村等中国传统村落，二人台、爬山调、马头琴、安代舞、哈尼卡等非物质文化遗产。这些文化遗产都是中华优秀传统文化的重要组成部分。要加强对这些文化遗产的保护利用，守护好中华文脉，为构筑中华民族共有精神家园贡献力量。

要有效运用现代科技手段，让非物质文化遗产与现代文旅产业有机结合，推动非物质文化遗产实现创新性传承与发展。如，培育特色非遗文化产业，促进产业链延伸。尝试把非遗元素融入小游戏的开发之中，以“非遗+游戏”的形势探索传统文化的应用与传播路径。

要加强各民族优秀传统手工艺的保护和传承，深挖非遗蕴含的精神价值和文化内涵，推动中华优秀传统文化展现永久魅力、焕发时代风采。如，对于刺绣、桦树皮等传统手工制作技艺，可将制作过程开发设计成操作性强的“非遗+研学”体验项目。

（五）加强理论研究，为文化建设夯实理论根基

要加强习近平文化思想和习近平总书记关于加强和改进民族工作的重要思想的研究阐释。要立足中华民族悠久历史，把马克思主义基本原理同中国具体实际相结合、同中华优秀传统文化相结合，遵循中华民族发展的历史逻辑、理论逻辑，科学揭示中华民族形成和发展的道理、学理、哲理。要优化学科设置，加强学科建设，把准研究方向，深化中华民族共同体等重大基础性问题研究，推出立足中国历史、解读中国实践、回答中国问题的原创性理论成果，加快形成中国自主的中华民族共同体史料体系、话语体系、理论体系。高质量推进《中华民族交往交流交融史料汇编·内蒙古卷》编纂工作、“中华民族共同体建设研究工程（2023—2027 年）”等重大项目。深化北疆文化研究，深度观照内蒙古大地上各民族交往交流交融的历史和现实，充分挖掘守望相助理念的丰富内涵，深刻研释蒙古马精神和“三北精神”，推出更多精品力作，并积极推动理论研究成果转化，切实提升理论指导实践的能力。

新征程上，内蒙古文化建设要始终紧紧围绕、毫不偏离铸牢中华民族共同体意识工作主线，顺应中华民族从历史走向未来、从传统走向现代、从多元凝聚为一体的发展大趋势，着眼建设中华民族现代文明，不断构筑中华民族共有精神家园。

紧紧围绕铸牢中华民族共同体意识主线推进社会建设研究报告

双 宝 武振国 马钰琦 郭芮希*

摘 要： 社会建设是中国特色社会主义事业“五位一体”总体布局中的重要组成部分，是推进新时代民族地区各项工作高质量发展的重要支撑。本文对内蒙古以铸牢中华民族共同体意识为主线推进社会建设取得的显著成效进行总结，对当下呈现出的问题与挑战展开分析，从保障和改善民生、推动基本公共服务均等化、完善基层治理体系、扎实推进共同富裕、推动各民族人口流动融居等方面提出对策建议，旨在为创造各族群众共居共学、共建共享、共事共乐的社会条件，推动实现各民族在空间、文化、经济、社会、心理等方面全方位嵌入提供借鉴。

关键词： 中华民族共同体意识 基本民生 共同富裕 公共服务 基层治理

---

* 双宝，内蒙古自治区社会科学院副院长、研究员；武振国，内蒙古自治区社会科学院科研处副处长、研究员；马钰琦，内蒙古自治区社会科学院社会学研究所助理研究员；郭芮希，内蒙古自治区社会科学院社会学研究所研究实习员。

党的十八大以来，特别是2021年中央民族工作会议召开以来，内蒙古紧紧围绕铸牢中华民族共同体意识工作主线推进社会建设，把增进人民福祉、促进人的全面发展、推进共同富裕作为现代化建设的出发点和落脚点，扎实做好富民、惠民、安民三篇文章，在补齐民生保障短板、提高公共服务水平、完善社会治理体系等方面取得显著成效。习近平总书记在党的二十大报告中对中国式现代化的本质要求作出科学概括，强调以铸牢中华民族共同体意识为主线，坚定不移走中国特色解决民族问题的正确道路，明确提出全面推进民族团结进步事业的要求。内蒙古作为我国最早成立的自治区，在促进民族团结上具有光荣传统，长期以来拥有“模范自治区”的崇高荣誉。深入分析贯穿铸牢中华民族共同体意识主线的社会建设现状，不仅是对党和国家宏观发展战略的积极回应，更是深入落实习近平总书记对内蒙古重要指示精神，在新时代继续保持模范自治区崇高荣誉，助力书写中国式现代化内蒙古新篇章的具体思考。

一、以铸牢中华民族共同体意识为主线推进社会建设的主要做法和成效

（一）实施积极的就业创业政策，推动各族群众在交往交流交融中实现互嵌式发展

就业与经济发展和社会民生改善息息相关。内蒙古以铸牢中华民族共同体意识为主线，抓住就业、创业这一民生之本和促进各民族交往交流交融的有效载体，多渠道促就业、助创业、保民生，推动各族群众深度互嵌、共同发展。基于现实区情，内蒙古落实落细就业优先政策，坚决贯彻劳动者自主就业、市场调节就业、政府促进就业和鼓励创业的方针。引导劳动者转变就业观念，鼓励多渠道多形式就业，促进创业带动就业，并做好高校毕业生、退役军人、农民工、失业人员等重点群体就业工作，加强对脱贫家庭、低保

家庭、零就业家庭及困难残疾人的就业帮扶。同时，加强职业技能培训，提升劳动者就业创业能力，增强就业稳定性。健全人力资源市场建设体制机制，完善就业服务体系，增强失业保险对促进就业的作用。健全劳动用工标准体系和劳动关系协调机制，加大劳动保障监察和争议调解仲裁力度，构建和谐劳动关系。党的十八大以来，内蒙古的就业形势基本稳定，就业创业工作取得明显成效。全区累计实现城镇新增就业 293.11 万人，农村牧区劳动力年均转移就业保持在 245 万人以上，每年有 10 万名城镇失业和就业困难人员实现就业，每年帮助 13 万以上高校毕业生实现就业或落实就业去向。2021 年末，全区企业法人增至 38.2 万个，与 2012 年末相比，增加 27.7 万个。2023 年，内蒙古强化就业优先政策，修订《内蒙古自治区就业促进条例》，出台稳就业政策若干、全力促发展惠民生举措 35 条，全区城镇新增就业 21.9 万人；离校未就业高校毕业生就业率达到 92.5%；失业人员再就业 13.1 万人，就业困难人员就业 7.3 万人，农牧民转移就业 260.1 万人，较 2022 年分别增加 2.4 万人、0.4 万人、0.7 万人；零就业家庭保持动态清零。持续实施阶段性降低工伤和失业保险费率、失业保险稳岗返还等助企纾困政策，兑现政策红利 42 亿元。开展补贴性职业技能培训 30.4 万人次。103 个旗县区建成零工市场 123 个，让“路边揽活”的灵活就业人员有了遮风挡雨的暖心驿站。① 支持民族地区群众到东中部地区务工经商、定居安居，鼓励东中部地区群众到内蒙古投资兴业、工作生活，促进跨区域交流互动。

（二）深化收入分配制度改革，在扎实推进共同富裕中铸牢中华民族共同体意识

以铸牢中华民族共同体意识为主线推进民族地区实现共同富裕，是新时代民族地区高质量发展的题中应有之义。收入分配是民生之源，是改善民生、实现发展成果由人民共享最重要最直接的方式。内蒙古深化收入分配制度改

① 内容来源于内蒙古自治区人力资源和社会保障厅。

革，努力实现居民收入增长和经济发展同步、劳动报酬增长和劳动生产率提高同步，持续提高居民收入在国民收入分配中的比重、提高劳动报酬在初次分配中的比重，调整优化国民收入分配格局，加大再分配调节力度，规范收入分配秩序，缩小收入分配差距，使发展成果更多更公平惠及各族人民。一方面，不断完善劳动、资本、技术、管理等生产要素按贡献参与分配的制度；深化企业和机关事业单位工资制度改革，推行企业工资集体协商制度，保护劳动所得，增加居民财产性收入；规范收入分配秩序，保护合法收入，增加低收入者收入，调节过高收入，取缔非法收入。出台《内蒙古自治区人民政府关于改革国有企业工资决定机制的实施意见》《内蒙古自治区小微企业个体工商户三年成长计划（2023—2025 年）》，修订并施行《内蒙古自治区就业促进条例》，制定并实施 77 项聚焦小微企业和个体工商户的税费优惠政策，逐步扩大企业年金覆盖范围，进一步健全了以税收、社会保障、转移支付为主要手段的再分配调节机制。另一方面，充分挖掘农牧业增收潜力，增加农牧民经营性收入；引导农村牧区劳动力转移就业，促进农牧民工资性收入持续稳定增长；提高农牧民在土地草场流转中的收益分配比例，引导农牧民通过生产资料入股等形式，参与产业化经营和合作社收益分配，增加农牧民的经营性收入和财产性收入；不折不扣落实各项惠农惠牧补贴政策，提高农牧民政策性收入。2023 年，全区全体居民人均可支配收入 38130 元，比 2022 年增长 6.1%。全区城镇常住居民人均可支配收入 48676 元，比上年增长 5.1%；农村牧区常住居民人均可支配收入 21221 元，比上年增长 8.0%。城乡居民收入比为 2.29，较 2022 年缩小 0.07。① 内蒙古努力推进共同富裕重大战略部署，让各族群众在共享发展成果的获得感中坚定跟党走的信念，积极投身社会主义现代化强国建设，坚持共同团结奋斗、共同繁荣发展。

① 内容来源于内蒙古自治区统计局。

（三）加强医疗、教育、养老等领域民生建设，确保改革发展成果更多更公平惠及各族人民

内蒙古紧扣铸牢中华民族共同体意识主线，毫不动摇把保障和改善民生摆在民族地区发展的突出位置，不断加大政策支持力度，在更宽领域、更深层次构建民生保障服务体系，有形有感有效推进中华民族共同体建设，极大地提升了各族群众的获得感、幸福感、安全感，各民族的凝聚力、向心力空前增强，不断书写“中华民族一家亲，同心共筑中国梦”的民族团结进步新篇章。公共服务保障能力和水平，特别是基本公共服务均等化水平有了明显提升。基本公共服务资源不断向基层延伸、向农村牧区覆盖、向各族生活困难群众倾斜，打通实现基本公共服务均等化的“最后一公里”。2023 年，自治区人力资源和社会保障厅全面落实企业职工基本养老保险全国统筹制度，基金支付能力明显增强，基金当期收支结余 130.4 亿元。全区基本养老保险参保人数 1747.7 万人，基本养老保险参保率提前完成“十四五”规划目标任务；工伤保险参保人数 361.8 万人，较 2022 年末增加 11.9 万人；失业保险参保人数 329.3 万人，较 2022 年末增加 20.9 万人。为 50.3 万名困难群众代缴城乡居民基本养老保险费，做到困难人员参保一个不漏、缴费一个不断。①

内蒙古把保障人民健康放在优先发展的战略地位，全方位、全周期保障各族人民健康。党的十八大以来，内蒙古卫生健康事业得到长足发展，综合反映国民健康的主要指标发生明显变化，人均期望寿命由 2010 年的 74.44 岁提高到 2020 年的 77.56 岁，孕产妇死亡率和婴儿死亡率分别从 2012 年的 20.14/10 万、6.37‰下降到 10.80/10 万、2.88‰。随着医疗卫生服务体系的不断完善、医疗卫生服务能力和水平的不断提升，人民群众就医获得感、安全感不断增强。2023 年，内蒙古就业、医疗、社保等支出保持两位数增长。②深入实施全民参保计划，全年区内医保参保人数 2160 万人，参保率稳定在

① “凝聚人社力量办好民生实事”，载《内蒙古日报》2024 年 1 月 13 日。

② “政府工作报告”，载《内蒙古日报》2024 年 2 月 4 日。

95%。同时，持续加大财政补助力度，2023 年城乡居民基本医疗保险人均财政补助标准增加至 640 元，筹资水平达到 1020 元以上。强化基本医保、大病保险、医疗救助三重制度综合保障，233.85 万低收入人口实现应保尽保。2023 年，全区低收入人口享受参保资助 148.85 万人，三重制度综合保障惠及 250.35 万人次，累计减负 41.76 亿元，政策范围内报销比例达 87%。[①] 加强养老托育服务体系建设，建成托育机构 1200 多家，每千人口拥有 3 岁以下婴幼儿托位数 2.2 个；建成医养结合机构 158 家，420 个医疗机构能够开展安宁疗护服务，医养结合床位数达到 3.1 万张；81.6%的二级以上综合医院设置老年医学科；建设危重孕产妇、新生儿救治中心 212 个，建成产前诊断机构 10 个、产前筛查机构 40 个；开展“两癌”筛查，67 万名适龄妇女受益。[②] 不断加强公共卫生体系建设，不断提升卫生健康治理体系整体效能，让各族人民共享卫生健康领域发展成果，让优质医疗服务覆盖范围更广。

持续深化教育教学改革，加快建设高质量教育体系，教育教学质量稳步提升，为内蒙古经济社会高质量发展提供了有力支撑。2023 年，全区新改扩建 204 所幼儿园、676 所中小学，13 所特殊教育学校已全部开工，新增学位 7.06 万个。全区学前三年毛入园率 94.96%，九年义务教育巩固率 98.3%，高中阶段毛入学率 95.24%，残疾儿童义务教育入学率 97%以上，提前实现“十四五”规划目标。2023 年累计下达中央和自治区学前教育专项资金 12.81 亿元，进一步增加和优化普惠性资源供给；下达义务教育薄弱环节改善与能力提升专项资金 10.55 亿元，着力提升义务教育学校办学水平；下达高考综合改革专项发展资金共 6.95 亿元，支持普通高中改善办学条件，推动中高考改革政策落地。全面加强国家通用语言文字教育。近三年，共建成国家级语言文字推广基地 3 个、自治区级基地 11 个，充分发挥基地人才科研优势，立项相关课题 248 项，发表论文 203 篇，语言文字应用研究能力不断提升。针对

① 内容来源于内蒙古自治区医疗保障局。

② “病有所医 筑牢幸福之基”，载《内蒙古日报》2023 年 10 月 20 日。

学校教师，严把准入关，对教师资格申请人普通话水平提出明确要求，累计开展示范性培训 3.3 万人次。坚持把国家通用语言文字作为各级各类学校教育教学基本用语用字，全面推行使用国家统编教材。全区各级教育部门通过强化师资保障、加强教学指导、丰富教学资源、开展教学帮扶等措施，不断提升国家统编教材教育教学质量。学校铸牢中华民族共同体意识教育有形有感有效。2023 年在全国率先开设高校铸牢中华民族共同体意识必修课。推动实践育人走深走实，打造“行走的思政课”等实践活动品牌，建立七大类 123 个实践基地、12 所铸牢中华民族共同体意识创建示范校、110 个红色地标、61 个中华优秀传统文化传承基地等，逐步构建起各学段有序衔接的一体化教育体系。深入推进铸牢中华民族共同体意识教育五年行动，实施“石榴籽育人深化建设工程”“北疆教育心向党”等品牌项目，以常态化长效化机制推动铸牢中华民族共同体意识融入办学治校、教书育人全过程。开展分层次、分众化主题教育，精心打造各类网络育人产品和育人品牌，营造“中华民族一家亲，同心共筑中国梦”校园文化氛围，构建各族师生交往交流交融的互嵌式育人环境。[①] 加强民族团结教育，不断增强广大师生对伟大祖国、中华民族、中华文化、中国共产党、中国特色社会主义的认同。

自治区制定并实施《关于推进基本养老服务体系建设的实施方案》，以养老服务清单为引领，按照家庭为基础、社区为依托、机构为补充的多主体协同参与的原则，优化养老服务供给，努力让养老服务更暖心、让老年人生活更舒心。建立居家社区养老服务设施运营评价机制，起草《内蒙古自治区居家社区养老服务机构等级评定办法（试行）》，通过政策引导和适度激励不断提升服务水平。2023 年，农村养老服务网络加速完善，旗县级特困人员供养服务设施全覆盖，苏木乡镇区域养老服务中心覆盖率达到 50%以上，建成村级养老服务站（含幸福院）4910 个，农村养老服务更加便利可及。巩固提升城市“一刻钟”养老服务圈功能，全区共建有居家社区养老服务中心（站）

① 内容来源于内蒙古自治区教育厅。

等设施 1685 个、为老餐厅 629 个、家庭养老床位 7012 张，服务覆盖社区老年人 241. 6 万人，累计实施特殊困难老年人家庭适老化改造 5. 08 万户。机构养老服务提档升级，全区共建有养老机构 692 家，入住老年人 4 万多人，有集中供养意愿的特困人员集中供养率达到 100%。启动高品质养老机构培育计划，加快构建“兜底有保障、普惠可持续、高端有选择”的机构养老服务供给格局。①

在社会保障制度建设过程中，内蒙古坚持全覆盖、保基本、多层次、可持续方针，以增强公平性、适应流动性、保证可持续性为重点，全面建设覆盖城乡居民的社会保障体系。深入落实习近平总书记关于边疆民族地区在走向共同富裕的道路上不能掉队的重要要求，持续健全分层分类的社会救助体系。社会救助保障标准稳步提高，2023 年，内蒙古城乡低保平均标准分别为 840 元/月、670 元/月，平均增幅 6. 6%。社会救助兜底保障措施不断完善，全区 156. 7 万名低保对象、9. 8 万名特困人员的基本生活得到有力保障。困难群众基本生活救助工作再次获评民政部、财政部绩效评价优秀等次。临时遇困群众救助帮扶工作高效开展，全年累计实施临时救助 15. 9 万人次。

厚植民族团结沃土，紧扣铸牢中华民族共同体意识这一工作主线，聚力推动乡村振兴。2022 年 11 月，国家民委等九个部门联合印发《关于铸牢中华民族共同体意识扎实推进民族地区巩固拓展脱贫攻坚成果同乡村振兴有效衔接的意见》，明确要求促进各族群众在实现乡村振兴进程中不断铸牢中华民族共同体意识，确保民族地区在巩固拓展脱贫攻坚成果和乡村振兴工作中不掉队，在共同富裕路上跑出好成绩。2023 年，内蒙古低收入人口动态监测覆盖群体进一步扩大，民政系统将 199. 8 万低收入人口纳入常态化监测范围，主动发现、主动救助措施精准落实，凡困必帮、有难必救、应保尽保、应助尽助目标基本实现。② 改造农村牧区危房 9. 6 万套，建设农村牧区公路 6261 公

① 内容来源于内蒙古自治区民政厅。

② 内容来源于内蒙古自治区民政厅。

里，改造户厕10万多个，城乡人居环境适宜性和安全性得到提升。[①] 全区龙头企业带动农牧户307万户，80%以上的农畜产品加工企业和合作社与农牧户建立了稳定订单、保底收益、按股分红等的利益联结机制。实施集体经济“扶持引领”行动，大力发展庭院经济，推广以工代赈，全区所有嘎查村集体收入达到10万元以上。[②]

（四）推进民族地区社会治理现代化，夯实铸牢中华民族共同体意识的社会基础

党的二十大报告立足党和国家事业发展战略全局，对推进国家安全体系和能力现代化作出战略部署，为我们做好维护国家安全和社会稳定工作指明了前进方向、提供了根本遵循。内蒙古以打造共建共治共享社会治理格局为抓手推进社会治理现代化，夯实铸牢中华民族共同体意识的社会基础。主动适应新形势、贯彻新理念、建立新机制、运用新手段，坚持把维护社会和谐稳定、巩固和发展民族团结大局作为重大政治责任和重要民生工作，确保社会大局和谐稳定。平安内蒙古建设不断深化，社会矛盾化解成效显著，安全生产水平全国领先，质量安全监管力度加大，人民群众安全感和满意度持续提升。维护国家安全工作全面加强，管边控边稳边能力显著提高，全力筑牢祖国北疆安全稳定屏障。积极发挥党、政、军、警、民整体效能，健全完善边境地区三级联防责任制，形成解放军边防部队管“线”、公安边防部队管“块”、社会联防管“面”的横向到边、纵向到底，情报互通、资源共享，联防联治、联控联管的工作格局，努力织紧国家安全“过滤网”、筑牢国家安全“防火墙”。探索推行草原110、戍边警务室、蒙古包哨所、红色堡垒户等举措，构建起稳边固边的“天罗地网”，促进边境地区和谐稳定。不断推进市域社会治理现代化，提高市域社会治理能力。坚持把城市作为各民族交往交流

① 内容来源于内蒙古自治区人民政府官网。

② 内容来源于内蒙古自治区农牧厅。

交融的大平台，积极构建互嵌式社会结构和社区环境。全区12个盟市全部纳入“全国市域社会治理现代化试点”，充分运用新技术手段，缩小治理空间，缩短治理时间，让“智治”成为重要治理方式。不断探索扁平化治理模式，提高快速响应、精准落地能力。坚持和发展新时代“枫桥经验”，畅通和规范群众诉求表达、利益协调、权益保障通道，畅通民情民意，了解群众诉求，有效化解城市社区和农村牧区各类矛盾纠纷。联合党建打造功能型党支部，夯实联防联控和双拥共建基础，推动党建网格和综治网格“双网融合”，及时发现基层问题，确保各类风险防范在源头、化解在基层、消灭在萌芽状态。

二、以铸牢中华民族共同体意识为主线推动社会建设面临的困难和挑战

（一）在改善居民生活条件的道路上，待就业总量增长与结构性失业问题需要引起重视

数据显示，2023年城镇调查失业率年度目标指标值为6%左右，处于历史高位。[①] 高校毕业生从2021年的13万人增长到2024年的17.5万人（详见图1），劳动力市场竞争加剧，就业压力增大。此外，结构性失业问题也需要引起关注。近年来，全区大力推动传统产业转型升级、战略性新兴产业融合集群发展，但高校尚未形成能满足传统产业转型升级以及战略性新兴产业融合集群发展的高等教育人才培养体系，现有人才与企业实际需求不匹配，出现“就业难”与“用工荒”并存的局面。因此，要紧紧围绕铸牢中华民族共同体意识工作主线，把就业创业作为改善各族群众生活条件的重要举措，突出抓好高校毕业生、脱贫人口、失业人员和就业困难人员等重点群体的就业工

① 内容来源于内蒙古自治区人民政府官网。

作，努力营造共居共学、共建共享、共事共乐的社会环境。

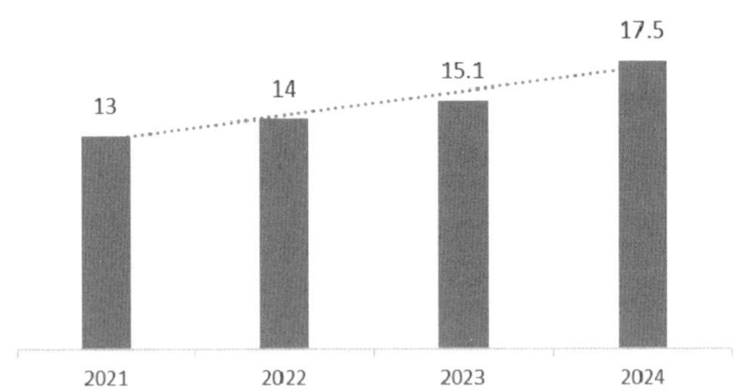

图 1　2021—2024 年全区高校毕业生人数统计（单位：万人）[①]

（二）在推进共同富裕的道路上，收入差距和社会保障差异有待进一步缩小

2023 年，城镇居民可支配收入增速与 2022 年（7.1%）相比有所放缓，城乡居民收入绝对差从 2020 年的 24786 元增长到 27455 元（详见图 2）。现阶段来看，全区城乡居民社会保障水平低于退休职工保障水平。以养老保险为例，2023 年农村牧区居民基本养老保险基础养老金每人每月 140 元，退休人员人均养老金每月 3346 元，相差 3206 元，退休人员的基本养老金约是农村牧区居民基础养老金的近 24 倍；再以基本医疗保障为例，2023 年末，职工基本医疗保险参保人数 606.6 万人，增长 3.4%；城乡居民基本医疗保险参保人数 1552.1 万人，下降 2.0%。居民收入和社会保障水平的差异一定程度上影响了全区共同富裕的进一步推进。

① 内容来源于内蒙古自治区统计局。

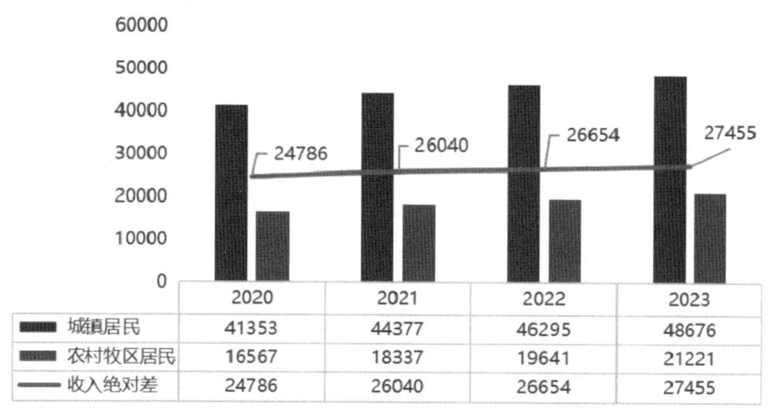

	2020	2021	2022	2023
城镇居民	41353	44377	46295	48676
农村牧区居民	16567	18337	19641	21221
收入绝对差	24786	26040	26654	27455

图 2　2020—2023 年全区城乡居民收入对比（单位：元）[①]

（三）在促进各族群众共享发展成果的道路上，资源配置和公共服务供给质量有待进一步提升

全区持续优化基本公共服务供给，但在优质资源供给方面依然存在问题。从教育资源的分布来看，全区现有基础教育城市学校 2298 所，在校生 140.99 万人；县镇学校 2940 所，在校生 144.23 万人；乡村学校 1743 所，在校生 23.23 万人。城市学校和县镇学校的数量仅是乡村学校的 1.3 倍和 1.7 倍，但是校均规模分别是乡村学校的 4.6 倍和 3.6 倍。学校是构筑中华民族共有精神家园的主要阵地之一，也是青少年学习和应用国家通用语言文字的重要平台，要进一步优化区域及城乡教育教学资源配置。

从医疗资源分布来看，2023 年末，全区卫生技术人员有 23.4 万人，乡村医生和卫生员仅有 1.2 万人。[②] 截止到 2022 年底，全区共有 93 家三级医院，其中，三甲医院有 46 家（详见下表）。呼和浩特市、包头市和赤峰市拥有 23 家三甲医院，占全区一半；兴安盟、锡林郭勒盟和阿拉善盟均仅有 1 家三甲

① 数据根据历年内蒙古自治区国民经济和社会发展统计公报整理所得。

② 内容来源于内蒙古自治区统计局。

医院（以上统计数据包含民营医院）。医院病床使用率也以三级医院最高（66.4%），[①] 以三级医院为代表的优质医疗机构成为人民群众就医首选。全区优质医疗卫生资源主要流向经济较为发达的城市，存在优质医疗卫生资源紧缺与基层医疗机构资源闲置浪费共存的情况。

从养老资源分布来看，全区共有街道养老服务中心269个、社区养老服务站1018个、老年人日间照料中心398个，但这依然难以满足老年人的养老服务需求。即使是在与家人共同生活的老年人比重最低的乌兰察布市，仍有76.87%的老年人与家人共同生活。[②] 现有的社区居家养老服务机构和服务设施总量与实际养老需求之间的供需缺口仍然较大。

整体来看，内蒙古教育、医疗、养老等基本公共服务设施资源在向基层社区、乡村牧区逐步下沉，但是区域间、城乡间公共服务品类和质量供给还需进一步优化。

内蒙古各盟市不同等级医院数量分布（单位：家）

地区	合计	三级				二级				一级				
	合计	小计	甲等	乙等	丙等	小计	甲等	乙等	丙等	小计	甲等	乙等	丙等未评	其他
总计	809	93	46	12	1	342	119	68	1	275	19	6	0	99
呼和浩特市	109	15	11	1	0	33	8	10	0	47	4	3	0	14
包头市	105	16	7	1	1	48	11	4	0	40	2	0	0	1
乌海市	25	3	2	0	0	7	2	2	0	2	1	0	0	13
赤峰市	105	20	5	2	0	25	15	2	0	42	1	1	0	18
通辽市	84	9	5	3	0	42	14	4	0	24	5	0	0	9
鄂尔多斯市	97	9	3	1	0	47	8	9	0	41	1	1	0	0

① 内容来源于内蒙古自治区卫生健康委员会。

② 内容来源于内蒙古自治区统计局。

续表

地区	合计	三级				二级				一级				
	合计	小计	甲等	乙等	丙等	小计	甲等	乙等	丙等	小计	甲等	乙等	丙等未评	其他
呼伦贝尔市	67	9	6	1	0	41	17	9	0	6	2	1	0	11
巴彦淖尔市	58	2	2	0	0	16	12	0	0	28	3	0	0	12
乌兰察布市	61	2	2	0	0	27	13	5	0	22	0	0	0	10
兴安盟	35	3	1	2	0	20	9	5	0	9	0	0	0	3
锡林郭勒盟	45	3	1	1	0	29	9	12	1	8	0	0	0	5
阿拉善盟	18	2	1	0	0	7	1	6	0	6	0	0	0	3

（四）在深化民族团结进步创建工作的道路上，基层治理能力和治理格局有待进一步提升和优化

内蒙古在创新基层社会治理，建设互嵌式社会结构和社会环境方面取得显著成效，但互嵌式社会条件还不够成熟，具体体现在以下三个方面：一是社会治理精细化水平有待提升。在探索智慧社区建设方面，鄂尔多斯市的“多多评”数字治理平台较为亮眼。相比之下，其他城市的智慧化治理应用场景不多且大部分平台和数据库不能实现互联互通。城市“一网统管”体系尚未形成，社区治理触角无法进一步向单元楼门、家庭小院延伸，制约社会治理精细化水平的提升。二是社会主体参与度有待提高。居民作为社会治理的主体之一，参与社会治理多以被动式参与、活动型参与形式为主，主动参与公共事务的意愿不强。基层治理力量不足，大量行政事务挤占社区工作人员时间，治理效能发挥不足。总之，多主体协同治理效能尚未完全释放。三是基层矛盾纠纷化解方式需与时俱进。基层矛盾往往以民事纠纷为主，总体呈现出参与主体多元化、有组织化，表达方式极端化、暴力化、网络化等特征。

现阶段基层矛盾化解工作中多部门协作配合效果不理想，部分工作只能靠调解规劝来推进。化解手段与现实矛盾的不相适应对基层矛盾纠纷化解能力提出较高要求。

民族地区互嵌式发展社会条件的完善与基层社会治理能力和水平的提升紧密相关。当前，各类社会主体参与社会治理的主人翁意识有待唤醒，社区组织的孵化能力有待提升，社会治理的精细化水平有待提高，需在提供精细化社会服务和基层维稳见行见效方面进一步发力。

（五）在保障社会和谐稳定的道路上，人口老龄化和流动人口问题有待引起重视

人口老龄化进程加快，社会抚养压力不断增大。第七次全国人口普查统计数据显示，2020 年，内蒙古老年人口规模进一步扩大，全区常住人口中，60 岁及以上人口 475. 72 万人，65 岁及以上人口 313. 89 万人，与“六普”结果相比，分别增加了 192. 08 万人和 127. 07 万人，老年人占比位于全国前列。全区 12 个盟市中，有 5 个盟市 60 岁及以上人口超过 50 万人，有 6 个盟市 65 岁及以上人口超过 30 万人。2020 年，内蒙古老年抚养系数 17. 9%，老少比 92. 93%，年龄中位数 42. 3 岁，与 2010 年相比，老年抚养系数上升 8. 25 个百分点，老少比上升 39. 19 个百分点，年龄中位数提高 5. 02 岁。[①] 经济社会的快速发展和城镇化水平的不断提高为人口迁移流动创造了条件，也促使人口流动更加活跃、规模不断扩大。2020 年，全区常住人口中流动人口 906. 84 万人，与 2010 年相比，增加了 293. 97 万人，增长 47. 97%，其中区内流动占比达 81. 40%。[②] 如何有效促进流动人口与所在城市和社区融合，促进各族群众交往交流交融，加强互嵌式社区环境建设是内蒙古民族工作面临的重要课题。

---

① 内容来源于内蒙古自治区统计局官网。

② 内容来源于内蒙古自治区统计局官网。

三、以铸牢中华民族共同体意识为主线开创社会建设高质量发展新局面

（一）以铸牢中华民族共同体意识为主线保障和改善民生

习近平总书记指出："中国式现代化，民生为大。党和政府的一切工作，都是为了老百姓过上更加幸福的生活。"① 只有坚持在发展中保障和改善民生才能凝聚人心，进而在共同奋斗中创造美好生活。

第一，坚持以人民为中心的发展思想，把改善民生、凝聚人心作为社会建设的出发点和落脚点，作为持续深化民族团结进步创建工作的重要评价指标，使改善民生和凝聚人心相得益彰。推进调查研究工作，深入群众、深入基层，摸清各族群众特别是困难群众急难愁盼问题，优化调整基本民生供给结构和方式，促进发展成果更加公平惠及各族群众。强化保障和改善民生的凝聚人心效能，大力宣传中国特色社会主义制度的显著优势，激发各族人民干事创业的主动性和积极性，形成团结奋进的强大合力。

第二，坚持尽力而为、量力而行，采取更多惠民生、暖民心举措，加强普惠性、基础性、兜底性民生建设，持续增进民生福祉。强化就业优先政策，突出就业作为民生之本的重要作用，完善劳动保护制度与公共就业服务体系，加大对高校毕业生、灵活就业群体、农民工等重点人群的保障力度，消除影响平等就业的不合理限制和歧视，促进高质量充分就业。促进教育资源均衡配置，扩大优质义务教育的覆盖范围，保障农民工随迁子女及特殊困难群体受教育权利，促进实现教育公平。健全终身职业技能培训制度，开展多形式、多层次、多类型的基地化培训，缓解职业教育与产业需求脱节的矛盾。健全

① "习近平在重庆考察时强调 进一步全面深化改革开放 不断谱写中国式现代化重庆篇章"，载《人民日报》2024 年 4 月 25 日。

社会保障体系，深入实施全民参保计划，健全基本养老、基本医疗等保险制度，推进基本医疗保险、失业保险、工伤保险自治区级统筹，稳步提高保障水平。完善生育支持政策体系，发展银发经济，推动人口高质量发展。建设生育友好型社会，提高优生优育服务水平，发展普惠托育服务体系，减轻家庭生育、养育、教育负担。推进实施积极应对人口老龄化国家战略，大力发展养老事业和养老产业，扩大普惠型养老服务覆盖面，提高居家社区养老服务能力，努力让全体老年人享有基本养老服务。推进健康内蒙古建设，构建以健康需求为中心的整合型服务体系，卫生资源配置和投入重点向农村牧区和基层医疗机构倾斜，全力解决群众就医难题。

（二）以铸牢中华民族共同体意识为主线推动基本公共服务均等化

提升公共服务能力是推进社会建设的关键。党的二十大报告提出增强公共服务均衡性和可及性的要求，明确了公共服务供给端的新导向，突出了公共服务需求端的体验感，为新时代健全现代公共服务体系，提高公共服务水平指明了方向。

增强公共服务均衡性，要基于公共服务供给端的新导向，深化公共服务供给端改革，在公共服务均等化水平不断提升的基础上，更加关注区域、城乡、群体之间公共服务资源的有效配置，提升公共服务数字化建设水平，为各族群众提供更高质量、更有效率、更加公平、更可持续的公共服务。

增强公共服务可及性，要基于公共服务需求端的体验感，注重供给与需求的精准匹配，推动公共服务供给体系、组织体系、体验体系提质升级，既要保证空间可及，又要实现内容可及，推动优质普惠公共服务下基层、进社区，将公共服务的“最后一公里”变为“最美一公里”。

同时，要以创建特色公共服务品牌为抓手，在基层公共服务空间和设施中嵌入铸牢中华民族共同体意识宣传教育内容，推动公共服务领域有形有感有效做好铸牢中华民族共同体意识工作。

（三）以铸牢中华民族共同体意识为主线完善基层治理体系

基层是促进各民族交往交流交融的基础场域，基层治理是创造各族群众共居共学、共建共享、共事共乐社会条件的基本形式。要紧紧围绕铸牢中华民族共同体意识主线完善基层治理体系，深入学习贯彻习近平总书记关于基层治理的重要论述，健全共建共治共享的社会治理制度，推进人人有责、人人尽责、人人享有的社会治理共同体建设，构建充满活力且和谐有序的互嵌式社会结构和社区环境。

第一，要构建基层治理党建引领新格局。突出加强党的领导这一根本原则，坚持大抓基层的鲜明导向，加强和改进街道（苏木、乡、镇）、社区（嘎查、村）党组织对基层各类组织和各项工作的领导，确保党的民族工作的各项方针政策在基层得到全面贯彻落实。突出为人民服务这一根本宗旨，加强基层服务型党组织建设，提升城乡社区精准化精细化管理和服务能力，实现公共空间共建、公共难题共治、公共服务共享，促进各民族广泛交往交流交融。突出“我为群众办实事”这一理念，整治“滥挂牌”现象，破解“小马拉大车”难题，厘清基层事项，明晰权责清单，减轻工作负担，健全基层减负常态化机制，全心全意为群众办实事。

第二，要推进基层治理共同体建设。拓宽基层群众参与基层治理渠道，鼓励和引导各族群众积极参与社会建设和社会治理，大力宣传民族团结、邻里和睦、互帮互助新风尚，使各族群众交到知心朋友、成为和睦邻居、结成美满姻缘。推动各民族人口流动融居，支持农村牧区少数民族群众到城镇务工经商、定居安居、创业发展，激发蕴藏在各族群众之中的创新活力，形成同心共圆中国梦的生动局面。

第三，要及时把矛盾纠纷化解在基层、化解在萌芽状态。要立足预防，组织动员社区民警、调解员、社区工作者、网格员、志愿者等基层治理力量，常态化开展矛盾纠纷排查，做到底数清、情况明。大力推行信访代办制，畅通和规范群众诉求表达、利益协调、权益保障通道。要立足调解，统筹做好人民调解、做实行政调解、做强司法调解，提高矛盾纠纷化解的专业化水平和时效性。要立足法治，通过群众喜闻乐见的形式宣传普及宪法、法律知识，引导群众在法治轨道上反映诉求、解决问题，促进形成办事依法、遇事找法，解决问题用法、化解矛盾靠法的法治环境。找准法治与德治的契合点，尊重社会公序良俗，充分发挥道德在基层治理中的教化作用。

（四）以铸牢中华民族共同体意识为主线扎实推进共同富裕

共同富裕是各民族共同团结奋斗、共同繁荣发展的价值追求和目标导向。实现共同富裕是一个长远目标，要循序渐进地推进。内蒙古要结合实际探索有效路径，实打实地办好每一件事，让各族人民实实在在感受到推进共同富裕在行动、在身边。

第一，在推动高质量发展、做大“蛋糕”的同时，进一步分好“蛋糕”。具体而言，要多措并举提高城乡居民收入水平，完善统筹效率与公平的初次分配、强化促进社会公平的再分配、健全增进社会公正的第三次分配制度。提高劳动报酬在初次分配中的比重，增加低收入群体收入，扩大中等收入群体，缩小收入分配差距，促进社会公平正义。健全完善“价格+补贴+保险”的农牧民经营性收益保障机制，促进农牧民收入稳定增长。

第二，全面推进乡村振兴，提升农牧民群众整体生活水平。乡村振兴是一项复杂的系统工程，要坚持系统性、整体性、协同性推进，增强乡村产业、人才、文化、生态、组织振兴的核心引擎功能，强化以工补农、以城带乡，不断推动农牧业全面升级、农村牧区全面进步、农牧民全面发展。巩固拓展脱贫攻坚成果，健全防止返贫动态监测和帮扶机制，坚决守住不发生规模性返贫底线。

第三，构筑中华民族共有精神家园，促进各族人民精神生活共同富裕。要聚焦坚持理论指引、树立正确史观、追求共同价值、深化文化认同、共担奋斗使命，全面贯彻落实习近平总书记关于加强和改进民族工作的重要思想，加强党史、新中国史、改革开放史、社会主义发展史、中华民族发展史宣传教育，积极培育和践行社会主义核心价值观，发展社会主义先进文化，建设具有强大凝聚力和引领力的社会主义意识形态，推动各民族为全面建设社会主义现代化国家共同奋斗，为铸牢中华民族共同体意识奠定坚实的精神和文化基础。全面推广普及国家通用语言文字，全面推行使用国家统编教材，以语言相通促进心灵相通、命运相通。大力弘扬蒙古马精神和“三北精神”，激发各族人民创新创业的内生动力，使各族人民在走向共同富裕的道路上成为创造美好生活的真正主体。

（五）以铸牢中华民族共同体意识为主线推动各民族人口流动融居

在辽阔的北疆大地上，各族人民手足相亲、唇齿相依，广泛交往、全面交流、深度交融，共同书写着铸牢中华民族共同体意识的精彩篇章。各民族人口大融居主要体现在文化、经济、社会（关系）及心理四个层面，且具有代际传递性和同一性。

第一，要在“流动”上做文章，把推动流动人口就业创业作为关键举措，不仅鼓励和支持各族群众走出去就业创业，而且鼓励和支持区外的各族群众到内蒙古就业创业，促进各族群众跨区域双向流动，逐步实现各民族互嵌式发展。

第二，要着力在“融”字上下功夫，主动融入新发展格局，积极构建开放包容、融荣共居的相互嵌入式社会结构和社区环境，维护好平等、团结、互助、和谐的民族关系。构建以人民为主体、以政府为引导、以社会为主导的互嵌式社区共建共治共享模式，让各族群众唱歌跳舞在一起、生活居住在一起、工作奋斗在一起，像石榴籽一样紧紧抱在一起。

第三，要在“居”字上求突破，努力打造和谐便利的社区共居环境，营造交往交流、共居共乐的浓厚氛围。根据公共空间配置标准和布局要求，完善社区的医疗、康养、教育、文体、商业等配套服务设施，建设以居民为中心的 15 分钟社区生活圈，满足居民求学、就医、餐饮和购物等多方面需求。同时，通过推进思想宣传、治安调解、文体娱乐等软环境建设，不断满足社区居民日益增长的精神文化需求。

牢记“国之大者”
筑牢我国北方重要生态安全屏障研究报告

天 莹 李 娜*

摘 要：党的十八大以来，在习近平总书记和党中央的关心支持下，内蒙古生态文明建设取得历史性成就、发生历史性转变，生态环境不断改善，生态系统服务功能不断增强，以高品质生态环境支撑高质量发展，经济发展后劲增强，人与自然和谐共生的现代化进程加快。生态文明建设的伟大实践和取得的成效，极大地提升了各族人民的获得感、幸福感、安全感，增强了各族人民的凝聚力、向心力。内蒙古要牢记“国之大者”，持续推进生态文明建设，把我国北方重要生态安全屏障构筑得牢不可破，为进一步铸牢中华民族共同体意识提供绿色支撑。

关键词：生态文明 共建共享 铸牢中华民族共同体意识

生态文明建设关乎中华民族永续发展，关乎国家生态安全、粮食安全、边疆安全。建设生态文明是功在当代、利在千秋的伟业。党的十八大以来，习近平生态文明思想不断丰富发展，形成了完整的理论体系，深刻回答了一系列重大理论和实践问题，为我们推进生态文明建设，筑牢我国北方重要生

* 天莹，内蒙古自治区社会科学院经济研究所所长、研究员；李娜，内蒙古自治区社会科学院经济研究所副研究员。

态安全屏障，实现人与自然和谐共生提供了根本遵循。内蒙古要高质量推进生态文明建设，让各族人民平等享有生态文明建设成果，提升各族人民的幸福感、获得感、安全感，进而铸牢中华民族共同体意识。

一、筑牢我国北方重要生态安全屏障的重大意义

党的十八大以来，内蒙古各族人民对建设我国北方重要生态安全屏障的认识不断深化，始终坚持以生态优先、绿色发展为导向，着力把祖国北疆这道万里绿色长城构筑得更加牢固。

（一）服务国家发展大局的必然要求

习近平总书记指出："内蒙古生态状况如何，不仅关系全区各族群众生存和发展，而且关系华北、东北、西北乃至全国生态安全。"把内蒙古建成我国北方重要生态安全屏障，是习近平总书记立足国家发展大局交给内蒙古的重要战略任务，是内蒙古各族干部群众必须肩负起的重大政治责任。内蒙古地处祖国北疆，是我国北方面积最大、种类最全的生态功能区。因此，内蒙古要深入推进生态文明建设，持续提高生态系统的稳定性，实现生态系统的良性循环，为全国各族人民提供更加优美的生态环境和更多优质的生态产品，为国家经济社会的可持续发展提供重要支撑。

（二）应对荒漠化、沙化严峻挑战的迫切需要

通过生态文明建设，内蒙古实现了"绿进沙退"的历史性转变，但生态系统依然脆弱，影响着生态屏障作用的有效发挥。因此，打好"三北"工程攻坚战三大标志性战役，科学推进荒漠化综合治理是今后一段时期内蒙古生态文明建设的重点任务。1978 年，我国启动实施了"三北"工程，在党的坚强领导下，经过几代人的不懈奋斗，取得了令人瞩目的成绩，铸就了艰苦奋斗、无私奉献、锲而不舍、久久为功的"三北精神"，为我国荒漠化综合治理

注入了强大精神动力。“三北”工程的伟大实践和建设成果，让各族群众深刻认识到，只有在中国共产党领导下，大力弘扬“三北精神”，久久为功，才能不断创造防沙治沙奇迹。打好打赢“三北”工程攻坚战三大标志性战役的过程，也是共同建设美丽家园的过程，各族人民必将增进共同性，把铸牢中华民族共同体意识主线贯穿于生态文明建设全过程。

（三）实现高质量发展的重要支撑

生态是内蒙古的突出优势，绿色是内蒙古可持续发展的亮丽底色。推进生态文明建设是内蒙古各族人民站在人与自然和谐共生的高度谋划发展、坚持绿水青山就是金山银山理念的生动实践，反映了内蒙古各族人民追求美好生活的内在要求。建设生态文明能够为经济发展提供良好的资源基础、生态环境基础，有助于形成绿色生产生活方式，加快人与自然和谐共生的现代化进程，提高人民群众的生活质量，实现经济、社会和环境的协调可持续发展，为子孙后代留下天蓝、地绿、水清的美丽家园。

二、内蒙古生态文明建设的主要成效

（一）生态系统质量不断提升，为我国高质量发展夯实绿色根基

内蒙古拥有森林、草原、湿地、沙漠等多种生态类型，把内蒙古建成我国北方重要生态安全屏障，是“国之大者”。党的十八大以来，内蒙古广大干部群众像石榴籽一样紧紧抱在一起，坚决扛起筑牢我国北方重要生态安全屏障的政治责任，坚持党的领导，统筹山水林田湖草沙系统治理，实施国家重点生态建设项目，加强生态监管制度体系建设，生态系统质量和稳定性逐步提升。2023 年，内蒙古森林覆盖率达到 20.79%，[①] 草原综合植被覆盖度达到

① 内容来源于《内蒙古自治区 2023 年国民经济和社会发展统计公报》。

45.0%，比2012年提升4.7个百分点。年均防沙治沙1200万亩以上，规模居全国第一位。内蒙古第六次荒漠化和沙化土地监测结果显示，与上一次监测结果相比，荒漠化、沙化土地面积分别减少2415万亩、1459万亩，实现荒漠化和沙化土地面积持续“双减少”、程度连续“双减轻”（见下表）。自然保护地体系建设加强，生物多样性增加。2023年，内蒙古共有自然保护区216个，总面积1294.7万公顷，比2012年增加31个。生态环境的改善，生态系统服务功能的增强，为内蒙古乃至我国高质量发展奠定了基础，为经济发展提供了新动力。

内蒙古第六次荒漠化和沙化土地监测与第五次监测情况对比①

监测项目	荒漠化土地面积增减（万亩）	沙化土地面积增减（万亩）	极重度荒漠化土地面积增减（万亩）	极重度沙化土地面积增减（万亩）
第六次与第五次结果对比	-2415	-1459	-1591	-2199

（二）大力推进生态产业化、产业生态化发展，促进实现共同富裕

“全面建成社会主义现代化强国，一个民族也不能少。”“绿水青山既是自然财富、生态财富，又是社会财富、经济财富。”习近平总书记的重要指示，为推进生态文明建设，铸牢中华民族共同体意识，实现人与自然和谐共生的现代化提供了根本遵循。党的十八大以来，内蒙古大力推进生态产业化和产业生态化发展，拓宽生态价值转化通道，加快生态价值向经济价值的转化步伐，促进各族群众增收致富，为共同迈向中国式现代化提供了新经验。积极

① “内蒙古第六次荒漠化和沙化土地监测结果公布”，载《内蒙古日报》2023年6月17日。

发展林草、中药材、生态农业、沙漠旅游、草原旅游等产业，产业规模不断扩大。2023 年，内蒙古林草产业总产值达到 835 亿元，同比增长近 38.5%。[①] 建立完善“企业+合作社+基地+农户”利益联结机制和补偿机制，农牧民在参与生态建设中获得收益。大力实施草原生态补助奖励政策，促进草原生态的稳步恢复和牧区经济的可持续发展。创新发展模式，探索推行立体生态光伏治沙模式，努力实现“三生”共赢。依托干净的水、清洁的空气、充足的光照，凭借政策支持，通过技术创新、数字化等手段，打造绿色农畜产品品牌，提升农畜产品附加值，促进农牧民增收。2023 年，内蒙古新认证绿色食品 319 个，产量 44.46 万吨。[②] 加快生态旅游业发展步伐，提升旅游资源开发效率，探索绿色旅游发展模式。推进生态产业化、产业生态化发展，进一步拓宽绿水青山与金山银山的双向转化路径，实现生态保护和经济发展共赢。

（三）生态环境不断改善，为实现人与自然和谐共生的现代化奠定了良好的环境基础

良好生态环境是最普惠的民生福祉。党的十八大以来，内蒙古强化党的组织领导，以制度建设为保障，打好污染防治攻坚战。整治“散乱污”企业，加强乌海市以及周边地区等重点区域生态环境综合治理和“一湖两海”生态环境保护治理，推进城市黑臭水体治理、工业固体废弃物排查整治及土壤污染防治，全区生态环境得到显著改善，人民群众幸福指数大幅提升。“十四五”以来，内蒙古持续深入打好蓝天、碧水、净土保卫战，进一步提升城乡生态环境治理水平，为各族人民共同走向现代化、最终实现共同富裕提供了良好的环境基础。2023 年，内蒙古加强工业企业污染治理，推进钢铁、焦化企业超低排放改造，开展挥发性有机物综合治理，加快冬季清洁取暖改造，

① “自治区政府新闻办召开‘回眸 2023’系列主题新闻发布会（第 6 场-自治区林业和草原局专场）”，见内蒙古自治区人民政府官网 2024 年 1 月 3 日。

② “自治区政府新闻办召开‘回眸 2023’系列主题新闻发布会（第 4 场-自治区农牧厅专场）”，见内蒙古自治区人民政府官网 2023 年 12 月 28 日。

全区优良天数比例达到87.2%。加强污水排放源头治理，开展河湖排污口排查整治，划定黄河流域饮用水水源保护区，重点流域国考断面优良水比例为76.9%，黄河干流国考断面水质连续四年达到Ⅱ类，乌梁素海湖心断面水质保持在Ⅳ类。[①] 推动土壤污染防治向旗县延伸，开展试点旗县建设，推动包头市、鄂尔多斯市完成国家地下水污染防治试验区建设，加大生态文明示范区建设力度。2023年，鄂尔多斯市及锡林郭勒盟东乌珠穆沁旗、二连浩特市被命名为第七批国家生态文明建设示范区，呼和浩特市新城区、赤峰市喀喇沁旗被命名为第七批“绿水青山就是金山银山”实践创新基地。截至2023年，内蒙古共创建13个国家生态文明建设示范区和10个“绿水青山就是金山银山”实践创新基地。[②]

（四）共治人居环境，共建美丽家园，城乡居民生活品质不断提升

城市化推动农村牧区各民族人口向城市流动，让农牧民实现了空间和职业的转换，促进了各族人民互嵌式发展和交往交流交融。各族人民生活水平不断提升的同时，对优美生活环境的需求更为迫切。内蒙古通过建设城市绿地、绿道、绿色建筑，发展绿色公交、地铁，推进污水管网建设和污水处理厂提标改造、垃圾分类、无废城市建设、清洁取暖改造，加快生活方式向绿色化低碳化转变步伐。目前，呼和浩特市、包头市、乌海市城市建成区35蒸吨及以下燃煤锅炉已全部淘汰。呼和浩特市加大宣传力度，制定规划，积极推进居民参与垃圾分类。乌海市推出“碳普惠”小程序，鼓励居民从我做起，参与低碳行动。推进城市“口袋公园”建设，2023年新建“口袋公园”169个。再生水利用率提升至45.3%，高于全国平均水平18.5个百分点。[③] 同时，

① “自治区政府新闻办召开‘回眸2023’系列主题新闻发布会（第5场-自治区生态环境厅专场）”，见内蒙古自治区人民政府官网2023年12月29日。

② “内蒙古生态文明示范创建再传捷报”，见内蒙古自治区生态环境厅官网2023年11月10日。

③ “自治区政府新闻办召开‘回眸2023’主题系列新闻发布会（第13场-自治区住房和城乡建设厅专场）”，见内蒙古自治区人民政府官网2024年1月20日。

统筹城乡环境治理，开展农村牧区人居环境整治提升五年行动，积极推进农村生活垃圾、污水治理，厕所革命，不断改善村容村貌，建设美丽宜居乡村。如巴彦淖尔市制定规划，完善制度，将村庄环境卫生改善等要求纳入村规民约，采取积分奖励的方式，激励农民参与到农村宜居环境建设当中，全市农村垃圾收运处置体系覆盖率不断提高，越来越多的村庄达到了自治区绿色村庄标准。

（五）水资源节约高效利用水平和偏远地区用水保障能力实现“双提升”，加快了现代化进程

水是基础性的自然资源和战略性的经济资源。内蒙古是严重缺水地区，水资源匮乏长期制约着全区经济社会发展。党的十八大以来，为了解决水资源短缺、利用率低的问题，内蒙古实行最严格的水资源管理制度，强化水资源消耗总量和强度“双控”，坚持量水而行，坚持“四水四定”，单位地区生产总值和单位工业增加值水耗下降。以农业水资源节约利用为重点，采取综合措施节水，农田灌溉亩均毛用水量持续下降（见下图）。一是通过实施大型

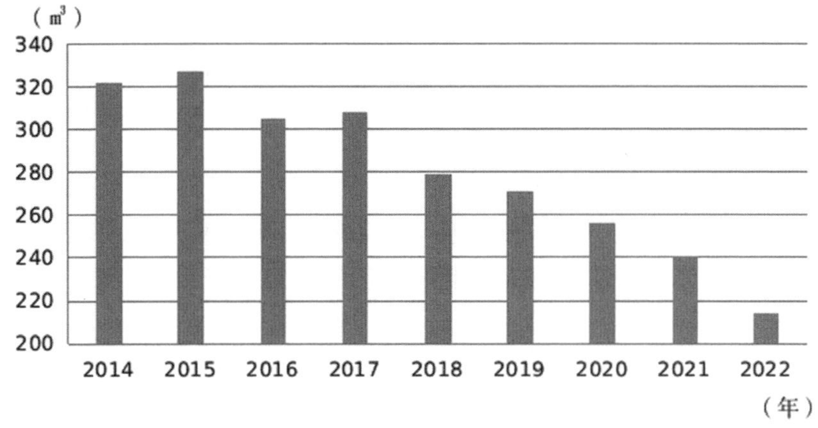

2014—2022 年内蒙古农田灌溉亩均毛用水量（单位：立方米）①

① 内容来源于 2014—2022 年内蒙古自治区水资源公报。

灌区节水工程，建设高标准农田，将节水技术与水肥一体化技术相结合，促进提质增效。二是优化结构。压减高耗水作物种植规模，新增抗旱品种。三是推进农业水价综合改革、农业灌溉地下水“以电折水”，实施农业节水精准补贴和奖励，促进农业用水精细化管理。四是开展秋浇春汇技术试验，变深浇为浅浇，改变河套地区的大水漫灌方式。2023 年，内蒙古高效节水面积达 3350 万亩，共节水 3.73 亿立方米，农田灌溉水有效利用系数提高到 0.574，首次超过了全国平均水平。水资源节约高效利用保障了更多耕地的用水需求和粮食安全。“十四五”以来，内蒙古把提升农牧区供水保障能力和用水方便程度作为重点，投入大量资金，新建扩建农牧区供水保障工程，受益农牧户达 10.54 万人。其中，2022 年、2023 年先后支持 87 个抵边嘎查项目建设，建设基本井、储水窖、入户设备等，受益农牧民达 1.41 万人。[①] 通过项目实施，分散农牧户取水距离控制在 5 公里之内。

三、内蒙古生态文明建设面临的困难和问题

当前，内蒙古在生态环境改善、生态价值转化、生态系统保护等方面还面临一些困难和问题，与筑牢我国北方重要生态安全屏障的要求还存在差距，需要久久为功，逐步加以解决。

（一）生态环境状况的改善还不能满足各族人民的美好生活需要

虽然内蒙古生态文明建设取得了重大进展和积极成效，但资源约束趋紧，生态系统仍较为脆弱，局部地区环境污染问题依然比较突出，与人民群众对美好生态环境的要求还存在一定差距。大气环境方面，重点区域臭氧污染日益凸显。2022 年，沿黄 7 个盟市臭氧平均浓度 144 微克/立方米，较 2015 年上升 9.09%，以臭氧为首要污染物的超标天数占总超标天数的比例由 2015 年

---

① 内容来源于调研资料。

的14.8%上升至33.6%；[①] 乌海市及周边区域空气质量持续改善难度大。水环境方面，部分盟市、旗县对自身水资源“家底”掌握不清，局部地区水资源超采、超载现象仍然存在；部分地区市政雨污管网存在混接错接现象；城区再生水利用配置体系不完善，一些城市再生水利用率较低。土壤环境方面，长期以来，以矿产资源开发为主导的发展模式导致部分区域积累了大量的历史遗留固废、尾矿等污染物，由于资金、技术所限，短期内不具备实施大规模清理整治的条件，给土壤环境带来的潜在局部性风险将长期存在。自然生态方面，内蒙古荒漠化土地、沙化土地面积分别占国土面积的50.14%和33.66%，其中，45.6%的沙化土地属于难治理土地，立地条件较差，治理成本高，加上后期管护、资金跟不上，导致造林质量不高、效益不佳。

（二）生态产品价值的有效转化不足

当前，内蒙古在推动生态价值转化上取得了一些成绩，但仍有许多问题需要进一步探索解决。一是生态产品总值核算难度大。内蒙古是我国北方面积最大、种类最全的生态功能区，不同生态系统在进行生态产品价值评估时，由于评估标准不统一、定价机制不完善等原因，评估结果差异很大，对合理确定生态补偿标准、增加社会福利造成影响。二是生态产品的价值实现途径较为单一。生态系统的复杂性决定了生态产品的价值实现具有多元化特征。内蒙古生态资源丰富，但生态产品价值主要通过农畜产品、林果产品及旅游服务来实现，这些产业规模小、产品附加值低、产业融合发展质量不高、产业链条短，且缺乏龙头企业带动，对扩宽农牧民就业渠道和增加农牧民收入的贡献有限。三是生态产品供给不足。进入新时代，人民群众对健康的期待越来越高，不仅需要干净的水、健康的土壤、清新的空气，也需要绿色食品、有机农产品、地理标志农产品等生态产品。由于生态产品在成本控制、产品研发、技术创新、市场推广等环节存在诸多挑战，所以市场上生态产品的供

① 内容来源于调研资料。

给总量相对有限，难以满足人民群众日益增长的需求。

（三）生态环境保护对高质量发展的支撑作用还需加强

正确处理生态环境保护和经济社会发展的关系，是实现高质量发展，推进人与自然和谐共生的中国式现代化的内在要求。内蒙古在处理生态环境保护与经济社会发展的关系的过程中还存在许多亟须解决的问题。一是水资源供需矛盾突出。水资源短缺是内蒙古的基本区情：年均降水量不足280毫米，黄河流域人均水资源可利用量约为全国的2/5，耕地亩均水资源可利用量约为全国平均水平的1/7。水资源短缺导致“水粮矛盾”突出。作为粮食主产区之一，内蒙古农业用水占总用水量的77%，且利用效率不高。用水结构的不合理进一步加剧了农业用水和生态建设用水的矛盾。二是草原生态保护与产业发展矛盾突出。一些地区仍然存在超载放牧、偷牧、过牧的情况，还未实现畜牧业发展与草原生态保护的良性循环。内蒙古87%的面积划入限制开发区域、51%的面积划入生态保护红线之后，局部地区生态保护与当地居民生产经营用地出现矛盾，亟须通过调整人口布局、生产布局来缓解。三是减排任务繁重艰巨。作为国家重要能源和战略资源基地，内蒙古从能耗“双控”向碳排放总量和强度“双控”转型的难度加大，不但要保障产业链、供应链安全，而且要在“双碳”目标下推动经济绿色转型，在实现多重目标中寻求环境保护与经济发展的动态平衡，时间紧、任务重，势必会面临前所未有的困难和挑战。

四、内蒙古加强生态文明建设的思路和建议

内蒙古生态文明建设正处在关键期、重大机遇期。我们要胸怀“国之大者”，牢固树立“四个与共”的共同体理念，增强责任意识、大局意识，弘扬蒙古马精神和“三北精神”，在推进生态文明建设中铸牢中华民族共同体意识，汇聚起全区各族群众团结奋斗的强大力量，激发出各族人民的创新创造

活力，进一步筑牢我国北方重要生态安全屏障，为满足内蒙古乃至全国人民对美好生活的需要作出新贡献。

（一）以系统思维推进生态环境治理现代化，保障国家生态安全

统筹山水林田湖草沙系统治理，提升生态系统质量，把我国北方重要生态安全屏障构筑得牢不可破。山水林田湖草沙是生命共同体，相互联系、相互影响、相互制约，必须开展一体化保护和系统治理，以提高生态系统治理效能。

一要巩固已有成果，持续提升草原、森林两大生态系统质量。增加森林抚育和改造资金投入，加强森林后续管理，进行退化林修复、低效林改造，全面提高森林质量。加强草原保护，严格实施禁牧休牧和草畜平衡制度，建立动态补奖标准，完善草原生态补偿机制。抓好盟市、旗县、乡镇各级执法队伍建设，定期开展法律专业知识培训，守住草原生态红线，严禁随意改变草原用途，杜绝偷牧、过牧行为。大幅增加草原监测、管理投入，推进草原监测手段和设备现代化、智能化，制定草原监测、保护专业队伍建设规划，提高草原治理能力和水平。加强自然保护地体系建设，维护好自然生态系统的原真性、完整性。

二要全力推进荒漠化、沙化土地防治。内蒙古荒漠化、沙化土地面积大、范围广，是“三北”工程攻坚战三大标志性战役的主战场。要通过封育、建设锁边林带、设置草方格、飞播、补播、改良等工程措施和生物措施进行保护和建设；坚持以水定绿，发展节水林业、节水草业，增强生态建设可持续性。大力推广光伏治沙模式、以路分割治沙模式、灌木下种植中药材治沙模式等，实现生态效益和经济效益双丰收。充分利用好风光资源优势，创新投融资机制，探索建立政府、企业、农牧民多元主体参与的农光互补、草光互补、牧光互补的立体治沙模式，激励农牧民、企业积极参与光伏治沙，促进企业增效、农牧民增收、地方增绿，实现“三生”共赢。与全国科研机构加强合作，研发推广治沙新装备、新技术，提高荒漠化、沙化土地治理效率。

三要加强水资源、水环境、水生态一体化保护和系统治理。按照新时代治水思路，把“节水优先”放在首要位置，尤其要把农业节水放在重要位置，破解水资源刚性约束。通过扩大高效节水灌溉面积、推广水肥一体化农艺措施、适度增加抗旱作物种植面积、减少河套灌区秋浇和春汇用水量、推进农业水价综合改革、完善精准补贴和奖励机制等措施，压减农业用水量，缓解农业用水供需矛盾。增加河湖规划管理专项经费，将人工巡查和智慧建设有机结合起来，提升管理的精细化、智慧化水平。健全农村垃圾收集转运处置体系，推广积分奖励机制，将农村人居环境治理相关内容纳入村规民约，提高农区群众垃圾收集的主动性、自觉性，减轻河湖环境管理压力，保持河流和村庄清洁。完善河湖生态流量监管机制，维护河流上下游水生态平衡。

四要加强各部门协作。打破行政区划界限，加强有关部门的协同配合，强化国土空间用途管控，构建生态保护网，合理配置生产、生活、生态空间，保护好草原、森林和湿地。

（二）持续提升生态环境质量，增强各族群众的幸福感

环境保护既是发展问题，也是民生问题。当前，各族人民对美好生活的需求层次不断提升，从“求生存”到“求生态”，生态环境成为最普惠的公共产品，清洁的空气、干净的水源、安全的食品、优美的环境已成为最重要的民生福祉。因此，要持续加强生态环境保护和治理，推进美丽内蒙古建设。一要深入开展大气污染防治工作。统筹推进重点企业超低排放改造，加强乌海市及周边地区的大气污染联防联控。二要持续推进污水治理工作。对黄河、西辽河流域等重点生态功能区及人口相对集中的农村牧区进行生活污水治理，继续抓好“一湖两海”生态综合治理，加强农业面源污染防治，推进入河排污口和工业园区水污染整治，实施城市黑臭水体整治行动。三要推进“无废城市”建设。建立约束和激励相结合的长效机制，提高居民垃圾分类投放的主动性，提升城市生活垃圾综合利用率。四要推广有效经验。在全区大力推广“乌海碳普惠”小程序运营经验，让各族群众都参与到减碳行动之中，从

“要我参与”向“我要参与”转变，让每个居民都成为绿色生活方式的积极践行者、成为美丽家园的建设者。

（三）提高生态价值转化水平，增强各族群众的获得感

丰富的生态资源是内蒙古的发展优势和竞争优势，加快生态价值转化是拓展和激发经济社会发展空间和潜能，实现人民群众共享生态保护成果的重要途径。要坚持绿水青山就是金山银山的理念，立足森林、草原、湿地、沙漠等自然资源，将生态系统治理与林草沙产业发展、乡村振兴、农牧民致富有效衔接起来，扩大苗木林果产业、林下经济、沙产业、草产业、生态旅游业、康养产业规模，培育壮大龙头企业，延伸产业链条，打造绿色品牌，提升产业发展层次和水平，促进生态与经济协调发展。根据地区特点和资源优势推广不同模式，如磴口光伏治沙模式，通辽市牧草、青贮玉米种植与黄牛产业协同发展模式，兴安盟、呼伦贝尔市、赤峰市等地的生态旅游业发展模式等，把产业与文化、产业与数字、产业与科技全方位融合起来，形成完整的生态产业链，充分释放生态红利，增加农牧民收入。加快推进森林、草原、湿地等各类重要生态系统的价值核算，特别是碳汇核算，借鉴福建“森林生态银行”案例经验①，不断开发生态产品价值，不断增强各族人民的获得感。通过拓宽生态价值实现路径和各族群众增收渠道，进一步增强各族群众对绿水青山就是金山银山理念的理解和认同，激励更多群众参与到生态产业发展之中，共同为筑牢我国北方重要生态安全屏障作出贡献。

（四）完善体制机制，推动各族人民成为生态文明建设的实践者和推动者

人民群众是生态文明建设的最终受益者，必须把最广大人民群众的根本

① 崔莉、张建哲、张悦：“森林‘四库’价值实现路径——以福建顺昌‘森林生态银行’为例”，载《河北农业大学学报（社会科学版）》2023年第5期。

利益作为生态文明建设的出发点和落脚点，通过加强体制机制建设，鼓励人民群众成为生态文明建设的实践者和推动者，增强人民群众对共有家园的认同感和归属感，铸牢中华民族共同体意识。

建立健全生态文明建设的宣传教育机制。要加强生态文明建设的系统性宣传教育，普及相关法律法规，增强和提高群众保护生态环境的责任意识和行动能力。充分利用民族团结进步创建工作这一重要载体，在线上线下、校内校外、农村牧区等阵地全方位、多维度加大生态文明建设的宣传教育力度，凝聚合力，增进共识，切实增强各族人民参与生态文明建设的思想自觉和行动自觉。

因地制宜，建立完善生态保护补偿机制和监督机制。要加大对在禁牧休牧区修建饲料棚、青贮窖、规模化养殖场等的补贴力度，推行以奖代补、以工代赈等建设模式，让农牧民在深度参与生态保护治理中获得更多收益，进而提升农牧民参与生态文明建设的自觉性和主动性，实现生态为民、生态利民、生态惠民。坚持受益者付费原则，加强跨流域、跨区域生态补偿机制和标准的研究，尽快建立跨省区横向补偿机制，充分考虑补偿主客体的利益诉求，实现补偿标准、补偿方式、资金分配等的动态优化。完善生态文明建设的社会监督机制，畅通公众诉求表达渠道，增强群防群治意识，提高生态环境治理效率。

（五）构建绿色现代化产业体系，推动经济高质量发展

良好的生态环境正日益成为生产力发展的重要保障。内蒙古应坚持资源全面节约和高效利用，推动产业绿色化发展，实现经济发展与环境保护双赢，努力提升人民群众的幸福指数。一是构建现代化绿色产业发展体系。围绕建设国家重要农畜产品生产基地，着力打造奶业、玉米、肉羊、肉牛、羊绒、饲草等重点产业链，推进绿色农牧业全产业链发展。推动重点行业领域数字化转型和低碳升级改造，提高资源全面节约和综合利用水平，将节能降耗减排贯穿于企业生产经营全过程，持续推动传统能源产业向绿色化、高端化、

智能化转型；聚焦光伏、风电、氢能等领域，加快新能源产业发展步伐；构建低碳清洁、安全高效的现代能源产业体系，推动碳达峰、碳中和目标早日实现，进而实现生态环境与经济社会协调可持续发展。二是强化创新驱动，构建绿色发展科技支撑体系。创新是产业升级和绿色发展的不竭动力。要强化企业在技术创新中的主导地位，完善知识产权制度，加强对创新成果的保护与合理应用，激发企业创新活力与动力，为绿色发展提供坚实的技术支撑和制度保障。促进企业与政府、高校、科研院所等部门的合作交流，建立与高校和科研院所的合作与对口支援机制，加强生态文明建设的综合研究和系统性技术支持。培育搭建技术创新中心等绿色技术创新基地或平台，推动创新技术在节水、降耗、减排、增效等方面的应用。

开展“感党恩、听党话、跟党走”群众教育实践活动研究报告

张国庆*

摘　要：建设好模范自治区是习近平总书记对内蒙古一以贯之的要求。《内蒙古自治区党委关于全方位建设模范自治区的决定》提出了“七个作模范”，其中感党恩听党话、紧跟习近平总书记奋进新征程是做好内蒙古工作的根本政治前提。为解决群众对党的方针了解不够、对党的惠民政策感知不深、参与支持各项建设的“主人翁”意识不强等问题，内蒙古结合学习贯彻习近平新时代中国特色社会主义思想主题教育，在全区组织开展了“感党恩、听党话、跟党走”群众教育实践活动。活动坚持以铸牢中华民族共同体意识为主线，综合运用“四教融合”方式和“六种载体”，讲清楚“六句话的事实和道理”，教育引导各族群众不断增强知党恩、念党好、跟党走的政治自觉、思想自觉、行为自觉，努力把活动成果转化为干事创业的不竭动力，全力办好两件大事，让沿着习近平总书记指引的方向砥砺前行成为北疆大地的最强音。

关键词：“感党恩、听党话、跟党走”群众教育实践活动　中国式现代化

---

* 张国庆，内蒙古自治区社会科学院宣传办公室助理研究员。

内蒙古以学习贯彻习近平新时代中国特色社会主义思想主题教育为统领，牢牢把握铸牢中华民族共同体意识工作主线，始终践行守望相助理念，聚焦聚力完成好五大任务和全方位建设模范自治区两件大事，以“感党恩、听党话、跟党走”群众教育实践活动为抓手，重点面向嘎查村和社区，覆盖机关、企业、学校等各领域，区分不同层级、不同领域、不同群体，学习推广“四下基层”工作方法，推动主题教育走深走实。在实践中，坚持用好用活一本辅导书、一本发展账、一张惠民卡、一套学生思政讲义、一张现代化发展蓝图、一批红色文艺精品等“六种载体”，用群众身边的事、经历过的事说明道理，宣传内蒙古的发展与变化，让各族群众在潜移默化中学懂弄清“六句话的事实和道理”、深刻感悟习近平总书记和党中央对内蒙古的关心支持，有效引导党员干部和各族群众守望相助、团结奋进。

一、“感党恩、听党话、跟党走”群众教育实践活动的成效

内蒙古是中国共产党领导建立的第一个省级少数民族自治区，是最早建立党组织的民族地区。自 1947 年内蒙古自治政府成立之日起，在党中央的坚强领导和亲切关怀下，内蒙古各族人民感党恩、听党话、跟党走，全区经济社会发展和民族团结进步事业取得了辉煌成就，长期保持了民族团结、社会和谐、边疆安宁的良好局面，赢得并呵护了模范自治区的崇高荣誉。70 多年来，内蒙古的发展史用铁一般的事实证明：没有中国共产党的领导，就没有内蒙古自治区的建立，也不会有自治区成立以来的发展和今天的成就，不会有现在各族人民共同团结进步、共同繁荣发展的大好局面。这是历史的必然结论，也是现实的深刻启示。①

① 孙绍骋：“感党恩听党话跟党走 在新时代继续保持模范自治区崇高荣誉”，载《党建》2022 年第 9 期。

内蒙古各级党委、政府把“心向党、心向中央、心向北京”这一光荣传统作为“感党恩、听党话、跟党走”群众教育实践活动的根本遵循，引导广大党员干部群众全面了解各族人民在长期革命、建设、改革进程中形成识大体、顾大局、讲风格、求奉献、有担当的可贵品质，书写了“最好牧场为航天”“三千孤儿入内蒙”“克服困难捐粮畜”“各族人民建包钢”等民族团结进步的历史佳话，创造了党的民族工作史上众多“第一”和宝贵经验的辉煌业绩，让各族人民深刻理解内蒙古地区是中国共产党最早建立党组织的民族地区，内蒙古自治区是在中共中央直接领导下建立的，内蒙古是在党中央的支持下发展起来的，内蒙古工作中出现的重大偏差都是党中央帮助纠正的，内蒙古新时代的发展成就是在习近平总书记亲切关怀和指引下取得的，内蒙古作为“模范自治区”模范就模范在听党的话上的事实和道理。①

（一）坚持铸牢中华民族共同体意识工作主线，推动群众教育实践活动高质量开展

1. 精心组织，统筹调度，高位推动实施

各级党委（党组）把铸牢中华民族共同体意识主线贯穿到“感党恩、听党话、跟党走”群众教育实践活动全过程，坚持把群众教育实践活动作为铸牢中华民族共同体意识示范创建工作的重点，与全方位建设模范自治区一起推进。全面部署，精心谋划，自上而下制定开展“感党恩、听党话、跟党走”群众教育实践活动的实施方案，成立工作领导小组，明确任务分工，多领域多层面确定试点单位，分类指导、分层推进，创新举措、及时调度，解决问题、总结经验、推广典型。从苏木乡镇、嘎查村、机关、企业、学校、“两新”组织等各层面、各领域选培试点，逐步完善工作网络，及时组织召开工作经验交流会，编印《“感党恩、听党话、跟党走”群众教育实践活动案例汇

① “内蒙古自治区党委印发《关于全面贯彻铸牢中华民族共同体意识主线的若干措施》”，载《内蒙古日报》2023 年 12 月 29 日。

编》，推出鄂尔多斯市达拉特旗“党建引领、统种共富”土地合作经营，鄂尔多斯市东胜区“三学三思、三做三行”，通辽市“五个千万工程”等鲜活案例，将好思路、好做法转化为可推广、可运用的具体举措，让群众教育实践活动持久释放效能。

2. 做实做亮宣传教育工作，推动群众教育实践活动走深走实

利用习近平新时代中国特色社会主义思想主题教育、党史学习教育等契机，围绕“六句话的事实和道理”，用好“六种载体”，通过社区宣讲、“三下乡”大学生宣讲、“护旗手”理论宣讲、人大代表进选区、政协委员进界别、驻村第一书记入户算好“炕头账”等多种方式，深入开展宣讲服务活动3.97万场次，受众163万余人次。宣讲小分队深入12个盟市的苏木乡镇、街道、嘎查村、社区及机关、学校、企业、连队等基层一线，采取分众化方式，用朴实的语言和真挚的感情讲述身边的感人故事，让党员干部和各族群众思想有收获、心灵有触动。

群众教育实践活动开展以来，组织开展铸牢中华民族共同体意识知识竞赛600余场，190余万人次参加；[①] 开展乌兰牧骑巡演、红色电影展演等活动2900余场，覆盖29万余人，干部群众感党恩、听党话、跟党走的理性认同和情感认同不断增强。围绕北疆文化建设，打造了一批政治性强、内涵丰富、意蕴深厚、接受度高的优秀文化作品，电视节目《长城长》《黄河魂》赢得广泛好评，舞台剧《国家的孩子》观看人数1.5万余人次，被中央电视台等新闻媒体聚焦报道，黄河、长城、红山玉猪龙等中华文化符号和中华民族形象深入人心，增强了各族群众对中华文化的认同。

3. 借力民族团结进步创建工作，推动群众教育实践活动提质增效

各地各领域坚持把“感党恩、听党话、跟党走”群众教育实践活动融入民族团结进步创建工作，借力创建工作实现提质增效。2023年，通过“建设一批、巩固一批、提升一批”的举措，以点带面，形成“一点一特色、一线

① 内容来源于“内蒙古统一战线”微信公众号。

一主题、一行一标杆、一地一品牌”创建格局。各地结合实际把群众教育实践活动融入“三项计划”，组织开展“各族青年记者看内蒙古高质量发展”等活动，促进各族青年深度交流，不断巩固拓展群众教育实践活动成效。完善或修建革命历史博物馆20余处、红色教育实践基地80余处，有效利用这些阵地开展宣传教育工作，让党在内蒙古的红色足迹成为群众教育实践活动的重要载体。深入实施旅游促进各民族交往交流交融计划，跨地域与张家口市、承德市合作打造“坝上旅游一体化”项目，让各族群众在旅游过程中感受祖国壮美风光、感悟多元一体的中华文化，铸牢中华民族共同体意识。

4. 讲好身边故事，激发群众参与热情

充分利用博物馆、革命旧址、文物遗址、名人故居、非物质文化遗产等公共文化资源，采取群众喜闻乐见的方式，展示中华民族的融合发展史和新中国成立70多年来翻天覆地的变化，讲清楚党的民族理论和民族政策，增强凝聚力和向心力。在新时代文明实践中心村级实践站，展示群众收集、捐赠捐献的生产农具、生活用具等藏品物件，讲述“草原深处有农家，汉蒙情缘话桑麻”的交融故事，教育引导各族群众增强“五个认同”。依托铸牢中华民族共同体意识教育实践基地等四个平台，全方位、多层次、常态化开展“讲好身边人故事”活动，推动“三个离不开”“四个与共”“五个认同”等重要理念在各族干部群众心中深深扎根。

（二）坚持把群众教育实践活动贯穿为民服务全过程，教育引导干部群众始终感党恩、永远听党话、一心跟党走

1. 激发基层积极性，打造服务主阵地

发挥基层党组织的政治功能和组织功能，有效盘活资源，开展特色服务活动，实现服务群众“零距离”。鄂尔多斯市、包头市等地组织开展“我们的节日+”系列活动，积极提供群众最需要的服务，让群众深切感受到身边的变化、感受到党的温暖。完善党群服务中心（站）设施建设，打造“感党恩、

听党话、跟党走”文化墙和廉洁文化长廊，制作并张贴“感党恩、听党话、跟党走”宣传标语，营造浓厚活动氛围。巴彦淖尔市临河区金川街道金沙社区在办事服务大厅台面张贴标语，在等候区、休息区等醒目位置安装电子屏，详细介绍政府补贴资金发放标准等惠民政策，让群众真真切切感受到党的关怀和温暖。

2. 倾听群众心声，回应群众关切

积极吸纳社区党员干部、老教师、退役军人等群体志愿者组建暖心服务小分队，制作“感党恩、听党话、跟党走”惠民服务卡和标识牌，常态化开展“各族群众互帮互助”“党的声音进万家”系列活动。兴安盟秉持“重在平时、重在交心、重在行动、重在基层”理念，深入做好组织群众、宣传群众、教育群众、服务群众工作，引导辖区群众在知党恩、知党好、知党能中感党恩、听党话、跟党走。乌海市海南区公乌素镇机关党员干部、社区“两委”记好民情日志、服务台账，通过“敲门行动”深入居民家中摸排走访，真实了解群众心中所思所想所盼，切实做到以真情服务暖人心，极大促进了党群团结、干群团结。

3. 结合群众需求，完善服务机制

紧紧围绕社区百姓所思所盼，呼和浩特市、通辽市、呼伦贝尔市等地建立群众需求和服务供给“两个清单”，搭建“网格化+微信群”线上服务和面对面线下服务“两个平台”，完善帮扶互助和激励奖励“两个机制”，创新服务机制模式。为老年群体低保申请、高龄认证等提供帮办代办服务，主动为孤寡老人、伤病残军人等群体提供送医送药、打扫卫生、义务理发等服务。开展城镇零就业家庭充分就业促增收、有就业意愿大中专毕业生全面就业增收、有学习意愿居民免费培训提高技能增收、城镇事实困难群体动态监测兜底增收等促进城镇居民增收“四大行动”。举办“最美家庭”“身边好人”等评比活动，把社区打造成为各族群众交往交流交融、互帮互助的家园。群众实践教育活动开展以来，全区各级党组织组建各类公益服务组织 2 万多个，开展志愿服务 10 万多次，服务人民群众 30 余万人。

4. 创新活动载体，提升服务质量

创新活动方式，让“感党恩、听党话、跟党走”群众教育实践活动走“新”更走“心”。兴安盟各基层党组织以“脱贫致富感党恩、乡村振兴跟党走”为主题，开展系列活动，通过开展“惠农政策·学习强国”有奖竞猜、惠民政策微信群快问快答和开通“一卡通”短信提醒、发放“明白卡”等方式，为群众讲清楚谁帮我脱了贫、谁帮我过上好日子、谁帮我解决了具体困难、谁开启了我的幸福生活的事实和道理。乌兰察布市四子王旗建起“心愿墙”，采取微信小程序线上点单或者党群服务中心线下点单方式，通过志愿服务征集居民心愿，并整合多方资源帮助居民实现心愿。乌海市公乌素镇小康社区以“方式灵活线上讲”的形式，将各类惠民政策制作成微视频，在党群服务大厅循环播放、由网格员转发至居民微信群中，让居民切实了解党的各项方针政策。

（三）努力把群众教育实践活动成果转化为干事创业的不竭动力

各地各部门始终牢记习近平总书记殷切嘱托，坚持学习教育与推动发展同行同向，把群众教育实践活动与完成好五大任务的具体实践紧密结合，让各族群众在感恩奋进中凝聚起完成好五大任务的强大合力。

1. 努力凝聚起建设我国北方重要生态安全屏障和祖国北疆安全稳定屏障的强大力量

自治区、盟市、旗县三级联动，纷纷组织开展“石榴籽 e 起来”织密民族团结之网——讲政策送服务边境行活动，组织自治区铸牢中华民族共同体意识研究智库特聘专家等深入边境旗县（市、区）举办 37 场次教育培训活动，将党的民族理论政策法规和信息化应用知识推送到基层。巴彦淖尔市、兴安盟等地以“扎根边疆、心向中央”为主题，传承弘扬蒙古马精神和“三北精神”，为边境地区各族群众上好爱国课、生态课等，以军地军民共建为核心、边疆安宁稳定为重点，筑牢边境地区“红色堡垒”。“三北”工程攻坚战编制完成“一规划三方案”，5 个治理区和 11 个重大项目纳入国家规划，103

个旗县全部纳入实施范围。黄河流域生态保护和高质量发展取得新成效，自治区首部专门针对湖泊流域生态保护的地方性法规《巴彦淖尔市乌梁素海流域生态保护条例》颁布实施，黄河流域无定河境内段保护治理入选全国美丽河湖优秀案例。

2. 努力凝聚起建设国家重要农畜产品生产基地和保障国家能源安全的强大力量

各地始终牢记习近平总书记殷切嘱托，积极在统筹农牧业和能源高质量发展上求突破。巴彦淖尔市依托高标准农田建设，推进现代农业示范园区建设，建设各级各类农业科技示范园区 113 个，开展小麦套种辣椒等技术模式示范 45 项，遴选推广新品种 130 个，推广先进适用技术 58 项。技术人员走进田间地头，为农牧户讲解种植养殖知识。在做好“地、水、种和粮、肉、奶”六篇文章上“寻方把脉”，加快推进高标准农田建设、设施农业发展和舍饲圈养、草种繁育，向浪费水资源的行为“开刀”，推动农牧业高质量发展。各级机关开展“我为企业发展贡献力量”活动，为企业发展做好服务保障，解决发展难题，引导企业积极加入“民营企业进边疆”“万企兴万村”等行动，为解决农牧民就业增收、产业转型升级、共建共享美好生活贡献智慧和力量。2023 年，全区完成 9.45 亿吨保供煤任务，电力总装机超过 2 亿千瓦，创造了煤炭保供量及外送量、电力总装机及新增装机、新能源总装机及新增装机、总发电量及外送电量、新能源发电量、煤制气产能“10 个全国第一”的好成绩。鄂尔多斯市聚焦国家重要能源基地建设，打造绿色低碳发展标杆，国家可持续发展议程创新示范区建设获自治区政策支持；2023 年实施现代煤化工产业链项目 22 个，新能源全产业链快速发展；国家第一批新能源大基地全部建成，新能源装机并网规模突破 1000 万千瓦；全球最大绿氢耦合煤制烯烃项目开工建设，首个万吨级新能源制氢项目产出“绿氢”；智能风机、单晶硅片等一批新产品实现零的突破。

3. 努力凝聚起建设我国向北开放重要桥头堡的强大力量

内蒙古在国家向北开放战略中发挥着关键作用，各地各部门履职尽责，努力把我国向北开放重要桥头堡打造得巍然蓬勃。自治区商务厅充分发挥牵头部门统筹协调、沟通联系、督促落实的职能作用，开展“强学习、强业务、强服务”实践活动，让“闯新路、进中游”成为普遍共识和自觉追求，推动我国向北开放重要桥头堡建设提质升级。呼伦贝尔市、满洲里市、二连浩特市深度参与中蒙俄经济走廊建设，大力发展泛口岸经济，持续推进中医药(蒙医药）服务贸易出口基地建设，在“五个大提升”上抓落实，推动桥头堡建设取得新气象新成效。2023 年，全区 20 个对外开放口岸货运量超过 1 亿吨，刷新全国陆路沿边口岸纪录，到发中欧班列增长 73.7%，机电产品出口增长 118.9%，电动载人汽车等“新三样”产品出口增长 48 倍，新设外商投资企业增长 3.2 倍，实际使用外资七连增，我国向北开放重要桥头堡建设不断提质升级。

二、“感党恩、听党话、跟党走”群众教育实践活动需要关注的几个问题

“感党恩、听党话、跟党走”群众教育实践活动取得了实实在在的成效，对内蒙古高质量发展起到了积极的推动作用，但在实践中仍存在有待改进的地方。

（一）宣传宣讲质效有待提升

各地各部门在群众教育实践活动中，针对不同受众采取了不同形式、灵活可行的宣传宣讲方式，取得了实实在在的效果。但基层宣讲队伍普遍存在专职人员少的问题，从社区群体中选拔出来的部分宣讲成员缺乏系统培训，理论水平和专业素养有待提升。在宣传形式上，存在传统媒体与新兴媒体融合运用不灵活、衔接互动不足，没有达到同频共振的成效等情况。在宣讲内容上，存在理论知识偏多、语言不够接地气、缺乏生动活泼的案例等问题。

（二）分类施策还不够精准

在群众教育实践活动中，各地紧扣铸牢中华民族共同体意识主线，围绕完善铸牢中华民族共同体意识教育实践体系，建设了相应平台、实践基地、研学基地等，发挥了积极作用。但各基地在组织建构、运行管理等方面还需进一步规范。在宣讲对象划分、为新兴领域提供差异化服务等方面还存在深入基层开展调查研究不够，在因地制宜出实招、求实效上还不够精准等问题。

（三）在推动解决实际问题上还有差距

在群众教育实践活动中，各地把为民服务作为做好群众工作的重要抓手，问需求、抓落实、解难题、做回应，让群众感受到实实在在的关怀与关爱。但在实际工作中，解决部分群众历史遗留问题需要多部门协同发力，这便容易出现手续多、周期长、回应慢等问题。在推动解决农村牧区交通、医疗、养老等方面具体问题上，与群众的期盼还有差距。在尊重群众首创精神、发挥群众主体作用上做得还不够。

三、持续深化“感党恩、听党话、跟党走”群众教育实践活动的一些建议

持续深入开展好“感党恩、听党话、跟党走”群众教育实践活动，要紧紧围绕习近平总书记交给内蒙古的五大任务和全方位建设模范自治区两件大事，紧扣铸牢中华民族共同体意识工作主线，在推进中国式现代化的内蒙古实践中开新局、谋新篇。

（一）切实发挥好基层党组织战斗堡垒作用和党员先锋模范作用

基层党组织要充分发挥战斗堡垒作用，用党的最新理论武装头脑、指导

实践、解决问题、推动工作，提高群众教育实践活动的实效性。党员干部要切实发挥先锋模范作用，在理论宣讲、为民服务、干事创业中走在前、作表率，当好“战斗员”“服务员”，以自身行动引导人民群众真切感受到党员就是人民群众的“带头人”。

（二）切实把群众教育实践活动融入各项工作全过程

推动群众教育实践活动走深走实，要进一步提高认识，推动形成各负其责、相互配合的工作格局；要及时总结经验，努力推出一批真管用、好操作、可推广的典型做法；通过推广用好“六种载体”、创新推进“四教[①]融合”，推动群众教育实践活动试点工作抓手更加有形、形式更加多样、成效更加突出。

（三）持续打造“两月一周”[②] 宣传品牌，铸牢中华民族共同体意识

深入学习贯彻习近平总书记关于加强和改进民族工作的重要思想，紧扣铸牢中华民族共同体意识工作主线，持续打造“两月一周”宣传品牌。以群众教育实践活动为抓手深入推进北疆文化建设，持续做好国家通用语言文字普及工作，深入挖掘各民族交往交流交融故事，讲好用好内蒙古民族团结故事，增进中华文化认同，铸牢中华民族共同体意识。要在乡村文化振兴、促进文旅产业发展中融入更多中华民族文化元素，依托更多看得见、摸得着的文化载体推进中华民族共有精神家园建设。

（四）站稳人民立场，在为人民服务中提升成效

开展好群众教育实践活动，最根本的还是要办好群众的事情。要用服务

---

① “四教”：面对面引领教育、大众式宣传教育、分众式学习教育、分享式自我教育。

② “两月一周”：内蒙古自治区将 5 月份定为民族政策宣传月、9 月份定为民族团结进步活动月，将每年 5 月最后一周定为民族法治宣传周。

群众的实效，凝聚和增强人民群众感党恩、听党话、跟党走的思想共识和行动自觉。要用群众喜闻乐见的形式让党的创新理论“飞入寻常百姓家”。要坚持量力而行、尽力而为，切实把好事办好、难事办成，提升各族群众的获得感、幸福感、安全感。

站在新的历史起点上，全区各族干部群众要增强感党恩、听党话、跟党走的行动自觉，像石榴籽一样紧紧抱在一起，汇聚起团结奋进的磅礴力量，在全力服务保障党和国家工作大局中扛重任、担重责，在全方位建设模范自治区的生动实践中展风采、作贡献，奋力书写中国式现代化内蒙古新篇章。

弘扬北疆文化
打造区域文化品牌研究报告

王海荣　康建国　白图亚　郭晶晶*

摘　要：中华民族共有精神家园根植于中华文明沃土，表征中华民族深厚的历史底蕴、优秀的文化传统、鲜明的理论品格和独特的审美取向，是各民族人心归聚、团结奋进的强大精神纽带。北疆文化、乌兰牧骑优良传统、非物质文化遗产等作为中华民族共有精神家园的多样构成，从不同角度和层面诠释了中华民族共有精神家园的丰富内涵。我们要深入学习贯彻习近平文化思想，全面贯彻落实习近平总书记关于加强和改进民族工作的重要思想，紧紧围绕铸牢中华民族共同体意识工作主线，着眼建设中华民族现代文明，增强中华文化认同，大力推进内蒙古各民族优秀传统文化的传承保护和创新发展，推进中华民族共有精神家园建设，引导各族群众树立正确“五观”，深化对“三个离不开”“四个与共”“五个认同”“七个作模范”的认识和理解，始终同心同德、守望相助、共同奋进。

关键词：北疆文化　乌兰牧骑优良传统　非物质文化遗产

---

* 王海荣，内蒙古自治区社会科学院北疆文化研究所所长、研究员；康建国，内蒙古自治区社会科学院北疆文化研究中心主任，北疆文化研究所副所长、研究员；白图亚，内蒙古自治区社会科学院北疆文化研究中心副主任、副研究员；郭晶晶，内蒙古自治区社会科学院文学研究所副研究员。

中华民族共有精神家园是中华民族赖以生存和发展的精神世界，是实现中华民族伟大复兴的文化根基。在2021年中央民族工作会议上，习近平总书记指出："必须构筑中华民族共有精神家园，使各民族人心归聚、精神相依，形成人心凝聚、团结奋进的强大精神纽带。"只有建设好中华民族共有精神家园，才能筑牢民族团结进步的根基。内蒙古打造"北疆文化"品牌，就是要进一步传承和发展中华优秀传统文化，在继承中发展、在守正中创新，更好把马克思主义思想精髓同中华优秀传统文化精华贯通起来，推动形成各民族人心凝聚、团结奋进，全方位建设模范自治区的强大精神纽带。乌兰牧骑优良传统是北疆文化的重要组成部分，是弘扬爱国主义精神、培育和践行社会主义核心价值观、构筑中华民族共有精神家园的宝贵资源。内蒙古珍贵的非物质文化遗产是中华文化的重要组成部分，是北疆文化的宝贵资源。推动内蒙古非物质文化遗产创造性转化与创新性发展，是讲好内蒙古故事，延续历史文脉，全方位建设模范自治区的有力抓手和有效路径。北疆文化、乌兰牧骑优良传统、非物质文化遗产作为中华民族共有精神家园的多样构成，从不同角度和层面诠释了中华民族共有精神家园的丰富内涵，彰显着内蒙古各族人民的思想观念、价值取向、精神气质、情感态度、生活追求，为全方位建设模范自治区奠定文化基础。本报告着力对上述三个方面情况进行分析研究，提出相关对策建议，以期为构筑中华民族共有精神家园，推进中华民族现代文明建设发挥微薄之力。

一、打造"北疆文化"品牌工作研究

北疆文化是中华文化的重要组成部分，是内蒙古各族人民在交往交流交融，守望相助、心手相牵，共同守卫祖国北部边疆、共同建设伟大祖国、共同创造美好生活中形成的地域文化。打造"北疆文化"这一地域文化品牌，既是历史发展的必然，也是时代的召唤，能够更好地传承发展中华优秀传统文化，汇聚起同心共圆中国梦的磅礴伟力，为完成好习近平总书记交给内蒙古的五大任务和全方位建设模范自治区，在中国式现代化进程中闯新路、进中游注入强大精神力量。

党的十八大以来，习近平总书记把宣传思想文化工作摆在治国理政的重要位置，围绕新时代文化建设提出一系列新思想新观点新论断，形成了习近平文化思想，为做好新时代新征程宣传思想文化工作、担负起新的文化使命提供了强大思想武器和科学行动指南。内蒙古自治区党委在学习贯彻习近平文化思想过程中，结合内蒙古经济社会发展实际，特别是文化建设优势特色，创造性提出打造“北疆文化”品牌。这为内蒙古全方位建设模范自治区、完成五大任务、铸牢中华民族共同体意识奠定了文化基础，提供了精神支撑。

（一）北疆文化的提出与建设

内蒙古自治区党委深入贯彻习近平总书记对内蒙古重要指示精神，以习近平文化思想为统领，担负起在新的历史起点上继续推动文化繁荣、建设文化强国、建设中华民族现代文明这一新的文化使命，坚定文化自信，把握文化发展规律，紧密结合实际，提出打造“北疆文化”品牌，努力书写中华民族现代文明的内蒙古篇章。自治区党委提出打造“北疆文化”品牌后，自治区党委办公厅、自治区人民政府办公厅印发了《关于推进北疆文化建设的意见》，全区各相关部门及各盟市、旗县迅速行动，在自治区党委宣传部的统一组织和领导下，开展了一系列宣传动员、理论研究、文艺创作活动，为北疆文化立得住、传得开、叫得响打下了坚实基础。

习近平总书记曾多次提到“北疆”这个概念，比如“内蒙古地处祖国北疆”“把祖国北疆这道风景线建设得更加亮丽”“筑牢祖国北疆安全稳定屏障”“在祖国北疆构筑起万里绿色长城”等。在 2023 年 6 月召开的文化传承发展座谈会上，习近平总书记强调，“在新的起点上继续推动文化繁荣、建设文化强国、建设中华民族现代文明，是我们在新时代新的文化使命。要坚定文化自信、担当使命、奋发有为，共同努力创造属于我们这个时代的新文化，建设中华民族现代文明”。

内蒙古有4200多公里边境线，是祖国的“北大门”，如何完成好习近平总书记交给我们的五大任务，全方位建设模范自治区，实现闯新路、进中游目标，内蒙古要有自己的思考——发挥北疆文化在铸牢中华民族共同体意识、构筑中华民族共有精神家园过程中的增进文化认同的作用，按照将马克思主义基本原理同中华优秀传统文化相结合的实践要求，探索边疆民族地区实现中国式现代化、实现各民族共同富裕的发展模式。为此，内蒙古在《内蒙古自治区党委关于全方位建设模范自治区的决定》中提出了打造“北疆文化”品牌这一重大举措。

2023年7月5日，中国共产党内蒙古自治区第十一届委员会第六次全体会议通过《内蒙古自治区党委关于全方位建设模范自治区的决定》，提出要“在铸牢中华民族共同体意识上作模范”，全面创建铸牢中华民族共同体意识示范区。着眼传承发展中华优秀传统文化、推动中华民族现代文明建设，充分挖掘和生动展现内蒙古大地上的厚重历史文化和丰富人文资源，融红色文化和草原文化、农耕文化、黄河文化、长城文化等于一体，打造以各民族交往交流交融、守望相助、共同弘扬蒙古马精神和“三北精神”、铸牢中华民族共同体意识为基本内容的“北疆文化”品牌，教育引导各族群众牢固树立正确的国家观、历史观、民族观、文化观、宗教观。内蒙古自治区党委书记孙绍骋受自治区党委常委会委托，就《内蒙古自治区党委关于全方位建设模范自治区的决定》起草情况向中国共产党内蒙古自治区第十一届委员会第六次全体会议作了说明。孙绍骋说：“内蒙古历史文化厚重，人文资源丰富，辽阔大地上多彩纷呈的文化都是中华文化的重要组成部分。但缺少一个涵盖所有文化、体现内蒙古特征的概念。所以我们提出打造‘北疆文化’这一具有内蒙古特质的地域性文化品牌，就是要传承发展中华优秀传统文化，让根植在北疆大地的优秀文化在新时代活起来火起来，为提升内蒙古的正面形象提供有力支撑，为推进现代化建设注入强大精神力量。”作为北疆文化的基本内容，各民族交往交流交融是推动中华民族发展进步的不竭动力，内蒙古地区的发展史就是一部多民族交往交流交融史；守望相助是习近平总书记对内蒙古提出的殷切期望和明确要求，精辟概括了内蒙古各族人民手拉手、心连心，共同守卫祖国边疆、共同创造美好生活的优良传统和生动实践；蒙古马精神和“三北精神”都强调干劲、拼劲、韧劲，是内蒙古各族人民最鲜明的精神标识；铸牢中华民族共同体意识是内蒙古各项工作的主线，推进文化建设要始终着眼于巩固中华民族共同体思想基础。

为推动北疆文化建设，内蒙古制定出台《关于推进北疆文化建设的意见》，提出全区要以习近平新时代中国特色社会主义思想特别是习近平文化思想为指导，全面贯彻党的二十大精神，深入贯彻习近平总书记对内蒙古的重要指示精神，以铸牢中华民族共同体意识为主线，着眼传承发展中华优秀传统文化、构筑中华民族共有精神家园，深入研释北疆文化丰富内涵，充分展现北疆文化时代价值，着力打造“北疆文化”特色品牌，让根植在北疆大地的优秀文化活起来、火起来，不断满足各族人民日益增长的精神文化需求，切实增进各族群众对中华文化的认同，为完成好习近平总书记交给内蒙古的五大任务和全方位建设模范自治区两件大事凝聚起强大精神力量。该意见指出推进北疆文化建设是内蒙古传承弘扬中华优秀传统文化的实践路径，是加快建设文化强区、讲好北疆故事、提升内蒙古正面形象的有力抓手，是推动各族干部群众践行守望相助理念、铸牢中华民族共同体意识的必然要求。

（二）北疆文化研究进展

2023 年 7 月，内蒙古自治区党委作出打造“北疆文化”品牌工作部署后，在自治区党委宣传部的组织安排下，各部门、各单位以建设中华民族现代文明为目标，以铸牢中华民族共同体意识为主线，以构建经得起检验的北疆文化学科体系、学术体系和话语体系为宗旨，开展了一系列理论研究工作，取得了阶段性的成果。

1. 党委领导带头，高位推进研究工作

自治区党委书记孙绍骋不仅就《内蒙古自治区党委关于全方位建设模范

自治区的决定》中提出的打造“北疆文化”品牌作了说明，还发表了有关北疆文化建设的署名文章。2023 年 7 月 24 日发表在《学习时报》上的署名文章《弘扬“蒙古马精神”和“三北精神”在中国式现代化建设中闯出新路》，论述了打响“北疆文化”品牌的价值和意义。11 月 15 日，孙绍骋在呼和浩特市调研北疆文化建设工作并主持召开座谈会。他先后来到昭君博物院、多松年烈士纪念馆、内蒙古文学馆（文学院）呼和浩特雕塑艺术馆和内蒙古自治区社会科学院，听取有关情况介绍，仔细参观有关展陈，详细了解北疆文化建设推进情况。他说，打造好“北疆文化”品牌，对于我们贯彻落实习近平总书记对内蒙古的重要指示精神，办好两件大事，传承和弘扬好中华优秀传统文化，具有十分重要的意义。座谈会上，在认真听取大家发言后，孙绍骋指出，自治区党委十一届六次全会提出打造“北疆文化”品牌以来，各有关方面都动起来了，做了大量工作，取得了积极成效。现在这项工作已经有了良好的开端，下一步要不断拓展研究的深度和广度，更加深透地阐释好北疆文化的内涵特质特别是核心内容，切实把“北疆文化”品牌全面立起来。会上，孙绍骋还就做好北疆文化研究阐释工作提出六个方面的要求。一是以习近平文化思想为根本遵循和指引，完整、准确、全面学习领会这一重要思想，切实将其全过程地落实到“北疆文化”品牌打造的各环节，确保不跑偏、不走样。二是牢牢把握铸牢中华民族共同体意识这条主线，使“三个离不开”“四个与共”“五个认同”和“七个作模范”充分融入北疆文化建设。三是深度观照内蒙古大地上各民族交往交流交融的历史和现实，用史料说话，用发展说话，展现好北疆文化深厚的历史底蕴和现实基础。四是充分挖掘守望相助理念的丰富内涵，讲好优良传统，讲好历史佳话，阐释好北疆文化蕴含的家国情怀。五是深刻研释蒙古马精神和“三北精神”，提炼和升华好精神中的精神，赋予北疆文化更加鲜明的精神特质，激励干部群众逢山开路、遇水架桥，锚定目标一干到底。六是从办好两件大事的实践中汲取精神养分，以闯新路、进中游的目标任务激发北疆文化建设的活力，以文化建设的大提升支撑经济发展的大跃升。文化的生命力在于应用，文化建设最忌形式主义、更当虚功实做，要再加一把劲，立竿见影、有形有感地把能做的事情做起来，持续用力、久久为功。

孙绍骋深入各地调查研究后，为北疆文化建设指明了方向、确定了目标，极大地推动了北疆文化建设进程。

2023 年 11 月 25 日，孙绍骋在《中国民族报》上发表署名文章《感党恩听党话跟党走 在新时代继续保持模范自治区崇高荣誉》，再次强调了打造“北疆文化”品牌，对铸牢中华民族共同体意识，全方位建设模范自治区的重要意义。2024 年 3 月 7 日，孙绍骋在《新华每日电讯》上发表署名文章《以办好两件大事的实际成效回报习近平总书记对内蒙古的关怀厚爱》，文章指出：“以习近平文化思想为根本遵循和指引，系统集成内蒙古大地上的红色文化和草原文化、农耕文化、黄河文化、长城文化等各种优秀文化，着力打造以守望相助、各民族交往交流交融、共同弘扬蒙古马精神和‘三北精神’、铸牢中华民族共同体意识为基本内容的北疆文化，各民族人心凝聚、团结奋斗的精神纽带越扎越牢。”这一系列以身作则的行动，促进北疆文化理论研究走深走实的同时，也向党中央和全国展示了内蒙古在铸牢中华民族共同体意识上的行动和作为。

2. 理论研究持续深化

2023 年 6 月，自治区党委提出了内蒙古地域文化建设问题，自治区党委宣传部组织了关于内蒙古地域文化建设的专题座谈会，会议回顾了内蒙古地域文化品牌建设的历史，肯定了塞北文化、草原文化在历史上起到的重要作用，并在此基础上讨论了“北疆文化”作为内蒙古地域文化品牌名称的可行性。会后，自治区社会科学院科研人员执笔撰写了《关于内蒙古地域文化建议的若干意见》，报送自治区党委。2023 年 7 月，自治区党委提出打造“北疆文化”品牌之后，自治区党委宣传部再次组织专家学者对北疆文化相关理论问题进行系统论证。中国社会科学院和内蒙古自治区社会科学院多名科研人员参与论证并撰写完成的《北疆文化的内涵特征与时代价值》刊登在《内蒙古日报》2023 年 11 月 16 日头版上。文章进一步明晰了北疆文化的内涵、特征和价值，引领了北疆文化理论研究的方向。《内蒙古日报》开辟“北疆文化”论坛特刊，内蒙古电视台组织拍摄《北疆文化高端访谈》等栏目，极大地推动了北疆文化理论研究工作走深走实。2024 年 5 月 15 日《内蒙古日报》刊发《北疆文化的核心理念》，提出“爱国、忠诚、团结、担当”为北疆文化的核心理念。至此，“北疆文化”品牌知名度逐步提升，引起了社会各界的广泛关注。

3. 学术成果不断涌现

作为新时代地域文化的现代表达，打造“北疆文化”品牌一经提出，内蒙古社科理论界就针对北疆文化的内涵特质、时代价值、文化类型等一系列基本问题进行了深入梳理和总结，重要成果体现在四个方面：一是在 CSSCI 来源期刊发表学术论文，《内蒙古社会科学》期刊开辟了“北疆文化”专栏，先后发表《试论北疆文化的范畴、内涵与价值》《北疆文化的时代价值》《论“北疆文化”的基本问题》等文章 6 篇。二是《内蒙古大学学报》《内蒙古师范大学学报》《内蒙古社会科学（蒙古文版）》《中国蒙古学》《前沿》《实践》等期刊均开设了“北疆文化”研究专栏。三是在《内蒙古日报》开辟“北疆文化”论坛特刊，已登载 30 余篇理论文章，形成了一批卓有成效的理论成果。四是在区外的影响逐步显现，在《学习时报》《中国社会科学报》《中国民族报》等区外报刊上发表过有关北疆文化的文章。特别是发表在《内蒙古社会科学》上的理论文章《论“北疆文化”的基本问题》被《新华文摘》论点摘编收录，表明北疆文化及其相关研究得到了国家级期刊的认可和关注。

4. 重磅推出新的理论研究平台

《北疆文化研究》是内蒙古自治区社会科学院主办的以“北疆文化”为研究对象的学术期刊，双月刊发，每年 6 期。2024 年 4 月 16 日，《北疆文化研究》创刊出版，创刊号设立了习近平文化思想研究、北疆文化专论、打响“北疆文化”品牌专家笔谈、铸牢中华民族共同体意识研究、蒙古马精神研究、诚信文化研究多个专栏专题。这一专业期刊对北疆文化的研究起到了重大推动作用，促使其成为学术热点，受到区内外学者的广泛关注，投稿数量持续增长。

5. 研究机构与队伍建设不断优化

2023 年 9 月，内蒙古自治区社会科学院成立专门的科研机构——北疆文化研究中心。12 月，经内蒙古自治区党委机构编制委员会办公室批复，内蒙古自治区社会科学院草原文化研究所更名为北疆文化研究所，成为北疆文化研究领域第一家有编制的专业研究机构。同时，一些盟市、旗县以及高校纷纷成立北疆文化研究机构，如内蒙古大学成立“北疆民族语言文化交融与传播研究中心”，内蒙古师范大学成立“北疆文化研究院”“中国北疆文化遗产研究中心”，内蒙古财经大学成立“北疆文化产业发展研究院”，内蒙古科技大学成立“北疆文学与文化传承研究基地”“北疆文化进校园研究基地”，包头师范学院成立“包头市北疆文化研究院”，河套学院成立“巴彦淖尔市北疆文化研究院”，兴安职业技术学院成立“北疆红色文化研究基地”，等等。一批以北疆文化为研究主题的科研机构与人才队伍建立并日益壮大起来。

（三）推出一系列丰富多样的主题活动

内蒙古自治区党委作出打造“北疆文化”品牌工作部署后，在自治区党委宣传部的组织安排下，各地区、各部门、各单位组织开展了一系列北疆文化主题活动。

2023 年 7 月 13 日，自治区党委宣传部组织召开了学习贯彻习近平总书记文化传承发展座谈会重要讲话精神推进“北疆文化”建设工作座谈会。

7 月 14 日，由自治区党委宣传部、自治区文化和旅游厅主办的第七届内蒙古文博会主题活动——内蒙古自治区文化产业创新发展研讨会在内蒙古国际会展中心举行。来自全国各地的专家学者、省市代表团、企业代表、各级媒体，为打造“北疆文化”品牌建言献策，共绘内蒙古文化产业高质量发展蓝图。

9 月 26 日，由呼和浩特市文化旅游广电局、呼和浩特市文化艺术研究院组织承办的“北疆文化”交流研讨会在呼和浩特市召开。此次研讨会是第三届敕勒川草原文化节暨第二十四届呼和浩特昭君文化节论坛活动的重要组成部分。

同日，由中国社会科学院文化发展促进中心与内蒙古自治区社会科学院联合主办的北疆文化研究与建构研讨会在中国社会科学院会议中心召开，这是首次由国家层面组织召开的有关北疆文化的座谈会。

10 月 12 日，内蒙古博物院召开新址“北疆文化”主题系列展览内容专家研讨会。会议围绕北疆文化内涵特征与时代价值，结合内蒙古博物院文物与展览以及新址空间布局情况，对新址北疆文化主题系列展览内容进行研讨，为下一步新址展览规划提供经验与支持。

10 月 14 日，以“和平合作、开放包容、互学互鉴、互利共赢”为主题的首届呼和浩特国际雕塑艺术展在呼和浩特雕塑艺术馆开幕。全国政协副秘书长、民盟中央专职副主席、中国美术馆馆长、中国城市雕塑家协会主席吴为山，中央美术学院雕塑系原主任、全国城市雕塑建设指导委员会艺术委员会原主任曹春生，内蒙古自治区党委常委、呼和浩特市委书记包钢，内蒙古自治区党委常委、宣传部部长郑宏范出席艺术展开幕式，并为呼和浩特雕塑艺术馆揭幕。开幕式上，吴为山为呼和浩特雕塑艺术馆“中国城市雕塑家协会创作展示中心”授牌并致辞，法兰西艺术学院院士迪埃·贝奈姆，呼和浩特市委副书记、市长贺海东分别致辞。吴为山在致辞中表示，新时代以来，广大人民在党的领导下发扬蒙古马精神，以开放包容、开拓创新的气概打造“北疆文化”品牌，为铸牢中华民族共同体意识、建设中华民族现代文明、以中国式现代化全面推进中华民族伟大复兴作出了贡献。

同日，中国社会科学院学部委员、内蒙古大学北疆语言文化交融与传播研究中心主任朝戈金一行深入呼伦贝尔市额尔古纳市对该地区丰富的戍边历史文化资源进行调研。来自中国社会科学院、内蒙古大学的有关专家学者，内蒙古自治区相关媒体记者，驻地边境管理部队和当地党政部门有关人员共同围绕“打造戍边文化品牌，助力北疆文化建设”主题展开广泛深入的交流研讨。

12 月 2 日，内蒙古自治区社会科学院北疆文化研究中心、草原文化研究所联合主办的“北疆文化”理论研究与工作交流会在呼和浩特市宾悦大酒店召开。此次会议有效地凝聚了自治区范围内的相关研究力量，形成一定共识，为下一步开展北疆文化研究工作奠定了良好的基础。

12 月 25 日，内蒙古大学举办首届北疆文化论坛。本次论坛邀请 120 余名国内相关领域专家学者参会，围绕北疆文化与中华文明、北疆与北疆文化、北疆文化的历史根基等主题作报告，探讨北疆文化的研究和实践路径。

2024 年 1 月 9 日，由自治区党委宣传部主办的北疆文化建设理论研究工作推进会在呼和浩特市召开。会议提出，开展北疆文化研究要统一思想认识，确保方向正确、任务明确、措施具体，切实把北疆文化建设理论研究工作做深做实做出成效。会上，有关代表围绕贯彻落实《关于推进北疆文化建设的意见》、推动北疆文化理论研究工作高质量发展进行发言。

2 月 28 日，自治区党委宣传部哲学社会科学规划办公室发布《关于印发北疆文化建设理论研究项目（第一批）的通知》，一批以北疆文化为研究对象的课题立项，促进了理论研究的有序深入开展。

（四）存在的问题与对策建议

1. 存在的问题

一是全方位、多视角研究格局还未形成。通过前期一系列开拓性研究，较准确地总结和揭示出北疆文化的概念、内涵特质、时代价值等，为内蒙古打造“北疆文化”品牌，研究、宣传和阐释北疆文化奠定了一定的理论和学术基础。但学术理论研究体系尚未建构完善，北疆文化话语体系建设有待进一步加强，全方位、多视角研究格局还需加强构建。

二是北疆文化的学术研究平台和阵地建设尚未形成合力，平台作用发挥不够。各研究机构纷纷设立研究中心，大学学报开设研究专栏，但这些学术平台、理论阵地尚未形成合力，社会影响力不强。打造“北疆文化”品牌，每个阶段的目标任务不同，因此在设立研究中心、重点基地，打造有影响力的北疆文化论坛和北疆智库，申报国家重大项目，组织实施自治区重大研究工程、自治区哲学社会科学规划项目，实现各阶段理论成果转化等方面，应凝聚各方力量，统一组织和规划，形成协同攻关的合力。

三是人才队伍建设需进一步加强。一方面，北疆文化科研人才多集中在区内，国内外、区内外的学术研究力量还比较薄弱；另一方面，无论是基础知识的积累，还是研究方法，都需要提质升级。

四是北疆文化宣传、传播力度需要持续加大。北疆文化宣传效果不明显，传播路径有待拓宽。应让北疆文化融入人民群众生产生活，让民众参与到北疆文化建设之中，不断增强人民群众的参与感、认同感、获得感。

2. 对策建议

以习近平文化思想为根本遵循和指引，牢牢把握铸牢中华民族共同体意识工作主线，深度观照内蒙古大地上各民族交往交流交融的历史和现实，充分挖掘守望相助理念的丰富内涵，深入研究阐释蒙古马精神和“三北精神”，从办好两件大事的实践中汲取精神养分，以闯新路、进中游的目标任务激发北疆文化建设的活力，以文化建设的大提升支撑经济发展的大跃升。具体建议有：

一是全方位、多视角开展北疆文化研究。立足于内蒙古“多民族、大融合”的发展历史，立足于新时代全方位建设模范自治区的现实需要，对北疆文化进行跨学科多视角研究。北疆文化汇聚了多种不同文化类型，其中最为典型和突出的是红色文化和草原文化、农耕文化、黄河文化、长城文化。从内蒙古地区多元文化交融汇聚的发展历史来看，北疆文化是包容多样、追求统一、展现团结的地域文化的典范。全方位、多视角地综合研究北疆文化，既能够更宏观、更准确地深入理解其内涵特质、时代价值，也能够更好地阐释北疆文化在中华文化中的重要地位和独特贡献。

二是充分发挥北疆文化研究、宣传、阐释平台作用，打造一批优秀的学术平台和理论阵地。做好学报和期刊建设工作，打造好《北疆文化研究》这一专业性学术期刊，将北疆文化的学术研究热度保持下去，在区内外乃至国内外形成一定的影响力。同时，继续打造好《内蒙古社会科学》等期刊北疆文化研究专栏，提高影响力；发挥好研究中心、重点基地的作用，发挥研究机构在专题研究、联合攻关、联系基层方面的优势，提升和拓展北疆文化研究的深度和广度；打造有影响力的北疆文化论坛和北疆智库，组织编纂《北疆文库》；做好北疆文物考古和历史研究工作，设立北疆文物档案库；申报国家重大项目，组织实施自治区重大研究工程，利用好自治区哲学社会科学规划项目、自治区社科基金项目，吸引相关领域专家、学者积极参与北疆文化研究工作，推进北疆文化建设。

三是进一步加强人才队伍建设。北疆文化的高质量发展离不开更高素质的专业研究人员，需进一步加强北疆文化研究核心团队和领军人才队伍建设。坚持人才引培并举、管培并重，加大政策、资金、环境的支持力度，锻造北疆文化理论研究骨干力量，并在此基础上构建学术理论研究体系，为北疆文化理论创新作出贡献。

四是不断加大北疆文化宣传、传播力度。坚持科研与宣传并重、研究与成果转化同步，以扎实的学术研究为基础，努力形成基础研究与成果转化循环促进的新格局。在重点项目、重大活动中推广应用“北疆文化”品牌，探索北疆文化理论研究成果的宣传推广路径。将北疆文化融入全区社会宣传教育和学校教育，贯彻落实到历史文化宣传教育、公共文化设施建设、城市标志性建筑建设等方面，以丰富的活动载体助力“北疆文化”品牌立得住、传得开、叫得响。

二、乌兰牧骑事业发展研究

乌兰牧骑是在中国共产党的直接领导下建立起来的文艺工作队伍，红色是其最亮的底色。作为活跃在我国北部边疆的红色文化工作队，乌兰牧骑是全国文化战线上的一面旗帜，是北疆文化的重要组成部分，是弘扬爱国主义精神、培育和践行社会主义核心价值观、构筑中华民族共有精神家园的重要力量。进入新时代，在全面建设社会主义现代化国家的新征程上，乌兰牧骑必将发挥更加重要的作用。

2023 年是习近平总书记给乌兰牧骑队员回信的第六个年头。内蒙古自治区广大乌兰牧骑工作者紧紧围绕学习宣传贯彻习近平新时代中国特色社会主义思想、党的二十大精神和习近平总书记给乌兰牧骑队员回信精神，以铸牢中华民族共同体意识为主线，为深入推进五大任务落地落实和全方位建设模范自治区贡献“红色文艺轻骑兵”力量。努力探寻新时代乌兰牧骑工作定位，强化思想引领、坚持文艺创新，扎根基层一线，开展演出服务活动，把党的声音和关怀送到基层。

（一）2023 年乌兰牧骑事业发展成效

2023 年 7 月 5 日中国共产党内蒙古自治区第十一届委员会第六次全体会议通过的《内蒙古自治区党委关于全方位建设模范自治区的决定》提出，“推动乌兰牧骑事业健康发展，更好满足各族群众精神文化需求”。2023 年，全区各地乌兰牧骑以提升演出和服务质量为抓手，聚焦乌兰牧骑“传递好党的声音和关怀，服务好广大群众”主责主业，围绕学习培训、内容生产、演出服务三项重点任务，创新开展乌兰牧骑“学・创・演”工作，有效推动乌兰牧骑事业健康发展。

1. 在“学”上，理论学习成效显著

全区各地乌兰牧骑大力弘扬优良传统，始终保持“红色文艺轻骑兵”鲜明底色，牢记习近平总书记的殷殷嘱托，充分发挥乌兰牧骑作为党的理论和党的路线方针政策宣传队的作用，把党的声音传遍北疆大地，引导人民群众感党恩、听党话、跟党走，有形有感有效铸牢中华民族共同体意识。

一是理论学习的深度和系统性进一步增强。2023 年，全区各地乌兰牧骑以习近平新时代中国特色社会主义思想为核心，以习近平总书记关于文艺工作的重要论述、关于加强和改进民族工作的重要思想、对内蒙古的重要指示精神以及自治区重要决策部署等为内容，通过举办学习会、研讨会、交流分享会以及组织各类专题辅导班等方式进行系统学习。将理论学习与实际创作相结合，利用歌曲、舞蹈以及小戏、小品等文艺形式开展宣传服务活动，将理论学习成果转化为优秀文艺作品，把党的声音和关怀送进千家万户。

二是理论学习方式更加多样化。全区各地乌兰牧骑创新学习方法，营造学习宣传贯彻党的二十大精神的浓厚氛围。内蒙古自治区直属乌兰牧骑制定“八个一”学习制度，即每天自学一小时、每周一次集体学习、每月一次中心组学习研讨、每月一次测试、每月一次交流研讨、每月一次主题党日活动、支部书记每半年讲一次党课、每半年邀请专家做一次讲座。全区各地乌兰牧骑通过创新学习方式推动党的理论入脑入心，不断提升新时代乌兰牧骑队员的履职能力和服务水平。

2. 在“能”上，业务素质明显提高

乌兰牧骑自成立起就充分发挥队伍短小精悍、队员一专多能、节目小型多样、装备轻便灵活的优势，始终坚持植根基层、艰苦奋斗的建队方针，深入农村牧区、街道社区、企业学校、军营哨所演出，成为“全国文艺战线的一面旗帜”。为深入贯彻落实习近平总书记关于乌兰牧骑事业发展的重要指示精神，加快推进乌兰牧骑事业繁荣发展，不断提升乌兰牧骑队员“一专多能”业务水平，全区各地乌兰牧骑队员加强理论学习，自觉提升理论素养和综合实力，更好服务广大基层群众。

一是“一专多能”不断被强化。探索建立艺术指导员结对指导乌兰牧骑的常态化机制，定期选派艺术指导员赴基层乌兰牧骑指导创作。按照自治区党委宣传部要求，自治区文联组织25名舞台艺术专家到全区各地乌兰牧骑进行点对点辅导，做到创作一个、排演一个，打磨一个、推出一个，助推乌兰牧骑创作提质增效。各地乌兰牧骑将业务培训与基层服务相结合，以培养“专才”与“通才”为目标，通过集中培训、专项培训以及春训、冬训等方式，开展乌兰牧骑队员“一专多能”业务培训，以提升队员专业技能水平和业务素养。自治区直属乌兰牧骑按照乌兰牧骑职能建设要求，开展“走出去、请进来”培训交流活动。春季、秋季选派艺术家和青年业务骨干赴包头市、赤峰市、阿拉善盟和二连浩特市、宁城县、西乌珠穆沁旗、正蓝旗等地，对基层乌兰牧骑开展业务培训。聚焦乌兰牧骑队员舞蹈表演、器乐演奏等业务素养和创作能力的提升等，为基层乌兰牧骑量身定制培训内容。多样化的培训，不仅提升了乌兰牧骑队员的专业技能和综合素质，还增强了团队凝聚力。

二是“传帮带”作用发挥显著。各地乌兰牧骑以“传承乌兰牧骑艺术品质 赓续乌兰牧骑精神血脉”为主题，以业务培训为内容，以“传帮带”为主要形式，组织老艺术家、老队员深入基层乌兰牧骑进行一对一、点对点培训，旨在把乌兰牧骑团结互助精神和优良传统传承下去。自治区直属乌兰牧骑、盟市乌兰牧骑发挥好示范引领作用，采取“以剧代培”、以老带新等形式，安排基层乌兰牧骑队员来团学习。同时，陆续开展乌兰牧骑薪火传承系列活动。通过“传帮带”，老一辈艺术家将自己的经验和技艺传授给年轻队员，提高了年轻队员的业务水平，促进了团结互助精神的继承和发扬。

3. 在“创”上，精品力作层出不穷

2023 年，全区乌兰牧骑紧紧抓住铸牢中华民族共同体意识这条主线，始终坚持“以人民为中心”的创作导向，从自治区党委、政府的中心工作中挖掘素材、发现题材；依托北疆丰富多彩的文化资源，从各族群众的工作实践和多彩生活中汲取营养、获取灵感；围绕五大任务和全方位建设模范自治区两件大事，重点推出弘扬中华优秀传统文化、突出北疆地域特色的艺术作品；将规划创作、指导创作和自主创作结合起来，创作了一批接地气、传得开、留得下的作品，丰富了人民群众的精神文化生活。

一是作品主题不断丰富。有一些作品通过群众喜闻乐见的形式宣传党的政策、传递党的声音。如，科尔沁右翼中旗乌兰牧骑创作的岱日查《说说中国式现代化》用一问一答的轻松愉悦的表演方式宣传了党的二十大精神。兴安盟乌兰牧骑创作的音乐剧《草原上升起不落的太阳》表达了内蒙古各族人民团结一心，把自己的命运同国家的命运紧紧连在一起的坚定信念和国家情怀。赤峰市乌兰牧骑创作的舞台剧《玉龙街九号》在讴歌时代发展、社会进步、民族团结的同时，真实生动地展现了赤峰市日新月异的变化、昂扬向上的精神风貌。苏尼特右旗乌兰牧骑创作的舞蹈《乌兰牧骑井》是依据乌兰牧骑真实故事改编而成的，讲述了苏尼特右旗乌兰牧骑在阿其图乌拉苏木呼布尔嘎查演出时得知当地人畜饮水极其困难，队长伊兰带领十几名队员帮助村民打井的故事，再现了乌兰牧骑的优良传统。自治区直属乌兰牧骑的音乐剧《你若繁星》讲述了乌兰牧骑和边疆军民团结奋斗，不断铸牢中华民族共同体意识，建设祖国北疆安全稳定屏障的故事。

二是精品不断涌现。乌兰牧骑优秀作品在区内及国内各类舞台尽显风采。伊金霍洛旗乌兰牧骑创排的舞蹈作品《马铃摇响幸福歌》荣获第十四届中国舞蹈“荷花奖”民族民间舞第一名，另一部舞蹈作品《走进光里》荣获第十四届中国舞蹈“荷花奖”民族民间舞提名奖。乌拉特中旗乌兰牧骑编创的歌舞剧《我的家乡》入选国家艺术基金2023年度资助项目。科尔沁右翼中旗乌兰牧骑创作的乌力格尔《草原之子》荣获第十二届中国曲艺“牡丹奖”新人奖提名。

4. 在“演”上，服务群众能力进一步提升

乌兰牧骑是内蒙古民族团结进步教育的良好载体。2023年，全区各地乌兰牧骑不断创新服务形式，组织开展为基层群众送温暖和贴心服务活动，以满足人民群众精神文化需求。采取灵活多样和群众喜闻乐见的形式，用群众看得见、摸得着的方式宣传民族团结进步，促进了各民族交往交流交融。

一是服务形式不断创新。阿拉善盟乌兰牧骑推出一场专题晚会、一次主题巡演、一项常态化主题演出的“三个一”宣传演出活动，深入农村牧区、街道社区、边防哨所等基层一线服务演出。陈巴尔虎旗乌兰牧骑从农牧民居住分散的实际出发，采取“阵地演出+流动演出+入户演出”的服务方式，深入苏木镇、嘎查牧户及厂矿企业、社区学校开展演出。采取集中演出与分散演出、流动演出与阵地演出相结合的方式，到各边防哨所开展巡回演出、专题性文艺宣传等活动。在自治区党委宣传部统筹规划推动下，各乌兰牧骑持续开展“送欢乐、送文明”基层服务活动。发动各级乌兰牧骑和各类文艺院团，

组建由乌兰牧骑队员和新时代文明实践志愿者组成的乌兰牧骑小分队，选择农村牧区、偏远地区、公共文化服务相对薄弱地区，以流动服务为主要方式，于每年6月、11月广泛开展以文艺演出、艺术辅导、“红书包”送学宣讲、电影放映等为主要内容的“送欢乐、送文明”基层服务活动，大力弘扬乌兰牧骑“扎根生活沃土、服务牧民群众”的优良传统。

二是服务质量不断提升。2023年7月11日，“铸牢中华民族共同体意识——乌兰牧骑演出万村行”活动启动。全区各地乌兰牧骑深入嘎查村为各族群众提供文艺演出、文化辅导、民族团结理论宣讲、电影放映、全民健身等服务。此项活动计划开展3年，每年演出覆盖1万个村，帮助指导1万支群众身边的艺术队伍，对促进各民族在中华民族大家庭中像石榴籽一样紧紧抱在一起，共同建设伟大祖国、共同创造美好生活起到积极推动作用。

（二）乌兰牧骑事业发展中存在的问题及困难

为贯彻落实习近平总书记给乌兰牧骑队员的回信精神，内蒙古密集出台了《关于深入贯彻落实习近平总书记重要指示精神加快推进乌兰牧骑事业发展的意见》《全区乌兰牧骑事业发展中长期规划（2018—2025）》《内蒙古自治区乌兰牧骑条例》《内蒙古自治区乌兰牧骑考核评估管理办法》和2022年、2023年乌兰牧骑学·创·演工作方案等一系列政策措施，加强乌兰牧骑改革创新顶层设计，明确新时期乌兰牧骑工作的指导思想、基本原则、发展目标和主要内容，乌兰牧骑事业在政策保障、队伍建设、经费投入、组织领导等方面得到有力加强，进入新阶段。但新时期，乌兰牧骑也面临新的挑战和困难。

一是队伍结构不够合理。乌兰牧骑队伍中普遍存在年龄两极化、进出机制不完善等问题。部分乌兰牧骑队伍年龄结构、性别比例、专业分布不够合理，艺术人才青黄不接。

二是人才培养机制不够完善。在培养过程中，缺乏明确的培养计划、评估标准和晋升途径，导致人才培养不够规范和系统。有些地区的乌兰牧骑存在创作、编导、表演等方面拔尖人才缺乏，专业技术人员流失严重的问题。

三是作品原创性不足。各地乌兰牧骑普遍存在队员原创能力不足，作品打磨不够、质量不高等问题。创作人员缺乏对人民群众需求的深度观照，所以作品内容单一，缺乏时代特色；创新意识不强，表演形式和内容仍较为传统，创作缺乏深度和新意，优秀作品匮乏。文艺作品的新鲜感和吸引力有待增强，急需结合现代元素创作出更具创新性的作品。

四是服务形式还比较单一。部分乌兰牧骑存在服务方式陈旧、单一，演出质量不高，不能满足现代基层群众审美需求的问题。随着时代的发展，观众审美需求也在发生变化，需要将传统元素与现代表达手法相结合，创作更多能够引起观众共鸣的优秀作品。

（三）加快乌兰牧骑事业发展的对策建议

一是健全完善人才引进和培养机制。加快乌兰牧骑人才队伍建设，建立健全人才引进机制。把文艺人才资源的开发和利用作为乌兰牧骑事业发展的核心问题，抓住培养、使用和引进三个关键环节，分类施策。对于群众公认、专家认可、有获奖经历或发展事业急需的特殊人才，要打破制度、身份、学历、资历等限制，破格录用，留住人才。将学校培养的新生力量引进到乌兰牧骑人才队伍中，也可有计划地安排乌兰牧骑队员到艺术院校参与教学，培养“一专多能”的复合型应用人才。针对年轻专业人才，采取送出去的办法，为其提供和创造到高校或省级甚至国家级文化单位进修深造的机会和条件，提高他们的文化素质和业务能力。

二是常态化开展深入基层采风创作工作。多走下去，勤接地气，充分发动乌兰牧骑专业创作人员常态化深入农村牧区采风，制订详细计划，确保每次采风都有明确的目标和任务，并对采风过程给予示范引导、专业支持，强化采风活动的成效。加强对基层乌兰牧骑的创作指导。通过加强选题策划、创作引导，指导基层乌兰牧骑结合区域特色进行深耕深挖，同时予以资源和政策倾斜，力求推出一批思想精深、艺术精湛、制作精良的彰显乌兰牧骑底蕴的精品。

三是继续发扬乌兰牧骑优良传统，抓好艺术创作。把满足人民精神文化需求作为出发点和落脚点，把提高质量作为文艺作品的生命线，到人民群众生活中挖掘创作素材，努力创作出能够引发观众情感共鸣且形式新颖、震撼心灵的精品。

四是加强演出观摩和创作交流，多为乌兰牧骑搭建合作交流的平台。建议组建自治区、盟市、旗县、苏木镇、嘎查村五级联动的乌兰牧骑志愿者队伍，不断提升乌兰牧骑服务基层能力。同时，搭建各类平台，鼓励基层乌兰牧骑走出去，拓宽交流渠道，整合区域资源，加强交流合作，开展常态化艺术展演和推广活动，加强各乌兰牧骑间的合作交流，扩大乌兰牧骑的影响力。

三、非物质文化遗产保护传承研究

非物质文化遗产是中华优秀传统文化的重要组成部分，是中华文明绵延传承的生动见证，是中华民族生命力和创造力的充分体现，是中华民族智慧与文明的结晶，是联结民族情感的纽带、维系国家统一的重要基础，对于建设中华民族现代文明具有特殊重要意义。有效地保护、传承、利用非物质文化遗产，对于延续历史文脉、坚定文化自信、促进民族团结、铸牢中华民族共同体意识、构筑中华民族共有精神家园、全方位建设模范自治区具有重要的历史和现实意义。

党的十八大以来，以习近平同志为核心的党中央高度重视非物质文化遗产保护工作，立足实现中华民族伟大复兴中国梦的全局和战略高度作出一系列重大决策部署。习近平总书记在重大国事活动和考察调研中，多次考察非物质文化遗产项目并对其保护和传承工作作出重要指示批示，强调“要坚持以社会主义核心价值观为引领，坚持创造性转化、创新性发展，找到传统文化和现代生活的连接点，不断满足人民日益增长的美好生活需要”。习近平总书记的重要指示精神，为非物质文化遗产保护工作指明了前进方向，提供了根本遵循。

（一）内蒙古非物质文化遗产保护传承实践

1. 内蒙古非物质文化遗产资源赋存状况

截至2023年12月，我国列入联合国教科文组织非物质文化遗产名录（名册）项目共43项，总数位居世界第一。其中，人类非物质文化遗产代表作35项，急需保护的非物质文化遗产名录7项，优秀实践名册1项。蒙古族长调民歌和蒙古族呼麦歌唱艺术分别于2008年和2009年被列入联合国教科文组织人类非物质文化遗产代表作名录。

国家级名录将非物质文化遗产分为十大门类：民间文学，传统音乐，传统舞蹈，传统戏剧，曲艺，传统体育、游艺与杂技，传统美术，传统技艺，传统医药，民俗。国务院先后于2006年、2008年、2011年、2014年和2021年公布了5批国家级项目名录，共1557个国家级非物质文化遗产代表性项目，按照申报地区或单位进行逐一统计，共3610个子项。内蒙古有106个项目入选国家级非物质文化遗产代表性项目名录。[①] 其中，民间文学类8个，传统音乐类23个，传统舞蹈类5个，传统戏剧类5个，曲艺类6个，传统体育、游艺与杂技类9个，传统美术类9个，传统技艺类15个，传统医药类7个，民俗类19个。国家文化主管部门先后于2007年、2008年、2009年、2012年、2018年命名了5批国家级非物质文化遗产代表性项目代表性传承人，共3068人。[②] 在非物质文化遗产代表性传承人动态管理和退出机制下，先后有11人失去国家级代表性传承人资格。截至2022年11月，国家级非物质文化遗产代表性传承人共3057人。内蒙古共82人入选国家级非物质文化遗产代表性传承人。其中，民间文学类4人，传统音乐类27人，传统舞蹈类4人，传统戏剧类6人，曲艺类5人，传统体育、游艺与杂技类6人，传统美术类5

① 数据根据中国非物质文化遗产网·中国非物质文化遗产数字博物馆官网公开信息统计。

② 数据根据中国非物质文化遗产网·中国非物质文化遗产数字博物馆官网公开信息统计。

人，传统技艺类9人，传统医药类5人，民俗类11人。[①]

内蒙古先后于2007年、2009年、2011年、2013年、2015年、2018年和2022年公布了7批自治区级非物质文化遗产代表性项目名录，共计723个项目，按照申报地区或单位进行逐一统计，共910个子项。在自治区级非物质文化遗产723个代表性项目（含扩展项目）中，民间文学类46个，传统音乐类80个，传统舞蹈类30个，传统戏剧类18个，曲艺类15个，传统体育、游艺与杂技类59个，传统美术类91个，传统技艺类167个，传统医药类66个，民俗类151个。内蒙古先后于2008年、2010年、2012年、2014年、2016年、2019年和2021年公布了7批自治区级非遗代表性项目代表性传承人名单，共1086人。其中，民间文学类51人，传统音乐类204人，传统舞蹈类62人，传统戏剧类46人，曲艺类35人，传统体育、游艺与杂技类97人，传统美术类132人，传统技艺类193人，传统医药类71人，民俗类195人。[②]

内蒙古现有黄河麦野谷生态休闲旅游区等19个自治区级非遗旅游体验基地和内蒙古自治区展览馆等44个自治区级非遗传承教育实践基地，并创建了莫尼山非遗小镇等24个自治区级非遗特色村镇、塞上老街历史文化街区等11个非遗特色街区。依托黄河、长城、草原、骆驼、辽河、游牧等特色优秀传统文化形态，在已有旅游线路中有机融入非遗展示体验内容，设计打造了12条自治区、24条盟市非遗特色精品旅游线路。[③]

总体来说，内蒙古非物质文化遗产国家级、自治区级、盟市级、旗县级四级名录体系以及与四级名录体系配套的传承人制度逐渐完善；有关非物质文化遗产的法律、法规、条例、制度日渐完善，非物质文化遗产保护保障体系更加完备；文化生态保护区建设水平不断提高；非遗代表性传承人记录工

① 数据根据中国非物质文化遗产网·中国非物质文化遗产数字博物馆官网公开信息统计。

② 数据根据内蒙古自治区艺术研究院（内蒙古自治区非物质文化遗产保护中心）官网公开信息统计。

③ 内容来源于内蒙古自治区文旅厅“关于对内蒙古自治区政协十三届一次会议第0706号提案的答复”。

程及非遗传承人研修培训计划顺利推进；传统工艺振兴计划、曲艺传承发展计划、非遗助力精准扶贫及乡村振兴成效明显，非遗的创新转化利用及“人民非遗、人民保护、人民共享”理念深入人心；非遗在黄河、长城国家文化公园建设等重大战略中的积极作用进一步发挥；非遗宣传广泛开展，全媒体传播使非遗的社会知晓度得到显著提升。

2. 内蒙古非物质文化遗产保护传承举措

一是有力推进非遗保护工作。一是持续推进非遗有关法律法规制度建设。为进一步规范和加强对非遗的管理，提升非遗区域性、系统性保护水平，推动非遗高水平保护和高质量发展，制定出台了《内蒙古自治区级非物质文化遗产旅游体验基地认定与管理办法》《内蒙古自治区级非物质文化遗产特色村镇、街区认定与管理办法》《内蒙古自治区级文化生态保护区建设成效评估实施细则》等法规性文件。将非遗保护工作纳入地方党政考核评价体系，赋分为 2 分。二是健全完善非遗保护体系。开展国家级、自治区级非遗代表性传承人 2022 年度传承活动评估工作，推荐优秀等次国家级非遗代表性传承人 14 人。实施自治区级非遗代表性传承人记录工程，已完成清水河瓷艺项目传承人张选等 10 人的记录工作。三是稳步提升非遗保护水平。继续实施非遗传承人研修培训计划，指导举办 4 期国家级、8 期自治区级非遗代表性传承人研培班。组织内蒙古师范大学举办全区剪纸培训班、刺绣研修班，协调北京服装学院举办巴林右旗刺绣研修班、蒙古族刺绣技艺创作营，指导自治区非遗传承人研培计划参与院校举办研修班，非遗传承人及从业者等 500 余人参加培训，完成 2000 余件作品制作。四是开展自治区非遗传承人研培计划参与院校绩效考核工作，内蒙古师范大学、呼伦贝尔学院、赤峰学院 3 所高等院校入选 2024—2025 年度中国非物质文化遗产传承人研修培训计划参与院校推荐名单。

二是广泛开展非遗宣传展示活动。一是进行全媒体非遗传播，促使非遗的社会知晓度、大众认可度显著提升。中央广播电视总台与文化和旅游部联合摄制的《非遗里的中国·内蒙古篇》在央视综合频道黄金时段播出，央视频 APP 同步展播。该节目围绕蒙古族长调民歌、呼麦、乘马射箭、药香制作技艺等 25 个非遗代表性项目，通过非遗创新秀演、沉浸体验、还原绝技等形式，多维度呈现了内蒙古非遗的历史底蕴、地域特色和创新成果，展现了内蒙古非遗系统性保护成效。非遗人文纪录片《卓拉的嫁期》入选 2023 年第二季度优秀国产纪录片。推出自治区级非遗代表性传承人记录专题片《遗·冀》，推送至“学习强国”内蒙古学习平台、中国新闻网、新浪、腾讯内蒙古和 108 个旗县（市、区）媒体平台进行宣传，其中，平均每天超过 50 万人次通过“学习强国”内蒙古学习平台观看，总点击量累计达到 1000 万人次。2023 年 6 月，“内蒙古非遗购物节”在奔腾融媒开展全矩阵联合直播，10 位非遗传承人向观众展示内蒙古非遗好物、讲述非遗故事；开设“内蒙古非遗馆”淘宝直播间，累计观看次数突破 15 万，屡次冲至淘宝“礼品文创”板块第一名，两场直播连续排名“直播小时榜”第一名。自 2023 年 5 月 9 日起，内蒙古传统工艺类非遗项目宣传视频在呼和浩特白塔机场贵宾厅、G6 高速公路服务区以及呼和浩特地铁 PIS 显示终端循环展播，全天轮播 100 余次，助力提升内蒙古非遗产品市场竞争力，创新文化消费场景。二是举办多场次、多类型、多层次的非遗展览展示活动，进一步增强非遗传播力，使非遗保护意识深入人心。在全区 12 个盟市同步开展 2023 年“文化和自然遗产日”内蒙古非遗宣传展示活动和内蒙古非遗集市活动。截至活动结束，现场参观人数达 60.97 万人次。“非遗之夜”展演直播曝光量约 150 万人次，新华网、人民网、奔腾融媒等媒体专题报道 100 余篇，浏览量近 300 万人次。非遗集市现场销售额达到 150 余万元，促进非遗保护成果人民共享，助力文旅产业蓬勃发展。成功举办“畅游北疆 多彩非遗”——“非遗+旅游”体验展、第四届中蒙博览会非遗展，“内蒙古自治区传统工艺与现代创意展、“美丽的草原我们的家”暨 2023 年“迎国庆·庆丰收”巴彦淖尔非遗那达慕、“北疆文化·匠心传承”内蒙古非遗文创巡展等活动。三是加大内蒙古非遗对外宣传、推广、交流力度，进一步提升内蒙古非遗影响力。“内蒙古非遗艺术展”在斯德哥尔摩中国文化中心成功举办，长调民歌《黑骏马》、呼麦《吉祥颂》、杂技

《柔术转碗》、舞蹈《优雅》、歌曲《鸿雁》等非遗代表性项目轮番展演。现场气氛热烈，瑞典媒体对该展演活动进行了广泛的宣传报道，促进了中瑞两国的友好交流。此外，组织非遗保护管理人员、专家学者、非遗传承人参加了 2023 中国原生民歌节，第六届中国非物质文化遗产传统技艺大展，甘肃省“黄河之滨也很美”——黄河流域非物质文化遗产论坛，山东省“河和之契：2023 黄河流域、大运河沿线非物质文化遗产交流展示周”暨黄河流域文化生态保护区发展论坛，陕西省“黄河记忆”2023 年黄河非遗大展，山西省 2023 黄河非遗大展，2023 大河论坛·黄河峰会等活动，积极宣传内蒙古非遗保护成果。

三是深入推进非遗研究工作。学者们围绕非遗的保护与传承、非遗的创新发展媒介与路径、非遗与乌兰牧骑、非遗与旅游的融合发展、非遗的保护价值、非遗传承中的数字赋能等主题进行了多学科、多视角研究。同时，聚焦非遗网络化、非遗数字化、非遗法治化提出了一些新观点，取得了一批新成果。一是在非遗研究议题方面，学者们聚焦各类非遗的发展脉络、内涵特质、流传形式、当代价值等议题进行研究，呈现出议题多样化的特点。二是在对内蒙古非遗保护研究方面，学者们基于非遗保护传承现状的田野调查，结合实证案例，提出了宣传保护、活态保护、原生态保护、抢救性保护、建档保护、商标权保护、法律法规保护等诸多创新性观点，具有一定借鉴意义。三是在非遗传承、传播研究方面，学者们既关注非遗项目本体的传承传播，也关注非遗传承的主体——代表性传承人的培养；既研究非遗传承实践中的网络、数字等现代科技的应用，也探索传统传承、传播方式的创新利用和新的传承、传播模式。四是在非遗创造性转化和创新性发展研究方面，积极开展内蒙古非遗的开发利用研究，实现应用中保护、保护中发展，不断增强非遗生命力。对此，学者们提出了非遗信息可视化、非遗人工智能化、非遗动漫化、非遗与旅游融合发展等重要学术观点。

四是有效推进非遗创造性转化和创新性发展工作。一是积极探索推进非遗与旅游深度融合发展的新方法、新思路、新路径。相关部门起草了推动非遗与旅游深度融合发展的工作方案，明确了非遗项目梳理、突出门类特点、融入旅游空间、丰富旅游产品、设立体验基地、保护文化生态、培育特色线路、举办非遗购物节、创建丰富旅游载体、开展双向培训等 10 个方面的内容。设计打造了 12 条自治区、24 条盟市非遗特色精品旅游线路，“呼伦贝尔极致草原多彩非遗之旅”入选 2022 全国 20 条非遗特色旅游线路，为内蒙古新增一张国字号新名片。2023 年 1—9 月，该线路共计接待游客 339. 14 万人次，同比增长 410. 3%，旅游收入累计 1. 69 亿元，同比增长 465. 42%。对全区体验感强、互动性好、融合度高的非遗表演类项目、餐饮类项目及非遗节庆民俗活动等进行了摸底统计，建立了非遗与旅游融合发展推荐目录，包括非遗表演类项目 585 项、非遗餐饮类项目 500 项、非遗节庆民俗活动 456 项，为内蒙古旅游发展提供了优质的资源。二是非遗数字化有新进展。建设了内蒙古非遗数字馆，共 11 个虚拟场馆，建设总面积约为 16000 平方米，场景约 90 处。从非遗十大门类 200 余个项目中，甄选了一批可供网民欣赏、学习的项目，运用科技手段打造了独具内蒙古特色的非遗数字体验馆，集中展现内蒙古非遗风采，推动非遗保护成果的数字转化与全民共享。

（二）内蒙古非物质文化遗产保护传承工作中存在的问题

经济社会的高质量发展为内蒙古非遗保护传承提供了良好的基础条件，而人民对美好生活的需求则对非遗保护传承提出了更高要求。内蒙古非遗保护传承工作取得了显著成效，但仍存在一些亟待解决的问题。

1. 非遗记录体系不够完善，档案和数据库建设有待加强

对有关内蒙古各级各类非遗代表性项目和非遗代表性传承人的文字、图像、音频、视频记录不够全面；对 65 周岁以上自治区级非遗代表性传承人的工匠精神、独到技艺的重点记录做得不够到位；对非遗项目种类、数量、分布情况和存续状况，非遗传承人，非遗项目的内容和表现形式、流变过程、核心技艺和传承实践等信息的记录不够完善；非遗档案和数据库建设需进一步加强。

2. 非遗宣传力度不够

非遗宣传推广不足，群众认同度、参与度不高。当前主要以开展宣传展示活动的方式向部分大众推广，与群众日常生活联系不够紧密，未能让大众对非遗产生强烈的心理认同和情感共鸣。要推动非遗融入人民群众生产生活，让民众参与到非遗的保护、传承、发展之中，让保护成果为人民共享。

3. 非遗研究还需深化

内蒙古非遗研究的主题日渐丰富，但仍集中在某一地区某一非遗项目的专题研究上，研究不够深入，思路较窄、方法较传统，需在多视角、跨学科研究方面进一步加强。此外，对非遗在铸牢中华民族共同体意识中的地位和作用认识不够；对非遗中蕴含的文化内涵、精神特质等的挖掘不够，研究阐释也不够充分，研究缺乏前瞻性、全面性和系统性。

4. 非遗的创造性转化和创新性发展能力有待提高

传统美术类、传统技艺类非遗项目具有一定的商业价值，在市场中能获得较大利润；而传统音乐类、传统舞蹈类、民间文学类、民俗类非遗项目则缺少市场竞争力。非遗与旅游产业在空间、功能、产品、市场等方面融合得不够深入，非遗服务经济、社会、民生的作用发挥不足。

（三）内蒙古深入推进非物质文化遗产保护传承工作的对策建议

1. 完善非遗记录体系，加强非遗档案和数据库建设

认真盘点包含红色文化、草原文化、农耕文化、黄河文化、长城文化等在内的北疆文化非遗项目资源，以国家级非遗代表性传承人为重点，对四级非遗代表性项目进行客观系统的记录，全面反映非遗项目的内容和表现形式、流变过程、核心技艺和传承实践情况。对传承环境或条件发生重大改变、传承面临困难的项目，运用现代科技手段进行记录，将珍贵的资料保留下来。利用新技术、新设备，加大对非遗项目有关文字、图片、音频、视频以及实物资料的搜集整理和数字化处理力度，进而完善非遗档案和数据库体系。

2. 加大非遗的宣传、传播力度

创新并丰富传播手段，拓展传播渠道，制作优质非遗传播作品。在传统媒体设立非遗专栏、专版（节目），大力建设传播队伍，形成一批品牌传播项目，提高非遗传播的专业性、规范性；同时，适应媒体深度融合趋势，充分发挥新媒体作用。利用文化馆（站）、图书馆、博物馆（院）、美术馆等开展非遗培训、展览、讲座、学术交流等活动；利用文化和自然遗产日、传统节日等重要时间节点，组织开展非遗展示、展演、论坛、讲座、传统工艺比赛等各类宣传、传播、普及活动。推动非遗展示展演等活动深入社区、乡村、景区、学校。加强非遗国际传播、交流，充分运用非遗资源，讲好中国故事、讲好内蒙古故事。推动非遗融入国民教育体系，鼓励中小学开设非遗特色课程，支持高等院校、职业院校设立非遗保护专业，与国家级非遗代表性传承人开展合作，让非遗更好地传承下去。引导社会力量参与建设一批非遗传承教育实践基地，开展非遗展示、展演及互动体验活动。支持传承人参与教学，加强专业师资培养。

3. 深化非遗研究

应将非遗置于中华民族共同体的大视野下进行研究，充分彰显其历史地位和当代价值，深入挖掘其所蕴涵的丰富内涵、时代价值、文化价值和经济价值，进一步发挥其服务国家经济社会发展、服务国家重大发展战略的作用。可围绕非遗保护面临的关键问题设立研究课题，完善非遗理论研究体系。可举办非遗保护年会、学术会议等，加强非遗研究，进一步推动非遗有效保护、传承、发展。

4. 创新思路，找准定位，推动非遗创造性转化和创新性发展

能够依赖市场生存的，在坚持保护与开发并重的原则下，对其实施有限度的可控开发；缺少市场竞争力的，应该创造条件，给予其在市场中传承与发展的机会；不能自主进入市场且涉及国家利益与民族利益的，需要政府与社会给予扶持并创造传承机会；在实施乡村振兴战略和新型城镇化建设中，凸显非遗元素，强化非遗的保护传承，发挥非遗在基层社会治理方面的作用。

非遗和旅游业有着相互依存、相互促进的关系，非遗可为旅游业发展提供资源保障与新动能；而旅游业的发展则能为非遗的保护传承提供载体、创造机遇。可依托非遗展馆、传承体验中心、大师工作室、非遗就业工坊等，培育一批非遗旅游体验基地。

内蒙古珍贵的非物质文化遗产是中华文化的重要组成部分，梳理其保护现状、挖掘其当代价值，对于我们铸牢中华民族共同体意识、构筑中华民族共有精神家园具有积极的推动作用，有助于我们从区域视角深刻认识中华文化多元交融的历史。在铸牢中华民族共同体意识视域下，推动内蒙古非物质文化遗产创造性转化与创新性发展，是讲好内蒙古故事，延续历史文脉，坚定文化自信，实现中华民族伟大复兴的中国梦的有力抓手和有效路径。

弘扬蒙古马精神和“三北精神”研究报告

照日格图*

摘　要： 习近平总书记倡导的“吃苦耐劳、一往无前，不达目的绝不罢休”的蒙古马精神和艰苦奋斗、无私奉献、锲而不舍、久久为功的“三北精神”，是民族精神和时代精神的高度提炼，是内蒙古各族人民最鲜明的精神标识，反映了中华儿女在长期共同生活、共同奋斗和共同发展过程中形成的共同价值取向、道德规范、精神气质、情感态度，其核心内涵与中国精神和中国共产党人精神谱系有着千丝万缕的联系。在全面建设社会主义现代化强国、实现中华民族伟大复兴的新征程上，内蒙古各族干部群众要大力弘扬蒙古马精神和“三北精神”，培育和践行社会主义核心价值观，不断构筑中华民族共有精神家园，为书写中国式现代化内蒙古新篇章凝聚精神伟力。

关键词： 蒙古马精神　“三北精神”　共同价值取向

2014年1月和2023年6月，习近平总书记在内蒙古考察时分别提出了蒙古马精神，号召大家发扬“三北精神”，并强调：“希望内蒙古的同志认真贯彻党中央要求，弘扬蒙古马精神，努力把各项工作做得更好。”“要勇担使命、不畏艰辛、久久为功，努力创造新时代中国防沙治沙新奇迹，把祖国北疆这

* 照日格图，内蒙古自治区社会科学院“一带一路”研究所副所长、副研究员。

道万里绿色屏障构筑得更加牢固，在建设美丽中国上取得更大成就。”① 内蒙古各族干部群众牢记习近平总书记的亲切关怀和殷切希望，优化政策措施、做好宣传阐释工作，深刻理解蒙古马精神和“三北精神”的核心内涵，努力把蒙古马精神和“三北精神”转化为推动发展的实际行动，在中华民族伟大复兴新征程上，续写内蒙古现代化建设的新篇章。

一、弘扬蒙古马精神和“三北精神”的内蒙古实践

习近平总书记倡导的蒙古马精神和“三北精神”一经提出，就在内蒙古产生了强大的号召力和感染力，内蒙古各地各部门深入学习习近平总书记关于蒙古马精神和“三北精神”的重要论述，部署推进弘扬蒙古马精神和“三北精神”工作，推出一大批研究成果和宣传产品，有力推动了中华民族共有精神家园建设。

（一）把弘扬蒙古马精神和“三北精神”纳入自治区重大决策部署

2022 年 11 月召开的内蒙古自治区党委第十一届委员会第四次全体会议审议通过了《内蒙古自治区党委关于认真学习宣传贯彻党的二十大精神的决定》。《决定》提出，要大力发扬蒙古马精神，努力完成习近平总书记交给内蒙古的五大任务和全方位建设模范自治区两件大事。

2022 年 12 月召开的内蒙古自治区党委第十一届委员会第五次全体会议暨全区经济工作会议强调，要坚持领导机关和领导干部带头，引领带动全区上下大力弘扬蒙古马精神，锚定目标、放开手脚、提速提效做好工作，以奋发有为的精神状态和时不我待的责任意识，只争朝夕地推动各项目标任务落到

① “习近平在内蒙古巴彦淖尔考察并主持召开加强荒漠化综合防治和推进‘三北’等重点生态工程建设座谈会时强调：勇担使命不畏艰辛久久为功 努力创造新时代中国防沙治沙新奇迹”，载《人民日报》2023 年 6 月 7 日。

实处。

2023 年 7 月召开的内蒙古自治区党委第十一届委员会第六次全体会议审议通过了《内蒙古自治区党委关于全方位建设模范自治区的决定》，就全方位建设模范自治区提出了“七个作模范”。《决定》要求，在铸牢中华民族共同体意识上作模范。推进中华民族共有精神家园建设，着眼传承发展中华优秀传统文化、推动中华民族现代文明建设，打造“北疆文化”品牌，教育引导各族群众牢固树立正确的国家观、历史观、民族观、文化观、宗教观。《决定》还要求，在弘扬新风正气上作模范。要大力弘扬“吃苦耐劳、一往无前，不达目的绝不罢休”的蒙古马精神和艰苦奋斗、无私奉献、锲而不舍、久久为功的“三北精神”，深入挖掘两种精神的内涵意蕴和时代价值，使其成为内蒙古人民最鲜明的精神标识，推动两种精神融入社会主义核心价值观教育，融入群众性精神文明创建等活动，更好转化为干部群众干事创业的强大动力。

2023 年 12 月召开的内蒙古自治区第十一届委员会第七次全体会议审议通过了《关于全面贯彻铸牢中华民族共同体意识主线的若干措施》，要求各地区各部门要在全社会大力弘扬“吃苦耐劳、一往无前，不达目的绝不罢休”的蒙古马精神和艰苦奋斗、无私奉献、锲而不舍、久久为功的“三北精神”，组织创作一批优秀文艺作品，选树一批先进典型，激励各族群众始终保持干事创业的韧劲、拼劲和干劲。

内蒙古自治区党委把弘扬蒙古马精神和“三北精神”纳入自治区重大决策部署，制定实施了一系列政策举措，为全面贯彻落实党的二十大精神，全方位展现新时代内蒙古的担当作为，聚焦聚力办好习近平总书记交给内蒙古的五大任务和全方位建设模范自治区两件大事，提供了决策保障。

（二）广泛开展蒙古马精神和“三北精神”的宣传阐释工作

内蒙古各地各部门创新载体方式，推广用好“六种载体”，创新运用“四融合”方法，有效开展蒙古马精神和“三北精神”宣传教育活动，使宣传教育工作抓手更加有形、形式更加多样、成效更加突出。

结合习近平新时代中国特色社会主义思想主题教育，把蒙古马精神和“三北精神”贯穿到主题教育的全过程、各方面。在持续抓好中央规定内容学习的基础上，内蒙古自治区各级党委（党组）组织党员干部围绕蒙古马精神和“三北精神”开展专题学习研讨，提升广大党员干部的韧劲、拼劲和干劲。习近平新时代中国特色社会主义思想主题教育开展以来，36位省级领导走进高校调研，走上讲台作专题报告，将习近平总书记和党中央对内蒙古的关怀与支持第一时间传达给广大师生。结合内蒙古实际，编制《习近平新时代中国特色社会主义思想在内蒙古生动实践案例》和相关思政讲义，聚焦蒙古马精神和“三北精神”等制作示范资源包，打造“石榴红”“北疆绿”“航天蓝”等特色思政课，指导广大师生将习近平新时代中国特色社会主义思想的内蒙古篇讲深讲透讲活。通过“线上+线下”、微党课、“大思政课”等形式，打造精品党课、党史教育课程等，引导广大师生自觉把蒙古马精神和“三北精神”转化为感恩奋进的强大动力。

创新开展“伟大精神引领伟大事业——中国共产党人精神谱系主题展”“‘感党恩、听党话、跟党走’主题展览”“向未来——弘扬蒙古马精神文学作品展”“内蒙古生态文学展”“内蒙古民族团结主题作品展”及“弘扬蒙古马精神”——“北疆楷模”巡回报告会等活动，用一件件实物模型、一段段生动视频、一幅幅珍贵图片、一个个感人故事，系统阐述了蒙古马精神和“三北精神”的独特价值和时代内涵，充分发挥蒙古马精神和“三北精神”育人育心、铸魂固本的功能。着力于增进共同性，围绕弘扬蒙古马精神和“三北精神”，创作推出中国画主题长卷《万里绿色长城图》《万马奔腾图》，歌剧《双翼神马》、大型马舞剧《千古马颂》、舞剧《骑兵》等文艺产品，创新开展《大国治沙》《铸魂》《把答卷写在北疆大地上》等大型融媒体行动，有效突出各民族共有共享的中华文化符号和中华民族形象，取得了良好成效。

加强蒙古马精神和“三北精神”的研究阐释工作。把蒙古马精神和“三北精神”研究阐释纳入内蒙古自治区哲学社会科学规划项目和社会科学基金项目，先后设立蒙古马精神研究基地、内蒙古北疆文化研究中心、内蒙古社会科学院生态文明研究中心、内蒙古农业大学钱学森沙产业学院等，为深化蒙古马精神和“三北精神”研究阐释工作搭建了平台。内蒙古自治区相关高校及科研单位依托研究基地资源，先后召开“蒙古马精神与中国共产党人精神谱系”理论研讨会、“三北精神”理论研讨会、推进“北疆文化”建设座谈会等，加强基地建设，落实理论研究、咨询服务、教育培训和示范引领等任务，形成了一批理论成果，为大力弘扬蒙古马精神和“三北精神”提供了理论参考。

（三）增强践行蒙古马精神和“三北精神”的政治自觉、思想自觉和行动自觉

蒙古马精神和“三北精神”是宝贵的精神财富，是取之不尽、用之不竭的智慧宝库，是激励内蒙古各族人民奋勇前行的能量源泉，是贯彻落实好习近平总书记对内蒙古的重要指示要求，完成好闯新路、进中游的目标任务的精神动力。

增强践行蒙古马精神和“三北精神”的政治自觉。中国共产党人精神谱系是中国共产党发展壮大的精神密码，为立党兴党强党提供了丰厚滋养。蒙古马精神和“三北精神”与中国共产党人精神谱系一脉相承，都蕴含着坚定的理想信念、崇高的忠诚品格、顽强的斗争精神及甘于奉献、开拓创新的信念内核。内蒙古广大党员干部以史为鉴，深刻领悟党领导的内蒙古革命、建设和改革历程中蒙古马精神和“三北精神”所展现的意义和价值，提升广大党员干部自我净化、自我完善、自我革新、自我提高能力，保证党员干部永葆党的先进性和纯洁性。内蒙古广大党员干部立足中国式现代化这个最大的政治，牢记“国之大者”，从党和国家所处历史方位深刻把握蒙古马精神和“三北精神”的时代内涵，不断提高党员干部的政治判断力、政治领悟力、政治执行力，深刻领悟“两个确立”的决定性意义，增强“四个意识”、坚定“四个自信”、坚决做到“两个维护”。

增强践行蒙古马精神和“三北精神”的思想自觉。作为中国精神和时代精神的重要组成部分，蒙古马精神和“三北精神”对推进中国式现代化的内蒙古实践具有重要意义。内蒙古广大党员干部结合习近平新时代中国特色社会主义思想主题教育活动，“感党恩、听党话、跟党走”群众教育实践活动等，深学真悟蒙古马精神和“三北精神”的时代内涵，赓续中国共产党人的精神血脉，从思想滋养、党性修养上提振精气神，始终坚定信仰信念，自觉践行初心、勇担使命，忠诚于党和人民，把蒙古马精神和“三北精神”内化为思想自觉。

增强践行蒙古马精神和“三北精神”的行动自觉。学习贯彻习近平总书记关于大力弘扬蒙古马精神和“三北精神”的重要要求，制定印发《开展星级化亮晒比、创建坚强堡垒“模范”支部实施方案》，加强“北疆楷模”、道德模范、最美人物、“内蒙古好人”选树和宣传，大力弘扬蒙古马精神和“三北精神”，为内蒙古干部成长树起了新的精神标杆和行为标尺。内蒙古广大党员干部从蒙古马精神和“三北精神”中获取不竭动力，全面打响三北工程攻坚战和三大标志性战役，推动三北工程研究院落户内蒙古，挂牌成立内蒙古自治区林草科技创新中心、三北工程科技创新中心、毛乌素沙地综合治理与可持续发展科技创新中心等科创平台，启动建设森林草原生态系统数字化监管与服务平台，切实把蒙古马精神和“三北精神”转化为干事创业的实际行动，转化为战胜风险挑战的坚强意志，转化为务实进取的优良作风，更好地担负起时代赋予的历史重任，自觉将理想信念转化为无畏艰险的政治底色、无惧担当的行动自觉、无私奉献的精神品格，全力推进全方位建设模范自治区，集中精力推动五大任务见行见效。2023 年，内蒙古主要经济指标增速位居全国第一方阵，地区生产总值增长 7.3%，居全国第三，创 2010 年以来最好位次，人均地区生产总值突破 10 万元；规上工业增加值增长 7.4%，居全国第七；固定资产投资增长 19.8%，居全国第二；外贸进出口总额增长

30.4%，居全国第三。[①] 这极大增强了广大干部群众和社会各界对内蒙古发展的信心，鼓励大家以昂扬向上、奋发有为的精神状态投身中国式现代化的内蒙古实践。

二、弘扬蒙古马精神和“三北精神”工作中存在的问题

近年来，内蒙古各地各部门通过多方面、多途径、多手段大力弘扬蒙古马精神和“三北精神”，创新开展各项工作，为推动内蒙古自治区各项事业发展提供了强大的精神力量。但在具体工作中，还存在宣传教育效果不够理想、理论研究指导实践有欠缺、政策举措有待进一步细化等问题。

（一）宣传普及工作有待加强

弘扬蒙古马精神和“三北精神”宣传教育工作整体推进落实存在不平衡现象。弘扬蒙古马精神和“三北精神”，是推进北疆文化建设和构筑中华民族共有精神家园的重要抓手，其核心是通过打造蒙古马精神和“三北精神”文化符号形象和文化产品，引导内蒙古各族群众传承中华优秀传统文化，赓续红色文化血脉，弘扬社会主义先进文化。但各地各部门不同程度存在对“讲什么”“谁来讲”“怎么讲”“在哪讲”等问题把握不精准，理论宣传普及平台和品牌建设不平衡等问题。各族干部群众已对蒙古马精神和“三北精神”的认识程度普遍提高，但对“弘扬什么”“为什么弘扬”“怎么弘扬”等关键问题还缺乏深入思考，实践中还存在对蒙古马精神和“三北精神”分众化、差异化宣传不到位，缺乏针对性，宣传覆盖面不够，宣传引导未打通“最后一公里”，时效性不强等情况。

（二）研究阐释不够深入

当前，弘扬蒙古马精神和“三北精神”的研究阐释还处于起步阶段，蒙

① “政府工作报告”，载《内蒙古日报》2024年2月4日。

古马精神和“三北精神”的时代内涵，蒙古马精神和“三北精神”与中国精神和中国共产党人精神谱系的关系，蒙古马精神和“三北精神”与内蒙古的革命、建设、改革的历史联系，蒙古马精神和“三北精神”与两件大事的关系等关键研究未形成有效合力。学术界对重点问题、核心问题、热点问题把握不够精准，一定程度上存在低水平重复研究、偏离重点研究等问题。弘扬蒙古马精神和“三北精神”的研究阐释系统性不强、专业性不足，对蒙古马精神和“三北精神”理论研究缺少整体规划，不成体系，对已有研究成果缺乏系统归纳和总结，对蒙古马精神和“三北精神”研究的组织化、体系化建设亟待加强。

（三）政策举措有待进一步细化

大力弘扬蒙古马精神和“三北精神”，教育引导是基础，但仅靠教育引导是不够的，还要有制度规范、政策保障。只有以政策法规承载蒙古马精神和“三北精神”的价值理念、实践要求，才能发挥蒙古马精神和“三北精神”的核心价值和时代内涵。内蒙古自治区将弘扬蒙古马精神和“三北精神”纳入《内蒙古自治区党委关于全方位建设模范自治区的决定》《内蒙古自治区全方位建设模范自治区促进条例》和《关于全面贯彻铸牢中华民族共同体意识主线的若干措施》，以政策法规形式予以推动。但在宣传教育、研究阐释、经费投入、平台建设、人才培养、考核评价等一系列具体环节上缺乏可操作的、可行的、规范的政策支持。因此，全区各地各部门要结合实际，进一步细化政策举措，为大力弘扬蒙古马精神和“三北精神”提供政策保障。

三、弘扬蒙古马精神和“三北精神”的对策建议

蒙古马精神和“三北精神”承载着习近平总书记对内蒙古各族干部群众的深情厚爱和殷切希望。在新时代，我们要大力弘扬蒙古马精神和“三北精神”，继续将其融入全区各族干部群众的血脉和基因，为全面推进中国式现代

化内蒙古建设提供不竭精神动力。

（一）加强蒙古马精神和“三北精神”的普及与传播

蒙古马精神和“三北精神”是弘扬中国精神和中国共产党人精神谱系的鲜活教材。大力弘扬蒙古马精神和“三北精神”，既要运用好丰富的历史遗迹和历史遗存，也要运用好新型科学技术手段，加强顶层设计，明确职责分工，确立工作规范，理顺体制机制，增强蒙古马精神和“三北精神”宣传教育工作的实效性。

把蒙古马精神和“三北精神”宣传教育有效融入弘扬中华民族伟大精神之中，建立常态化工作机制，将其纳入干部教育、党员教育、国民教育、社会教育，实现全覆盖。统筹网上网下资源，充分运用新时代文明实践中心等平台和载体，采取“宣讲+文艺”“宣讲+新媒体产品”“宣讲+群众性赛事”等喜闻乐见的方式，广泛开展专题宣讲，组织系列报告会，面向基层、面向群众，对象化、分众化、沉浸式开展工作。

围绕弘扬中国精神和中国共产党人精神谱系，结合实际，充分挖掘内蒙古红色文化、中华优秀传统文化资源，围绕蒙古马精神和“三北精神”打造一批主题公园、主题雕塑等符号形象的载体。发掘保护利用好承载蒙古马精神和“三北精神”的遗址、遗迹、场馆、文物等，特别是把一些标志性教育基地建设成传承蒙古马精神和“三北精神”的生动课堂。

加快推进传统媒体与现代媒体融合，利用好报刊、广播、电视、网络等各类媒体，加强网上红色精神展厅等阵地建设，强化对先进典型、英雄楷模的宣传，深入讲好革命故事、党的故事，增强蒙古马精神和“三北精神”的感染力。加强传播方式和话语方式创新，运用好移动应用、社交媒体、网络直播、短视频、虚拟现实等新技术新应用新业态，推动蒙古马精神和“三北精神”的创造性转化和创新性发展。加大挖掘研究力度，树立和突出各民族共享的中华文化符号和中华民族形象，打造一批弘扬蒙古马精神和“三北精神”的书籍、舞台艺术作品、影视作品、美术作品等，让蒙古马精神和“三北精神”更加深入人心。

（二）加强理论研究工作

深入研究阐释蒙古马精神和“三北精神”要更加注重体系化、学理化。推动蒙古马精神和“三北精神”深度融入中国特色哲学社会科学学科体系、学术体系、话语体系，深刻把握蒙古马精神和“三北精神”的理论依据、现实基础、发展脉络，用蒙古马精神和“三北精神”阐释好推动中国式现代化内蒙古建设中孕育的道理、学理、哲理，形成一批紧扣需求、洞察深刻的高质量学理性研究成果，回应好时代课题。

深入研究阐释蒙古马精神和“三北精神”与中国精神的关系。以爱国主义为核心的民族精神和以改革创新为核心的时代精神，是中国精神的主干，也是理解、阐释蒙古马精神和“三北精神”的两大支柱。蒙古马精神和“三北精神”所蕴含的内蒙古各族人民守望相助、团结奋斗、甘于奉献的精神特质，体现了以爱国主义为核心的民族精神和以改革创新为核心的时代精神。

深入研究阐释蒙古马精神和“三北精神”与中国共产党人精神谱系的关系。结合我们党从诞生到发展壮大一路走过的光辉历程和中国共产党领导内蒙古革命、建设、改革的历史，既要讲历史根据，又要讲典型故事，开展系统研究、关联研究、比较研究，为大力弘扬蒙古马精神和“三北精神”提供丰富的学理支撑。

深入研究阐释蒙古马精神和“三北精神”，要注重方式方法和实践效果。话语体系承载着特定的思想价值观念，于理论传播而言，既是载体，也是内容。深入研究阐释蒙古马精神和“三北精神”，要紧扣时代脉搏，聚焦话语表达，钻研叙述方式，拓展理论传播渠道和平台，做到言之有理、言之有情、言之有物、言之有趣，持续提升理论传播的引领力、影响力、渗透力和吸引力，不断增强广大受众对蒙古马精神和“三北精神”的政治认同、思想认同、理论认同、情感认同。

深入研究阐释蒙古马精神和“三北精神”，要研究制定政策文件，明确理论研究的重要意义、指导思想、主要原则、重点任务、工作要求等，切实抓好贯彻落实，为开展理论研究工作提供制度保障。要建立理论研究课题库、理论研究专家库等，在深化、内化、转化上聚力用劲，协调研究解决相关具体问题，推动理论研究工作扎实有序开展。

（三）更加突出北疆文化的典型文化符号

蒙古马精神与“三北精神”是北疆文化的两个典型文化符号。[①]北疆文化建设使蒙古马精神和“三北精神”更加具象化和形象化，可以更好地展现蒙古马精神和“三北精神”所承载的爱国精神、民族精神和时代精神，有利于激发广大干部群众干事创业的动力，形成守望相助、团结奋斗、攻坚克难、砥砺奋进的浓厚氛围。

以北疆文化建设为抓手，推进北疆区域内多民族多元文化参与的中华文明传承发展体系构建，为大力弘扬蒙古马精神和“三北精神”，展现蒙古马精神和“三北精神”的鲜明精神标识，为更好地把蒙古马精神和“三北精神”转化为各族干部群众干事创业的强大精神动力，营造良好的文化氛围。

以内蒙古厚重的历史文化和丰富的人文资源为依托，不断从内容、形式、载体、方法、手段等方面加以改进和创新，进一步激发北疆文化内生的价值引导力和精神推动力，以此推动大力弘扬蒙古马精神和“三北精神”。运用好基层文化阵地和各类活动平台，精心培育根植群众、服务群众的文化载体和文化样式，让蒙古马精神和“三北精神”滋润广大群众的心田。

以培育和践行社会主义核心价值观为引领，大力弘扬蒙古马精神和“三北精神”。培育和践行社会主义核心价值观是凝魂聚气、强基固本的基础性战略任务，是一项系统性工程，是提升国家文化软实力的根本举措。社会主义核心价值观是各民族共有精神家园的内核，决定着各民族共有精神家园的内涵与发展方向。弘扬蒙古马精神和“三北精神”必须立足中华优秀传统文化、

① 朱尖：“‘北疆文化’的重要内涵与时代价值”，载《内蒙古日报》2023 年 8 月 2 日。

革命文化、社会主义先进文化，使蒙古马精神和“三北精神”成为涵养社会主义核心价值观的重要源泉，将蒙古马精神和“三北精神”所蕴含的价值目标、价值准则与社会主义核心价值观有机融合起来，体现在人民群众的日常生活、学习和工作当中，内化为广大人民群众的精神追求。

习近平总书记倡导的蒙古马精神和“三北精神”，是一部最生动、最有说服力、最有感染力的教科书。因此，要深入挖掘蒙古马精神和“三北精神”的内涵意蕴和时代价值，使其成为内蒙古人民最鲜明的精神标识，推动蒙古马精神和“三北精神”融入社会主义核心价值观教育，融入群众性精神文明创建等活动，把习近平总书记对内蒙古的谆谆嘱托和殷殷期望转化为向着“闯新路、进中游”目标奋进的不竭动力。

实施“三项计划”促进各民族交往交流交融研究报告

金 洁*

摘 要： 近年来，内蒙古自治区深入贯彻落实习近平总书记关于加强和改进民族工作的重要思想和对内蒙古重要指示精神，坚持以铸牢中华民族共同体意识为主线，多措并举，扎实推进各民族交往交流交融“三项计划”，各项工作有效开展。在2022年以来实施“三项计划”的具体实践中，内蒙古注重规划设计，明确工作举措，压实地区和部门责任，积极与多地建立协作关系，打造了一批试点和示范项目，分层次、多渠道组织开展各类活动，建设完善各类交往交流平台，深化宣传教育，深入基层开展调研指导，提升“三项计划”社会效果和影响力。下一步，应立足改善民生，加大联创共建力度，不断总结工作经验。

关键词：“三项计划” 各民族交往交流交融 铸牢中华民族共同体意识

习近平总书记在2014年第二次中央新疆工作座谈会上首次提出：“推动建立各民族相互嵌入的社会结构和社区环境，促进各民族交往交流交融，巩固平等团结互助和谐的社会主义民族关系。”2021年，习近平总书记在中央民族工作会议上又强调：“要促进各民族交往交流交融。充分考虑不同民族、不

* 金洁，内蒙古自治区社会科学院民族研究所研究员。

同地区的实际，统筹城乡建设布局和公共服务资源配置，完善政策举措，营造环境氛围，逐步实现各民族在空间、文化、经济、社会、心理等方面的全方位嵌入。”2022 年 1 月，为深入学习贯彻习近平总书记关于加强和改进民族工作的重要思想，全面贯彻落实中央民族工作会议精神，创新推进各民族广泛交往交流交融，中央有关部委组织实施“各族青少年交流计划”“各族群众互嵌式发展计划”“旅游促进各民族交往交流交融计划”（简称“三项计划”）。目前，“三项计划”已成为贯彻落实中央民族工作会议精神的重要举措，创新推动各民族交往交流交融的重要平台和抓手。

一、内蒙古实施“三项计划”的进展与成效

近年来，内蒙古坚持以铸牢中华民族共同体意识为主线，深入贯彻落实国家相关部委关于实施“三项计划”的工作要求，提高政治站位，强化组织领导，多措并举，推动“三项计划”有效开展。通过积极的探索和实践，“三项计划”已初显成效，社会效应日益凸显。

（一）坚持目标导向，注重规划设计

在自治区层面，2023 年 2 月，制定出台《内蒙古自治区贯彻落实五部委〈关于实施各族青少年交流计划的意见〉实施方案》。《实施方案》确定了包含跨省区、自治区级、各盟市范围内各族青少年 3 大类、10 个方面的主题交流活动，为深入开展“各族青少年交流计划”提供了政策保障和思路举措。出台并推动实施“促进各族群众互嵌式发展”工作方案，成立领导小组，开展民族团结进步创建示范引领工作，努力打造一批在互嵌式社区、加强各族群众服务管理等方面具有品牌效应的创建项目。向国家民委推荐 30 个在“促进各族群众互嵌式发展”方面具有显著成效、亮点特色的地区和单位参加全

国民族团结进步示范评选。[①] 把做好实施“旅游促进各民族交往交流交融计划”作为落实两件大事的重要举措，将其纳入自治区“十四五”规划，写入《内蒙古自治区党委关于全方位建设模范自治区的决定》《内蒙古自治区全方位建设模范自治区促进条例》，并提出明确要求，作为民族团结进步创建发展规划的重要任务精心安排、落实落地。2023 年 2 月，印发《关于旅游促进各民族交往交流交融计划的实施方案》，提出 23 项具体任务，强化政策支持，拿出旅游发展专项资金两亿元支持推动旅游项目建设、文旅活动开展、对外宣传推介、商品传承创新等。[②]

（二）与多地建立协作关系

为促进各民族交往交流交融，内蒙古通过与多地建立沟通联络、资源共享、经验互鉴、信息互通、保障互助等机制，组织开展跨区域、区域内的协作交流活动，共同推动“三项计划”实施，呈现出互促共进的新局面。

1. 依托京蒙对口合作优势，深化京蒙协作关系

京蒙两地党委、政府认真贯彻落实中央关于开展东西部协作的重大决策部署，在新时代将京蒙合作再升级，坚持高起点谋篇布局，推动合作，促进发展。2023 年 3 月，内蒙古和北京两地民委签订《落实京蒙合作机制深化各民族交往交流交融合作意向协议》。各盟市也加强与北京市有关地区合作。如兴安盟与海淀区签订了协作框架协议，谋划推动“三项计划”，搭建高水平合作交流平台，积极开展深层次、宽领域合作。

2. 与其他省区市建立协作关系，扩大交流成果

内蒙古各地各部门积极推动与其他省区市的交流合作，不断延伸“三项计划”的广度和深度。2023 年 11 月，内蒙古与湖北两地民委就全面促进各民族交往交流交融、共同推进铸牢中华民族共同体意识，签订并实施《共同推

① 内容来源于内蒙古自治区民族事务委员会。

② 内容来源于内蒙古自治区民族事务委员会。

进铸牢中华民族共同体意识建设战略合作协议》。鄂尔多斯市实施跨区域共建联创，与重庆市、成都市、延边州结成共建联盟。

3. 通过区内协作，深化交流成效

各盟市、各旗县区因地制宜、结合实际，推动建立协作关系。呼和浩特市制定推进少数民族流动人口服务管理体系建设试点工作方案，与包头市、鄂尔多斯市、兴安盟等地签订流动人口服务管理协议。巴彦淖尔市与乌海市签订《推进青年发展型城市建设助推两地各族青少年交流合作协议》。赤峰市红山区与克什克腾旗在民族、教育、文旅三方面签署了落实“三项计划”联创共建战略合作框架协议。各盟市坚持目标导向，根据国家和自治区出台的相关文件制定相应的工作方案，把精心做好方案设计和活动安排放在首位，确保“三项计划”各项工作有条不紊开展。

（三）确定全区试点示范项目

内蒙古坚持“三项计划”精准化工作思路，打造一批试点、示范品牌，示范项目，精品工程等。通过选树可复制的区域类、行业类、活动类、线路类、基地场馆类等示范典型，形成各具特色的“三项计划”工作示范集群。

1. 打造互嵌式发展社区试点，推进互嵌式社区典型示范

在实施“各族群众互嵌式发展计划”中，以社区为单位，推进典型示范互嵌式社区建设。2023 年，内蒙古共打造各族群众互嵌式发展社区 139 个。[①] 各试点社区以开展宣传教育、文体娱乐等活动，提供就业创业、学习培训、法律咨询、党建引领、社区食堂等管理服务，鼓励辖区各族群众共同参与社区治理、社区议事、社区活动，促进各族群众在空间、文化、经济、社会、心理等方面全方位互嵌发展，推动建立相互嵌入式的社会结构和社区环境。

2. 培育基层示范品牌，推动各族群众互嵌式发展

各盟市通过培育示范品牌，推动各族群众互嵌式发展。包头市培育“红

① 内容来源于内蒙古自治区民族事务委员会。

石榴”系列品牌，呼伦贝尔市培育“石榴籽家园”品牌，鄂尔多斯市全域打造“暖城石榴籽”品牌。通过培育示范品牌，搭建满足各族群众生活、就业、培训、宣传教育等多方面需求的载体，形成信息互通、人员互动、包容多样的互嵌式发展社区，有效促进了各民族交往交流交融。

3. 积极争取国家试点项目，着力提升“三项计划”的影响力

在实施“三项计划”中，内蒙古积极向国家民委争取到国家实施“三项计划”试点示范项目 5 个，包括“呼和浩特市前进巷社区红石榴家园项目”“呼伦贝尔市各族青少年手拉手边境行活动”“各族青年记者看内蒙古高质量发展活动”“阿尔山市国家森林公园示范景区”“阿拉善盟额济纳旗东风航天城青少年红色教育基地”。[①]这有效激发了各地区各部门的工作信心，提升了“三项计划”工作的影响力和引领力，为申报新的试点示范项目奠定了基础。

4. 在重点项目中培树示范，形成多样式典型代表

2022 年以来，内蒙古确定两批 65 个民族团结进步创建重点项目，[②] 打造了一批具有代表性、内容丰富多样的旅游促进各民族交往交流交融示范项目，如呼伦贝尔市铸牢中华民族共同体意识青少年研学路线、兴安盟阿尔山市铸牢中华民族共同体意识同心戍边红色文化长廊、赤峰市民族团结进步广场、阿拉善盟额济纳旗政府旧址红色文化旅游点升级打造等，推动民族团结进步创建和“三项计划”的实施向纵深发展。

5. 打造精品线路，助力旅游推动各民族交往交流交融

通过打造更多精品旅游线路，以旅游业高质量发展推动各民族全方位嵌入。2023 年以来，内蒙古打造兴安盟“相约草原·红色兴安”等 10 条精品旅游路线，策划推出 376 项文化旅游系列活动。[③] 呼和浩特市设计推出大青山“万里茶道”红色之旅等 5 条彰显中华民族共同体的文旅线路。各盟市还与周边地区协作，推出旅游线路，助力各民族互嵌式发展。锡林郭勒盟与赤峰市、

① 内容来源于内蒙古自治区民族事务委员会。

② 内容来源于内蒙古自治区民族事务委员会。

③ “赴春天之约 自治区发布 10 条旅游线路”，载《内蒙古日报》2023 年 4 月 22 日。

乌兰察布市以及河北省张家口市、承德市合作打造“坝上旅游一体化”项目旅游线路。

表 1　内蒙古 2023 年打造的 10 条精品旅游路线及旅游特色

序号	内蒙古打造的 10 条精品旅游路线	旅游特色
1	呼和浩特、包头、鄂尔多斯“现代草原发现之旅”	感受草原都市原生态和多元文化融合的独特体验
2	乌兰察布“康养度假休闲之旅”	在火山、草原以及平均气温 19.9 摄氏度的苏木山旅游区放松身心
3	呼伦贝尔“大兴安岭自驾之旅”	深入呼伦贝尔大草原，领略民族风情
4	兴安盟“阿尔山森林之旅”	置身广袤林海，观赏生态美景
5	通辽“科尔沁探秘之旅”	探秘史前遗址，观赏科尔沁自然风光
6	赤峰“品鉴美食之旅”	在红山文化发祥地观美景、品美食
7	锡林郭勒“千里风景运动之旅”	纵马驰骋，融入草原游牧生活
8	巴彦淖尔、乌海“黄河几字弯文化研学之旅”	在塞外田园感受“河套文化”自然人文景观
9	阿拉善盟“金色沙漠穿越之旅”	领略大自然的壮美和古城悠久的历史文化
10	兴安盟、呼伦贝尔“冰雪世界童话之旅”	体验冰雪运动的同时，感受冬季林区生活

根据《内蒙古日报》2023 年 4 月 22 日刊登的《赴春天之约 自治区发布 10 条旅游线路》一文制表。

（四）组织开展多种类交往交流交融活动

各地区各单位为有效推动“三项计划”扎实开展，结合实际，通过开展各类交往交流交融活动，增进全国各地各族群众相互了解、相互包容、相互学习、相互帮助。2023 年，开展“各族青少年交流计划”活动近 2000 场，覆盖各族青少年 65 万人以上，举办促进各族群众互嵌式发展主题活动 120 余场，惠及各族群众 50 万人以上；组织旅游那达慕、冰雪那达慕等文化旅游活动5600余项（场），吸引全国各地各族游客500余万人次。[①]

1. 组织开展青少年交流活动，培树青少年的中华民族共同体意识

通过夏（冬）令营、线上交流等形式，组织开展各族青少年与其他省区市青少年互动交流活动。2023年8月，在额济纳旗举办“京蒙少年手拉手 航天精神代代传”青少年航天交流研学夏令营活动，来自北京大兴区、呼和浩特、额济纳旗三地的各族优秀师生代表共46人参加。[②] 内蒙古、湖北省团委、少工委联合主办各族青少年重走“昭君和亲路”交流研学活动。

各地组织开展青少年爱国主义教育研学等活动，增进青少年对内蒙古文化、经济发展的认识和体验。兴安盟与通辽市组织160余名各族青少年追寻红色记忆，传承民族团结精神。[③]

通过开展学习交流、工作交流、社会实践等活动，教育引导青年成为铸牢中华民族共同体意识的传播者、践行者。2023年9月，自治区民委和内蒙古日报社组织实施2023年国家民委各族青少年交流计划示范项目“各族青年记者看内蒙古高质量发展”活动。[④]

自治区教育厅组织全区马克思主义理论青年师生研学夏令营活动，提升青年学生的政治觉悟、道德品质、文化素养和实践能力，促进各族青年师生的学习交流。[⑤]

2. 开展促进各族群众互嵌式发展活动，实现各族群众增收致富

基层以合作交流、人才招聘、社区治理为抓手，开展促进各族群众互嵌式发展活动，让各族群众在活动中解决就业创业、技能培训等问题，带动各族群众共同团结奋斗、共同繁荣发展。科尔沁左翼中旗围绕各族群众就业互

① 内容来源于内蒙古自治区民族事务委员会。

② 内容来源于内蒙古自治区民族事务委员会。

③ 李存霞：“手拉手心连心 共绘民族团结同心圆——内蒙古深入推进各族青少年交流计划落地见效”，载《内蒙古日报》2023年10月24日。

④ “‘各族青年记者看内蒙古高质量发展’活动圆满落幕”，见内蒙古自治区民族事务委员会官网2023年9月25日。

⑤ 内容来源于内蒙古自治区教育厅。

嵌，通过开展“打造社区工坊·助力共同富裕”学习交流活动，举办以“持续优化营商环境、搭建供需对接平台”为主题的直播带岗活动，实现多渠道开发就业岗位，增加各族群众就业机会。

3. 组织旅游促进各民族交往交流交融活动，加大旅游互通力度

各地通过举办文化旅游节、文化旅游赛事、音乐会等文化旅游活动，促进全国各地各族群众广泛参与、深度体验、相互交流，让大家感悟中华文化，增强文化自信。阿拉善盟举办“第十一届亚太地区商学院沙漠挑战赛”等文化旅游活动。巴彦淖尔市举办“乌拉特中旗鸿雁文化艺术节”等文化旅游活动。2023 年，内蒙古接待游客突破 2.3 亿人次，收入超过 3350 亿元，均为 2019 年的 1.2 倍。①

（五）建设完善各类交往交流平台

近年来，各地大力建设各类教育基地、研学基地、孵化基地、示范带等，对博物馆（院）、历史文化名城名镇街区、遗址遗迹、景区景点等进行升级，建设完善各民族交往交流平台，推动“三项计划”实施。

1. 建设教育基地、研学基地，搭建各族青少年交流活动平台

各地通过建设教育基地、研学基地，为开展青少年交流活动搭建平台。2023 年，内蒙古共有国家级爱国主义教育基地 9 个，自治区级爱国主义教育基地 80 个。

2023 年 11 月，内蒙古党委统战部、民委制定《全区铸牢中华民族共同体意识教育实践基地建设工作方案（2023—2027 年）》，明确在全区初步建成较为完备的铸牢中华民族共同体意识教育实践基地体系。各盟市积极推动建设铸牢中华民族共同体意识青少年研学基地、教育基地等。这些建设为开展各族青少年交流活动提供了内涵上突出主线、内容上贴近生活、形式上灵活多样的活动平台。

① “政府工作报告”，载《内蒙古日报》2024 年 2 月 4 日。

表 2 内蒙古国家级爱国主义教育基地

序号	内蒙古国家级爱国主义教育基地
1	乌兰夫纪念馆
2	内蒙古革命烈士陵园
3	武川县德胜沟大青山抗日游击根据地旧址
4	呼伦贝尔市世界反法西斯战争海拉尔纪念园
5	兴安盟内蒙古自治政府纪念地（内蒙古民族解放纪念馆、内蒙古自治政府成立大会会址、乌兰夫办公旧址、中国共产党内蒙古工作委员会办公旧址、内蒙古自治政府办公旧址）
6	内蒙古博物院
7	包头市王若飞纪念馆
8	集宁战役纪念馆
9	草原英雄小姐妹事迹展览馆

根据内蒙古新媒体协会 2023 年 10 月 9 日发布的《免费开放！一起走进这 89 个爱国主义教育基地》一文制表。

2. 建立创业孵化基地，搭建就业创业平台

基层通过建设孵化基地，为各族群众提供就业创业服务。包头市建设创业孵化基地 105 个，提供就业服务、开展职业技能培训 10 万余人次。①赤峰市红山区的 8 家创业孵化基地入驻和孵化创业实体 485 家，带动就业 9045 人。②科尔沁左翼中旗为入驻创业孵化基地的创业者提供“五免一支持”服务等优惠政策。截至 2023 年底，科尔沁左翼中旗在孵企业 32 家，孵化成功率 93%，形成良好的创业带动就业示范效应。③

① “内蒙古包头市：‘草原钢城’打造创建升级版”，见包头市人民政府官网 2023 年 6 月 25 日。

② “内蒙古赤峰市红山区：积极推动各民族交往交流交融‘三项计划’见行见效”，见内蒙古自治区民族事务委员会官网 2023 年 7 月 6 日。

③ “科左中旗突出‘三力’支持就业创业”，见通辽市人民政府官网 2023 年 12 月 28 日。

3. 设立流动人口服务中心，搭建流动人口服务管理平台

为做好流动人口服务管理工作，各地积极开展流动人口管理体系建设，搭建流动人口服务管理平台。鄂尔多斯市东胜区作为内蒙古首个城市民族工作进社区试点地区，成立了“流动人口法律援助中心”。包头市从就业、教育、安居等方面入手，打造“红石榴流动人口服务中心”。流动人口服务管理平台为各民族流动人口提供居住、就业、医疗、教育、法律援助等服务，促进各族群众互嵌式发展。

4. 建设示范带，搭建促进各民族交往交流交融平台

为更好地实施“三项计划”，内蒙古建设了一批具有鲜明特色、辐射带头能力强的示范带、示范区。呼伦贝尔市推进“六带三基地”建设，“六带”即边境民族团结进步示范带，民族团结进步创建双百示范带，民族区域自治法律制度基层实践示范带，旅游促进各民族交往交流交融示范带，地企联建共创示范带，生态优先、绿色发展示范带。鄂尔多斯市打造红色文化传承引领示范带，产业助推现代化示范带，“三交”共生繁荣示范带。①

5. 升级打造各类场馆景区，搭建各族群众参观学习平台

各地注重将以铸牢中华民族共同体意识为主题的内容融入各类场馆景区，引导各族群众在休闲娱乐、参观学习中铸牢中华民族共同体意识。如包头市建设秦长城国家文化公园，在公园景观设计上突出中华文化符号和中华民族形象。各地积极挖掘各民族交往交流交融历史文化内涵，优化非遗文化资源。自治区出台非遗旅游体验认定管理办法，打造一批非遗特色村镇街区，推进红山文化遗址申遗和辽上京考古遗址公园建设，确定 19 个旅游景区为首批自治区级非遗旅游体验基地，进一步丰富各民族交往交流交融平台内容。②

（六）深化宣传教育，营造浓厚氛围

在实施“三项计划”过程中，内蒙古注重开展铸牢中华民族共同体意识

① 内容来源于内蒙古自治区民族事务委员会。

② 内容来源于内蒙古自治区民族事务委员会。

宣传教育。2023 年，举办主题宣讲 4500 余场次、政策解读 3000 余场次，通过互联网推送宣传信息 60 余万条。以中华民族共同体体验馆内蒙古专题展互联网“云上观展”等多种宣传教育形式，营造了铸牢中华民族共同体意识的浓厚氛围。①

1. 举办各类宣讲、赛事活动，教育引导青少年增强“五个认同”

组织各族青少年开展弘扬中华文化、传承红色基因等各类主题宣讲和竞赛活动，教育引导广大青少年增强“五个认同”。在大中小学组织校园理论宣讲团、青年宣讲团、红领巾宣讲团，开展分众化、面对面、互动式宣讲。制作推出“石榴籽小课堂”等节目，在中小学校开展“举家诵经典”“少年传承中华美德”等活动。打造北疆教育讲堂、“润心”大讲堂、“师者说”等品牌栏目和活动载体。通过开展内容丰富、形式多样的宣传教育活动，让各族青少年铸牢中华民族共同体意识。

2. 推出文艺精品，增强各族群众的文化自信

创作推出系列以铸牢中华民族共同体意识为主题的文艺精品，通过在区内外巡展巡演、在景区景点展示宣传，为实施“三项计划”营造文化氛围。制作大型融媒体直播节目《铸魂》，推出“听文物讲民族交往故事”系列节目和《“石榴籽”绘本丛书》，受众突破 7000 万人。推出大型实景考古全媒体直播节目《根脉》，累计观看量突破 1 亿人次。实景剧《千古马颂》吸引 20 多个国家及地区游客近 40 万人次观看。组织“北疆文化·匠心传承”非遗文化巡展，吸引游客 24 万人次。各地把实施舞台艺术精品工程作为推动“旅游促进各民族交往交流交融计划”的有力抓手，先后推出上百部作品，覆盖各地观众逾百万人。②

3. 加大文化旅游宣传推介力度，打响内蒙古文旅品牌

自治区文旅厅实施“引客入蒙”计划，发布了旅游专列、旅游包机和旅

---

① 内容来源于内蒙古自治区民族事务委员会。

② 内容来源于内蒙古自治区民族事务委员会。

游招徕等专项奖励政策。创新开展“百万人互游”计划，组织各地区到北京、上海、武汉、成都等地开展宣传推广，组织旅游招商推介活动 90 余场，签订游客互送协议 100 余项、招商引资项目合同 20 多个，达成意向资金 62.8 亿元，签订 60 余班次旅游包机、旅游专列合同，吸引全国各族游客到内蒙古旅游。[①]

（七）开展调查研究，发现并解决问题

2023 年，围绕铸牢中华民族共同体意识，自治区民委把调查研究同推动民族领域中心工作结合起来，制定《大兴调查研究的实施方案》，选定“推动边境地区发展新能源产业解决‘人口空心化’问题研究”“各民族交往交流交融现状及‘三项计划’开展情况研究”等重点调研课题，赴各盟市及北京、辽宁、新疆等地调研，深入农村牧区、城镇社区、新经济组织等，了解基层民族工作中的问题、困难，找准推进民族工作高质量发展的堵点淤点难点，在调查研究中发现、解决实施“三项计划”存在的问题。

二、实施“三项计划”存在的问题及不足

目前，内蒙古正扎实推进“三项计划”深入实施，各族群众交往交流交融取得显著成效，但还存在一些问题，主要表现在以下几方面。

（一）联创共建的广度和深度还需拓展

虽然区内、区外已建立了一些实施“三项计划”联创共建的协作关系，但从联创共建的程度上看还不够。广度上，区内、区外在各地、各部门、各领域的联系协作有待进一步加强。深度上，合作实施“三项计划”的具体工作内容、形式、方法、载体等，有待进一步挖掘、延伸。

① 内容来源于内蒙古自治区民族事务委员会。

（二）示范带动作用发挥不充分

目前，实施“三项计划”的各类试点、示范项目、示范区、示范带、示范单位等所总结的经验较少，聚焦顶层设计与基层首创相结合的能力有待提高，可借鉴、复制的工作模式和样板不多，致使示范带动作用发挥不足。

（三）铸牢中华民族共同体意识宣传教育还需加强

在实施“三项计划”的过程中，在促进各族群众广泛交往的同时，还需在全面交流上下功夫。实施“各族青少年交流计划”，有的交流活动存在注重形式、完成任务、拍照打卡的现象，未能按分众化有效开展铸牢中华民族共同体意识宣传教育。实施“各族群众互嵌式发展计划”，有的社区没有将重在交心的理念贯穿于宣传教育实践，宣传教育效果不佳。实施“旅游促进各民族交往交流交融计划”，有些景区场馆存在各民族交往交流交融内容的挖掘力度不够，展陈展词的更新速度缓慢等问题。

（四）调动各族群众参与积极性有待强化

实施“三项计划”的参与主体是各族群众，开展工作的前提是各族群众广泛参与。目前，在“三项计划”各项活动的开展中，没有充分调动各族群众参与积极性。实施“旅游促进各民族交往交流交融计划”中，中低收入群体参与人数不多。实施“各族群众互嵌式发展计划”中，有的社区居民、各民族流动人口获得感、满足感不强。

三、深入推进“三项计划”的对策建议

“三项计划”的实施促进了内蒙古民族团结进步和经济社会发展。各地区各部门要以习近平新时代中国特色社会主义思想为指导，深入学习贯彻党中央相关精神，认真贯彻落实国家开展“三项计划”的要求，以铸牢中华民族

共同体意识为主线，促进各族群众广泛交往、全面交流、深度交融，逐步实现各民族在空间、文化、经济、社会、心理等方面的全方位嵌入，汇聚实现中华民族伟大复兴的磅礴力量。

（一）进一步加大联创共建力度

实施“三项计划”，应从自治区层面建立区内、区外区域联动、常态协作、信息互通、密切配合的联创共建机制，形成优势互补、互学互鉴、资源共享的工作格局。合作实施“各族青少年交流计划”，积极组织开展跨区域、全方位、多样化的交流活动，开展青少年热衷参与、形式多样的活动，合力打造线上交流平台，推动教育资源共享。联合实施“各族群众互嵌式发展计划”，以促进跨区域双向就业创业为重点，推动双向就业创业，为各族群众搭建平台、提供服务，畅通投资兴业、就业创业、居住生活渠道，帮助各族群众增加收入、提高技能。合力实施“旅游促进各民族交往交流交融计划”，探索建立旅游互通模式，加大旅游资源推介力度，促进各族群众开展跨区域旅游活动，建立健全资源共享、线路互推、客源互送、信息互通的区域旅游合作新机制；构建文创产品、文旅工艺品等旅游产品跨地域、跨领域交易服务平台，推动旅游业态、服务方式、消费模式创新提升。

（二）不断总结工作经验，发挥示范带动作用

实施“三项计划”，首先要注重总结经验。应找准特色和优势，善于总结地区经验，推动形成可复制、可借鉴的工作模式和样板，力争在全国范围内发挥典型示范引领作用。其次要强化示范带动。坚持顶层设计和基层首创有机结合，鼓励差别化的试点探索。打造示范项目，聚焦顶层设计，精准规划，在布局上突出地域亮点特色。在示范项目打造上，进一步深化示范社区建设；建设示范工业园区，选树一批旗县区作为“三项计划”示范区；在大中小学范围内建设示范校区，创新开展青少年交流活动。树立各类先进典型，鼓励先行先试。各地区要加强培育示范品牌工作，立足实际、因地制宜打造更多

既体现中国式现代化本质要求又各具特色的示范品牌，创新工作模式、活动样式、载体平台，达到以点带面的效果。

（三）加大宣传教育力度，形成广泛共识

加强铸牢中华民族共同体意识教育。自治区层面带头示范，宣传、统战、教育、民委、文旅等部门联合部署宣传教育工作，各地区各部门每年定期常态化开展各类宣传教育活动。实施“各族青少年交流计划”，针对不同年龄阶段的青少年受众特点，多做“滴灌”式宣传教育，做到精耕细作、润物细无声。实施“各族群众互嵌式发展计划”，充分尊重基层群众的主体地位，将重在交心的理念贯穿于实践。实施“旅游促进各民族交往交流交融计划”，在各类景区场馆中有效融入中华文化符号和中华民族形象，加强对文物资源中蕴含的各民族交往交流交融价值的挖掘，进一步提升展陈展词的宣传效果，对讲解员开展铸牢中华民族共同体意识培训。打造体现“融合性”的文艺精品和文创产品。加强海外宣传推广，讲好中国故事，树立内蒙古形象。

（四）立足改善民生，不断凝聚人心

“三项计划”的实施应注重立足基层，各项工作的重心放在加强基层基础工作上，工作内容要与各族群众关切的焦点结合起来，更加注重保障和改善民生，补齐民生短板。实施“各族群众互嵌式发展计划”，要立足本地资源禀赋和产业基础，发挥比较优势，发展壮大优势特色产业，增进民生福祉。实施“旅游促进各民族交往交流交融计划”，要依托与其他省区市的协作关系，在各类旅游线路、门票、活动等旅游产品中推出优惠政策，惠及更多中低收入群体。不断改进工作方式，充分调动各族群众参与的积极性。

民族团结进步创建工作研究报告

娜仁其木格　钱　程　金　洁*

摘　要： 民族团结进步创建是贯彻落实党和国家民族政策的重要载体，是凝聚各方力量共同推进民族团结事业的重要平台，是全面推进新时代党的民族工作高质量发展的重要抓手。内蒙古历届党委、政府把民族工作摆在重要位置，深入推进民族团结进步事业，带领全区各族干部群众共同团结奋斗、共同繁荣发展，开创了良好局面。2023 年，内蒙古不断加强顶层设计、深化宣传教育、突出示范引领，民族团结进步创建工作取得显著成效，但在思路方法、形成合力、宣传教育等方面仍存在一些问题。下一步，应坚持问题导向，创新思路举措，强化区域协调，持续巩固深化民族团结进步创建工作。

关键词： 内蒙古自治区　民族团结进步创建　巩固深化

民族团结进步创建是贯彻落实党和国家民族政策的重要载体，是凝聚各方力量共同推进民族团结事业的重要平台，是全面推进新时代党的民族工作高质量发展的重要抓手。从新中国成立之初发端于地方的民族团结宣传月，到改革开放时期加入“进步”的内涵，再到新时代以铸牢中华民族共同体意识为主线在全国广泛深入开展，民族团结进步创建的内容和形式日益丰富，

* 娜仁其木格，内蒙古自治区社会科学院铸牢中华民族共同体意识研究院院长、研究员；钱程，内蒙古自治区社会科学院民族研究所助理研究员；金洁，内蒙古自治区社会科学院民族研究所研究员。

社会参与度和群众认可度不断提升。[①] 民族团结进步创建工作包含四个层面的内涵："民族"表明这项工作的设立是基于民族因素，中国的56个民族都是这项工作的主体；"团结"是这项工作的重要目标和需要实现的任务之一，是凝聚全国各族人民的智慧和力量，在共同团结奋斗中达到共同繁荣发展的目标；"进步"指各民族共同进步，是民族团结进步创建工作的方向；"创建"是全国各民族在推进民族团结进步事业的理论和实践中逐渐探索的过程。[②] 四个层面的内涵相互联系、相互促进，形成完整统一的整体。四个层面的内涵充分说明了这项工作的目标和任务，体现了我国民族工作的历史脉络、时代特色、现实需求、价值取向。

2019年，中共中央办公厅、国务院办公厅印发了《关于全面深入持久开展民族团结进步创建工作铸牢中华民族共同体意识的意见》；2021年，中央民族工作会议提出，"要深入开展民族团结进步创建，着力深化内涵、丰富形式、创新方法"[③]；2023年印发的《内蒙古自治区党委关于全方位建设模范自治区的决定》提出，"深化民族团结进步创建"[④]；2023年，《国务院关于推动内蒙古高质量发展奋力书写中国式现代化新篇章的意见》指出，"巩固深化民族团结进步创建，持续开展各民族交往交流交融'三项计划'"[⑤]。这些政策举措为巩固深化创建工作提供了遵循，也对创建工作提出了更高要求。

---

① 中共中央统一战线工作部、国家民族事务委员会：《中央民族工作会议精神学习辅导读本》，民族出版社2022年版，第146页。

② 陈乐齐、李俊杰等：《民族团结进步创建活动理论与实践创新研究》，民族出版社2015年版，第34页。

③ 《习近平谈治国理政（第四卷）》，外文出版社2022年版，第247页。

④ "内蒙古自治区党委关于全方位建设模范自治区的决定"，载《内蒙古日报》2023年7月10日。

⑤ "国务院关于推动内蒙古高质量发展 奋力书写中国式现代化新篇章的意见"，载《内蒙古日报》2023年10月17日。

一、内蒙古自治区民族团结进步创建工作成效

内蒙古自治区历届党委、政府把民族工作摆在重要位置，深入推进民族团结进步事业，带领全区各族干部群众共同团结奋斗、共同繁荣发展，开创了良好局面。1983 年 9 月 15 日，自治区党委、政府首次召开全区民族团结先进集体、先进个人表彰大会（后改为民族团结进步表彰大会），到 2022 年已经召开 9 次；从 1984 年开始，将每年的 9 月确定为内蒙古“民族团结进步活动月”，截至 2023 年已经连续开展了 40 年。这些实践为新时代开展民族团结进步创建工作提供了重要依据和宝贵经验。

（一）加强顶层设计，为创建工作提供有力保障

自治区党委、政府持续加强对民族团结进步创建工作的领导，为巩固深化创建工作奠定了坚实的组织基础，提供了有力的政策保障。

一是体制机制不断健全。健全体制机制是巩固深化创建工作的前提。内蒙古自治区党委常委会、政府常务会议定期听取民族工作汇报，研究民族工作中的重大问题，自 2021 年中央民族工作会议以来，共研究 30 余项议题。同时，自治区民委定期召开民族团结进步创建发展规划半年度和年度工作会，认真组织民族团结进步创建发展规划中期评估，总结梳理创建工作中的经验，进一步压紧压实各地区各部门的工作责任，有力推动创建工作。

二是完善制度建设。完善制度是巩固深化创建工作的保障。党的十八大以来，内蒙古印发《关于全面深入持久开展民族团结进步创建工作铸牢中华民族共同体意识的实施意见》《内蒙古自治区贯彻落实国务院〈“十四五”民族团结进步事业规划〉实施方案》等一系列政策性文件，出台《内蒙古自治区促进民族团结进步条例》《内蒙古自治区全方位建设模范自治区促进条例》等一系列地方性法律法规，将铸牢中华民族共同体意识、民族团结进步创建工作纳入自治区“十四五”规划和 2035 年远景目标纲要。《内蒙古自治区民

族团结进步创建发展规划（2021—2025 年）》要求各盟市根据地区情况制定民族团结进步创建发展规划。据调查了解，12 个盟市都制定了发展规划。这些法律法规为以铸牢中华民族共同体意识为主线做好内蒙古民族团结进步创建工作提供了重要政策依据。

三是加强考核评价。考核评价是巩固深化创建工作的途径。把铸牢中华民族共同体意识纳入各级党委（党组）党建工作和意识形态工作责任制，纳入政治考察、巡察、考核，纳入各级党委、政府理论学习中心组学习、专题研讨。2023 年，将民族团结进步创建、铸牢中华民族共同体意识作为重要考核指标纳入区直机关、盟市年度绩效考核，分领域出台区直机关、盟市、事业单位、高校、国有企业等考核方案，细化工作。考核评价逐步加快了将民族团结进步创建、铸牢中华民族共同体意识融入本地区本单位各项工作的步伐。

（二）深化宣传教育，凝聚各族干部群众磅礴力量

党中央、国务院历来高度重视民族团结进步宣传教育工作。党的十九大报告指出："全面贯彻党的民族政策，深化民族团结进步教育，铸牢中华民族共同体意识，加强各民族交往交流交融，促进各民族像石榴籽一样紧紧抱在一起，共同团结奋斗、共同繁荣发展。"① 习近平总书记参加第十三届全国人大一次会议内蒙古代表团审议时强调："要深入践行守望相助理念，深化民族团结进步教育，铸牢中华民族共同体意识，促进各民族像石榴籽一样紧紧抱在一起，共同守卫祖国边疆、共同创造美好生活。"《内蒙古自治区促进民族团结进步条例》规定："弘扬吃苦耐劳、一往无前，不达目的绝不罢休的蒙古马精神，凝聚和激励各族群众同心同德、艰苦奋斗、开拓进取，共同守卫祖国边疆、共同创造美好生活。"《内蒙古自治区全方位建设模范自治区促进条例》规定："自治区建立铸牢中华民族共同体意识宣传教育常态化机制，充分

① 《习近平谈治国理政（第三卷）》，外文出版社 2020 年版，第 31 页。

利用全区民族政策宣传月、民族团结进步活动月、民族法治宣传周，深化民族团结进步宣传教育。”这为内蒙古进一步开展民族团结进步宣传教育提供了重要遵循和指导。2023年，内蒙古不断探索宣传教育模式，挖掘新素材、新故事，从广泛宣传教育向深层次、分众化转变，使中华民族共同体意识入心入脑，推动党的创新理论“飞入寻常百姓家”。

一是持续开展“一周两月”宣传品牌活动。自治区党委统战部、宣传部，自治区教育厅、民委印发《第40个民族团结进步活动月工作方案》，以“感恩奋进跟党走，在全方位建设模范自治区上作示范”为主题，在全区范围广泛开展宣传活动。活动月期间，各地区通过“线上+线下”模式深入开展铸牢中华民族共同体意识宣传教育、民族团结进步主题活动，进一步增强了民族团结进步事业的影响力、引领力。

二是构建宣传教育常态化机制。习近平总书记指出：“要构建铸牢中华民族共同体意识宣传教育常态化机制，纳入干部教育、党员教育、国民教育体系，搞好社会宣传教育。”① 自治区各级党校（行政学院）各类主体班次100%安排铸牢中华民族共同体意识课程，课时不少于20%；“深入学习领会习近平总书记关于加强和改进民族工作的重要思想”专题讲座覆盖2.3万名县处级以上干部。充分发挥教师作用，全力做好教师的思想引导工作，实施“石榴籽育人”工程、“时代新人铸魂工程”和“大思政课”建设工程，将铸牢中华民族共同体意识有效融入立德树人全过程，从机制保障、课程融入、社会实践、校园文化等方面构建常态化、长效化育人体系，不断推动铸牢中华民族共同体意识教育进课堂、进教材、进头脑。全领域抓好社会教育，针对受众特点，探索多样化宣传教育模式。全面推广“道中华”“基层学习讲堂”“理论学习轻骑兵”等创新载体和平台，营造浓厚的学习氛围。全区12780个“村村响”大喇叭滚动式常态化推送铸牢中华民族共同体意识宣传教育内容，年度累计开展铸牢中华民族共同体意识宣讲和“石榴籽心贴心”

① 《习近平谈治国理政（第四卷）》，外文出版社2022年版，第247页。

系列活动 4.75 万场次，受众 213 万余人次。自治区主流媒体开设《铸牢中华民族共同体意识》《石榴花开》《家园》等专版专栏，累计刊播相关报道 1 万余篇（条），传播量近 5 亿次。

三是充分发挥宣传教育阵地作用。全区现共有铸牢中华民族共同体意识主题展馆（展厅）156 个、主题体验馆 38 个、主题公园 66 个、主题教育实践基地 43 个、主题广场（步道）44 个，有红石榴、石榴籽主题类驿站 2 个。建设 12 所铸牢中华民族共同体意识重点创建示范校（园）、12 个青少年研学实践基地。积极打造铸牢中华民族共同体意识宣传教育阵地，有效利用各类场馆，充分发挥不同场馆作用，广泛、全面、深入开展宣传教育。

运用“滴灌式”“精准化”方法，针对不同群体、利用不同手段，讲好内蒙古地区民族团结进步故事，从机关干部到基层老百姓，从幼儿到大学生，通过多种形式，接受了丰富的宣传教育内容，不断加深了对“三个离不开”“四个共同”“四个与共”“五个认同”“五观”等理念和要求的理解把握，进一步打牢了中华民族共同体思想基础。

（三）突出示范引领，提升创建工作影响力

推进民族团结进步创建示范区示范单位建设，是巩固深化民族团结进步创建工作、发挥示范引领作用的重要途径。内蒙古按照国家关于创建工作的标准要求，形成四级创建模式，有效推动了典型培育工作。2023 年，自治区民委组织开展推荐全国、命名全区民族团结进步示范区示范单位工作，突出有形有感有效，提升了创建工作的吸引力、感召力。

一是积极开展示范典型选树工作。按评选标准，以优中选优的原则推荐示范区示范单位，最终呼伦贝尔市、包头市、赤峰市、呼和浩特市土默特左旗等 16 个地区和单位被命名为第十一批全国民族团结进步示范区示范单位，创建的示范区示范单位占被推荐总数的 53.33%。同时，命名武川县、九原区第一实验小学、伊金霍洛旗人民检察院、内蒙古电力（集团）有限责任公司等 138 个地区和单位为第九批全区民族团结进步示范区示范单位。截至 2024

年1月，内蒙古累计创建全国民族团结进步示范区示范单位95个，累计命名全区民族团结进步示范区示范单位747个，盟市级示范区示范单位累计4500个。在总结民族团结进步示范区示范单位经验的基础上，内蒙古全面建设铸牢中华民族共同体意识示范区，兴安盟正在积极探索铸牢中华民族共同体意识示范区建设。

二是探索示范引领新模式。为充分发挥示范引领作用，实施民族团结进步示范区示范单位“百千万示范引领”工程，即到2027年内蒙古自治区国家级、自治区级、盟市和旗县（市、区）级示范区示范单位数量力争分别达到100个以上、1000个以上、10000个以上。[①] 以争创和命名工作新模式，推动形成点、线、面结合创建格局；以铸牢中华民族共同体意识为主线，深化内涵、丰富形式、创新方法；推动各族群众在生产生活中互学互鉴、互帮互助，努力打造新时代民族团结进步创建升级版。

三是扩大创建工作覆盖面。注重民族团结进步创建工作向纵深拓展，把重心下沉到社区、乡村、企业、连队等单位，在资源分配、力量投入等方面给予倾斜。2023年，内蒙古在“八进”[②] 的基础上，拓展景区园区、两新组织、楼宇家庭、班级班组等新阵地，按照“一进一特色、一品一亮点”模式，指导各地区打造示范点1234个，以“8+N”为契机，扩大创建工作参与度，着力实现创建工作全覆盖，取得了良好的社会效益。

四是不断提升管理水平。创建工作“既要抓‘挂牌’，又要抓‘摘牌’，根据中央要求和实践发展，及时完善民族团结进步示范测评体系，科学规范评审程序，确保示范始终立得稳、叫得响”[③]。以动态管理机制、退出机制、自查机制等方式，加强对示范区示范单位的建设和管理。同时，自治区对示

① “内蒙古自治区党委印发《关于全面贯彻铸牢中华民族共同体意识主线的若干措施》”，载《内蒙古日报》2023年12月29日。

② “八进”：进机关、进企业、进社区、进苏木乡镇、进学校、进连队、进宗教活动场所、进网络。

③ 中共中央统一战线工作部、国家民族事务委员会：《中央民族工作会议精神学习辅导读本》，民族出版社2022年版，第149页。

范区示范单位建设作出具体要求，组织开展自查，对命名期满的全区民族团结进步示范区示范单位开展复验工作，对示范区示范单位的转型升级、提质扩面起到了推动作用。

内蒙古示范区示范单位涵盖了市区、旗县、乡村、社区、机关、企业、学校、部队、医院、寺庙、景区等，覆盖地域不断扩大、行业更加丰富、领域不断拓展。从整体上看，呈现出布局合理、领域覆盖全、辐射范围广等特点，形成以点串线、以线连片、以片带面的示范创建格局，为持续深入创建打下良好基础。

二、内蒙古自治区民族团结进步创建工作存在的问题

内蒙古民族团结进步创建工作虽然取得了一定成效，但与新时代巩固深化民族团结进步创建工作的要求相比，还存在一定差距。

（一）创建工作的思路举措有待完善

主要表现为开展民族团结进步创建工作的创新意识不强；创建工作的内容和方法同新时代新要求有一定差距，一定程度上还局限于老方法、旧手段；个别领域和地区的创建工作缺乏全面性、持续性、系统性规划，在实践中缺少深入性、实效性、细致性举措；在大力巩固、广泛利用创建成果以及推动本地区本单位发展方面的深度思考和整体设计，与其他地区相比存在差距。

（二）示范区示范单位的作用发挥得不够充分

个别民族团结进步示范区示范单位缺少与其他地区和单位的交流合作；推广创建工作中好经验、好做法的力度不够；先进典型宣传覆盖面不够广，辐射力、影响力还需扩大；示范区示范单位的示范引领作用发挥得不够充分，社会层面对民族团结进步先进典型事迹的了解不够深入。

（三）铸牢中华民族共同体意识宣传教育体系还需完善

将铸牢中华民族共同体意识纳入干部教育、党员教育、国民教育体系的方式、方法还需改进；宣传教育体系还需完善；常态化开展宣传教育的机制还需加强；社会宣传教育还需深入推进；宣传教育的影响力、传播力有待提升；还需进一步拓展思路举措，推出更多基层群众喜闻乐见的宣传教育方式。

三、内蒙古自治区巩固深化民族团结进步创建工作的对策建议

新时代民族团结进步创建工作应进一步突出铸牢中华民族共同体意识工作主线，立足中华民族伟大复兴，坚持问题导向，深入查找并解决创建工作中存在的问题和不足，全面巩固深化民族团结进步创建工作。

（一）进一步探索创建工作思路和方法

一是持续深入推进创建工作全覆盖，动员全社会各方力量不断探索和拓展“8+N 进”新方法、新举措，激发各主体单位的创建动力，不断夯实创建工作的社会基础、群众基础。继续巩固各创建主体单位的创建工作成效，进一步通过创新模式、突出特色、打造品牌等途径，全面提升创建工作水平和质量。

二是实施创建工作层级化管理，在贯彻落实《内蒙古自治区民族团结进步创建发展规划（2021—2025 年）》的同时，各创建主体应结合实际，科学编制创建工作规划，细化目标任务、总体要求和具体措施，常态化、精细化推进创建工作走深走实。

（二）形成创建工作合力，强化示范引领作用

一是建立健全区域协调发展机制，立足不同区域的优势，突破区域限制，

推动建立全区域统筹发展机制。建构区域互助机制，激励人才、技术、资本向边境地区、基层流动，促进区域协调发展。加强行业间示范引领，深入开展跨行业联合创建活动，组织开展创建单位互观互学互促活动。创建共治共建共享的合作新模式，健全相邻盟市规划对接机制，促进民族团结进步创建工作向更深层次、更高水平、更高质量发展。

二是全面激发示范区示范单位的积极性，充分发挥其示范引领作用。总结更多可推广、可借鉴的实践经验，探索以地区为单元创建示范带、示范圈、示范区，并逐步向全区拓展，使示范引领达到以点带面、辐射推进的效果，不断巩固深化创建工作。

（三）进一步健全铸牢中华民族共同体意识宣传教育体系

一是党员干部教育方面，将铸牢中华民族共同体意识教育列入党员干部学习计划和教育培训计划，通过组织研讨会，举办专题培训、主题党日等丰富多彩的活动，不断建立健全常态化教育机制。

二是国民教育方面，各级教育部门将铸牢中华民族共同体意识融入各级各类学校办学治校、教书育人全过程，构建课堂教育、校园文化建设多维一体的育人平台和长效机制，高等教育阶段学好用好《中华民族共同体概论》等国家通用教材。

三是社会宣传教育方面，有针对性、常态化开展多层次、多形式宣传教育活动。要发挥好新闻媒体主渠道作用，在理论阐释、政策解读和故事宣讲等宣传教育中，弘扬主旋律、传播正能量。多运用群众身边的事例，多使用大众化语言，使宣传教育接地气、有生气、聚人气。不断探索“互联网+铸牢中华民族共同体意识”宣传教育模式。常态化开展习近平新时代中国特色社会主义思想学习教育和“感党恩、听党话、跟党走”群众教育实践活动，教育引导各族干部群众铭记“六句话”的事实和道理，实现宣传教育全覆盖。

四是不断丰富宣传教育载体。利用公共文化设施、城市标志性建筑、旅游景观陈列以及新媒体等载体和平台，采取各族群众喜闻乐见的“沉浸式”

“互动式”方式，广泛开展宣传教育，不断提升宣传教育影响力。

民族团结进步创建是一项系统工程。经多年实践，内蒙古民族团结进步创建工作范围不断扩大、领域不断拓展、内容不断丰富、内涵不断深化。在新征程上，内蒙古民族团结进步创建工作必将最大限度调动各族人民有利于铸牢中华民族共同体意识的积极因素，继续巩固民族团结优良传统，全面深入持久开展创建工作，更好地巩固和发展中华民族一家亲、同心共筑中国梦的良好局面。

区域报告

坚持“首善之地”的标准 扎实推进铸牢中华民族共同体意识各项工作

呼和浩特市委统战部

呼和浩特市完整准确全面贯彻落实习近平总书记关于加强和改进民族工作的重要思想、关于铸牢中华民族共同体意识的重要论述和对内蒙古的重要指示精神，按照自治区党委对首府“走在前、作表率”的要求，锚定“强首府、争进位、做贡献”发展目标，坚持“首善之地”的标准，紧扣赋予所有改革发展以“三个意义”的重要要求，认真落实自治区党委《关于全面贯彻铸牢中华民族共同体意识主线的若干措施》，坚持在“责、效、融、联、稳、进”六个方面聚焦发力，以创建铸牢中华民族共同体意识示范市为抓手，坚持“突出主线、融入中心、分类指导”工作思路，推动各项工作紧紧围绕、毫不偏离铸牢中华民族共同体意识主线取得扎实成效。2023 年，获评“第十批全国民族团结进步示范市”“中国最具幸福感城市”“中国康养旅游城市”

“国家食品安全示范城市”“世界乳业科技之都”“中国奶业育种之都”“中国投资热点城市”“全国市域社会治理现代化试点合格城市”“全区法治政府建设示范市”等一系列荣誉称号，努力在办好两件大事、贯彻铸牢中华民族共同体意识主线上彰显首府担当。

一、在“责”上勇担当，坚决扛稳扛牢铸牢中华民族共同体意识政治责任

始终站在拥护“两个确立”、做到“两个维护”的政治高度，认真履行主体责任，全力推动铸牢中华民族共同体意识工作走深走实、取得实效。

一是坚持高位推进。市委主要领导高度重视，先后围绕贯彻铸牢中华民族共同体意识主线作专题辅导 5 次，2023 年以来主持市委理论学习中心组集体学习 7 次，引领带动各级党员干部深入学习领会习近平总书记关于铸牢中华民族共同体意识的重要论述和对内蒙古的重要指示精神；主持召开市委常委会会议 12 次，传达学习习近平总书记重要讲话精神，全面落实自治区党委关于全面贯彻铸牢中华民族共同体意识主线各项部署。将铸牢中华民族共同体意识纳入全市“十四五”规划和 2035 年远景目标纲要，以市委一号文件形式制定出台《关于以创建铸牢中华民族共同体意识示范市为抓手推动各项工作向主线聚焦的工作方案》及其责任清单，明确 35 项主要任务，对 85 项具体任务明确责任单位，结合推进铸牢中华民族共同体意识示范市创建和民族团结进步创建“一进一主题”工作，推动各地区各部门单位牢牢把握赋予所有改革发展以“三个意义”要求，将铸牢中华民族共同体意识主线融入各项工作；各旗县区、开发区和各责任单位均针对性制定细化分工方案或任务清单，形成“1 方案+1 清单+N 任务分工方案”工作体系。各级党委（党组）始终把铸牢中华民族共同体意识作为“一把手”工程摆在重要议事日程，坚持把铸牢中华民族共同体意识工作与经济社会发展同谋划、同部

署、同落实。

二是强化理论武装。将习近平总书记关于铸牢中华民族共同体意识的重要论述和对内蒙古的重要指示精神等作为各级党委（党组）理论学习、基层党组织理论学习和党员领导干部讲党课重点内容，完善党员领导干部围绕铸牢中华民族共同体意识讲党课和讲思政课制度。坚持把铸牢中华民族共同体意识作为全市干部教育培训必修课，各级党校（行政学院、社会主义学院）均开设铸牢中华民族共同体意识教学单元，市委党校增设“铸牢中华民族共同体意识——建设民族地区‘四个特别’好干部队伍”等12个专题课程，创新打造“深入学习呼和浩特地区民族交往交流交融历史，不断铸牢中华民族共同体意识”等课程，录制播出“休戚与共、手足相亲”等7个系列近70讲微党课。2024年，主体班次铸牢中华民族共同体意识课程占总课时比例达到21%。在全区率先开展第二批主题教育工作，举办专题学习班、读书班498期，开展交流研讨1418次，讲授专题党课1721次，围绕“四堂课”开展惠民政策解读96次、主题宣讲1124场次、基层入户宣讲4.3万次，发放惠民惠农政策“明白卡”和“暖民手册”35万余册；组建各级“铸牢中华民族共同体意识宣讲团”“石榴红宣讲团”“石榴同心志愿服务队”等宣讲队伍567支，常态化开展宣传教育，全市党员干部和各族群众铸牢中华民族共同体意识的思想自觉、行动自觉进一步增强。

三是强化监督考核。推进铸牢中华民族共同体意识工作纳入各级党的建设、意识形态工作责任制、年度工作要点、理论学习计划，纳入政治考察、巡察、政绩考核、绩效考核指标，纳入年度工作督查、纪委监督检查，逐级压紧压实主体责任，推动各级各部门所有工作对标主线、突出主线。在全市开展3轮专项督查检查，各级党委政治巡察、统战部门日常督促、政府依法管理、人大执法检查、政协调研视察、6个党派民主监督的监督体系作用发挥明显。

二、在“融”上见实效，把铸牢中华民族共同体意识贯穿到各项工作中

一是推动各项工作向主线聚焦。围绕贯彻落实国务院《关于推动内蒙古高质量发展奋力书写中国式现代化新篇章的意见》和《内蒙古自治区党委关于全方位建设模范自治区的决定》《内蒙古自治区全方位建设模范自治区促进条例》等，制定一系列贯彻落实党中央和自治区党委决策部署的具体举措和实施方案，协调推进铸牢中华民族共同体意识与各项工作深度融合发展，动员全市上下在“七个作模范”上聚焦发力。

二是扎实推进民族团结进步创建。坚持“突出主线、融入中心、分类指导”工作思路，深入实施呼和浩特市民族团结进步创建发展规划（2021—2025年），围绕民族团结进步示范创建“5432”目标，实施民族团结进步示范区示范单位“十百千示范带动计划”，加大对各地区各部门的指导力度，织密工作网络，创新开展民族团结进步创建八进“一进一主题”工作，并向纵深拓展，打造创建工作升级版。坚持在“融”“联”“实”上取得更大成效，推动各地区各部门把铸牢中华民族共同体意识与党政中心工作紧密融合。土默特左旗、清水河县五良太乡青豆沟村获评第十一批全国民族团结进步示范区（单位），武川县、呼和浩特供电局等10个地区（单位）获评自治区第九批全区民族团结进步示范区（单位）。截至目前，全市共创建国家级民族团结进步示范区（单位）9个、自治区级民族团结进步示范区（单位）61个、市级民族团结进步示范区（单位）984个。

三是促进各民族交往交流交融。制定实施《呼和浩特市各族青少年交流计划的实施方案》，打造跨区域青少年手拉手、民族团结同心营等品牌，开展活动50余场次，覆盖区内外青少年近10万人次。制定实施《呼和浩特市关于贯彻落实各族群众互嵌式发展计划的实施方案》，打造了新城区丽苑、回民

区三顺店、玉泉区清泉街、赛罕区前进巷等13个互嵌式示范社区。按照规模适中、人口适度、管理便利的原则，对现有社区数量和管理服务范围进行科学调整，社区由398个调整到450个。打造“红石榴驿站”459家，加强全市流动人口服务管理。制定实施《呼和浩特市关于旅游促进各民族交往交流交融计划的实施方案》，打造促进民族融合交流特色旅游线路4条，全年接待国内游客5058.1万人次。

四是坚持全方位推进党建融合。坚持党建与业务深度融合，把贯彻铸牢中华民族共同体意识主线落实到坚强堡垒“模范”支部、“北疆模范机关先进单位”创建工作中一体推进。深入推进“六个列入”工作，将铸牢中华民族共同体意识工作列入各级党建工作要点，列入党建“三级五岗”责任清单，列入党建述职重要内容，列入党建工作积分制管理日常监控内容，列入党建督查重要内容，列入民主生活会和组织生活会对照检查重要内容。在全市89个乡镇、街道（区域服务中心）设立基层党建办公室，积极推动基层党支部发挥政治功能和组织功能，以“转化行动”“比超行动”“领跑行动”为载体，开展各类“亮晒比”活动1419场次。发挥“一站一网一会一单一队”（红石榴驿站、民族工作网络、铸牢中华民族共同体意识推进会、民族团结工作清单、石榴同心志愿服务队）作用，组织全市各级党组织常态化开展“感党恩、听党话、跟党走”群众教育实践和民族团结一家亲等活动，推动铸牢中华民族共同体意识工作与中心工作、党建工作深度融合。

三、在“联”上做文章，民族团结进步内涵和外延进一步拓宽

深入推进民族团结进步示范单位（地区）跨部门、地区、行业联创共建，不断拓宽铸牢中华民族共同体意识内涵和外延。

一是建立与区直驻呼单位的纵向内联机制。与自治区驻呼机关、高校、

展馆等联合，推动内蒙古博物院、内蒙古科技馆、内蒙古展览馆等18家文博展馆签订联盟协议，举办全市铸牢中华民族共同体意识教育实践基地“十馆联动·一基地一主题”宣传教育活动。

二是建立与区外市县的横向外联机制。积极与京津冀区域、长三角区域、粤港澳大湾区城市搭建协作平台，市级层面与7个区外地区开展联创共建。与北京市门头沟区签订统一战线协作协议，打造统一战线东西部协作的“京蒙样板”；与浙江省杭州市签订统一战线协作框架协议，搭建“共同富裕示范区”和“模范自治区”两个省会城市沟通交流平台；与新疆克拉玛依、广东湛江、湖北宜昌、宁夏银川、云南文山州等签订铸牢中华民族共同体意识合作协议。引领带动9个旗县区分别与湖北兴山县、广西宾阳县、山东单县、大同云冈区、湖南邵阳市等20个地区联创共建、签订战略合作协议，广泛开展“云交流”和“石榴籽”手拉手等活动。

三是建立盟市间的横向内联机制。与包头签订统一战线跨区域合作框架协议，建立4项机制，搭建3个平台，在推动呼包同城化发展、加快首府都市圈建设、带动呼包鄂乌一体化发展中发挥助力作用。与兴安盟、呼伦贝尔市签订各民族青少年跨区域融情交流框架协议，联合举办“小石榴手牵手 星星火炬跟党走”民族团结同心营等品牌活动。

四、在“效”上求突破，铸牢中华民族共同体意识宣传教育进一步深化

一是加强铸牢中华民族共同体意识研究和教育实践基地建设。加强呼和浩特职业学院国家民委中华民族共同体研究基地呼和浩特市分基地建设，在市委党校设立国家四部委内蒙古大学铸牢中华民族共同体意识研究基地呼和浩特市实践基地，在6个旗县区打造铸牢中华民族共同体意识研究基地工作站。将铸牢中华民族共同体意识列入呼和浩特市社会科学研究课题，开展

“10+1”精品课题研究。截至目前，先后立项并开展课题研究 43 项，编写完成铸牢中华民族共同体意识干部教育教材。组建首府哲学社会科学专家库、全市统一战线专家智库，举办“凝心聚力强首府 智汇青城促发展”统战智库专家首府行活动暨助力首府高质量发展专题咨询会，针对助力完成习近平总书记交给内蒙古的五大任务面临的难点和发展需求进行深入探讨，并提出了一系列具体、合理、专业的建议。整合驻呼资源，联合 8 家自治区级、10 家市级单位签订联盟协议，打造 18 个铸牢中华民族共同体意识教育实践基地，最大化发挥联动效应，巩固社会面宣传成效。

二是全力推进北疆文化建设。在全区率先制定出台《打造“北疆文化”品牌工作实施方案》，编制呼和浩特市博物馆之城建设总体规划（2023—2035年），编撰出版《历史文化名城——呼和浩特》《呼和浩特文化》《中国历史上的北部边疆和北疆文化》等图书，扎实推进首府博物馆之城、雕塑之城、艺术之城、现代文明之城建设，初步形成以内蒙古博物院、内蒙古大剧院、呼和浩特雕塑艺术馆、国际雕塑园为代表的 5.6 公里“文化轴带”。推进长城国家文化公园建设，坝顶遗址、后城咀石城遗址等 10 处文化遗址入选第六批自治区文物保护单位，成功申办第十届“博物馆及相关产品与技术博览会”。开展“北疆文化 · 青城印记——寻迹文化符号集群”活动，发布 2 批次共 5 个序列 100 个青城印记。开设“推动铸牢中华民族共同体意识走深走实”“牢记嘱托、全方位建设模范自治区”“与祖国共成长 · 75 年 75 人”等专题专栏，组织开展“艺美北疆”系列活动，常态化开展青城文化讲坛活动，创作“昭君”“如见”等优秀文艺作品并进行巡演。编制《呼和浩特市革命文物保护 2024—2026 年三年实施方案》，组织内蒙古革命烈士陵园、大青山抗日游击根据地旧址展馆、乌兰夫纪念馆申报 2024 年度红色基因库建设单位，内蒙古革命烈士陵园布展大纲通过中宣部审核。推出“馆长讲馆藏”“如果文物会说话——青城文博篇”等系列新媒体产品。

三是深化教育引领行动。完善常态化宣传教育机制，推动“报、屏、台、网、端、号”全媒一体化宣传教育，精准实施示范引领、固本强基、培根铸魂三项工程，推动铸牢中华民族共同体意识纳入干部教育、党员教育、国民教育、社会教育，累计在全社会常态化开展“滴灌式”“精细化”宣传教育2240余场次。创新打造56路“团结奋进号”公交专线、“民族团结”地铁车厢等移动宣传阵地。依托“一周两月”等平台载体，深入开展“讲好身边民族团结进步故事”和“首府同心石榴籽、团结奋进新征程”巡演走基层等活动，累计开展各类宣讲1460余场次，受众170余万人次；充分发挥群团组织作用，打造劳动者港湾、工匠工作室、社区家庭教育指导服务站、纠纷调解室、妇女小组等1600余个“微组织、微阵地”，开展“巾帼凝心铸魂、巾帼建功赋能、家家幸福安康、巾帼维权纾困、巾帼志愿服务、强基增效促活、网上妇联建设”七大行动，举办各类活动2930余场次，各族妇女儿童2.4万余人受益；打造共争“小石榴籽章”各族青少年交流特色品牌，创建“青少年实践教育基地”62家，推出4条青少年精品研学路线，开展寻百城记忆“小石榴籽”在行动、“宝贝出村”同心营、“首府青少年首都行”等各级各类交流研学活动2330余场次，覆盖各族青少年30余万人。

四是深化“互联网+民族团结”行动。制作“这就是我生活的呼和浩特”“历史的遇见”等铸牢中华民族共同体意识系列宣传片，开设“青城石榴籽”微博话题，累计点击和阅读量达1.14亿次；打造“铸牢中华民族共同体意识网络媒体集中采访行”等品牌，录制大型文博综艺节目“北疆文化·青城文脉”8集。组织开展“小石榴籽手牵手、星星火炬跟党走”民族团结同心营，“听，文物在说”呼和浩特市首届中小学生讲好文物故事成果展示等系列活动32场，覆盖青少年8万余人次，80余万人在线观看。采取“线上+线下”模式，创新开展“两月一周”活动；开展“美丽青城、多彩非遗”等网络直播主题活动，23.3万余人在线观看。

五是全面推广使用国家通用语言文字。出台《呼和浩特市关于进一步推进国家通用语言文字教育教学工作的实施方案》及配套方案。2023年9月，小学一年级全科实行国家通用语言文字教育教学，初一年级三科使用国家统编教材工作进度达到国家和自治区要求，国家通用语言文字规范化达标学校建设提前超额完成年度目标。实施国家通用语言文字能力提升计划，全市教师普通话水平等级测试全部达标，推动公务员国家通用语言文字达到国家规定的等级标准。

五、在“稳”上下实功，民族工作基层基础进一步夯实

一是全面提升基层治理能力。构建纵横交织的四级民族工作网络，逐步完善市、县（旗、区）、乡（镇、街道）、村（社区）四级民族工作网络；加强民族工作力量，市、县（旗、区）两级实现党委统战部副部长兼任民委主任全覆盖，全市 89 个乡镇、街道（区域服务中心）实现统战委员全覆盖，1382 个村（社区）实现统战联络员全覆盖。出台《关于全面提升首府城市基层治理能力和水平的实施意见》，将民族工作纳入“1+4”体系，将全市网格优化为 5880 个，选派 5.4 万余名楼栋长，实现城区 899 个无物业小区动态清零。落实社区工作人员“三岗十八级”待遇，采用“市编街用”方式为城市基层治理领域专项引才 378 人。突出贯彻铸牢中华民族共同体意识主线要求，突出“四个特别”，不折不扣将民族地区好干部标准贯彻落实到选育管用全链条各方面，市级层面共评选 2023 年度“担当作为好干部”20 名。

二是加强基层矛盾纠纷排查化解。将民族事务纳入城乡网格化服务管理，将各民族流动人口纳入基层治理体系。建立完善“民呼我为”“接诉即办”等工作机制，全面推行信访代办制，确定民生项目 650 个，完成 635 个，解决民生微实事 1.6 万件，受理矛盾纠纷和信访事项 19667 件（批），化解率达到 85%以上；发扬新时代“枫桥经验”，受理各类诉求 335 万件，答复解决 242 万件，群众满意率达 98%，各族群众“五个认同”思想、“四个与共”共同体理念更加牢固。

三是强化风险隐患防范。把铸牢中华民族共同体意识融入“平安首府”

“法治首府”建设内容，制定民族领域防范化解风险隐患应急预案，建立民族工作协调机制和安全工作联席会议机制，完善民委委员制度，稳步推进民族法规政策修订完善。召开形势分析研判会，加强涉民族因素风险研判，常态化开展风险排查。

六、在“进”上发全力，各民族共同走向现代化步伐进一步坚定

始终坚持推动所有工作向铸牢中华民族共同体意识聚焦，把铸牢中华民族共同体意识融入高质量发展全过程，在推进中国式现代化建设、走向共同富裕上取得积极成效。

一是经济实力稳步提升。2023 年，呼和浩特市主要经济指标增速达到 10 年以来最好水平，地区生产总值完成 3802 亿元，同比增长 10%，居全国省会城市第一；GDP 总量在全国百强城市中从 98 位跃升至 88 位，在 27 个省会城市中排第 22 位。规上工业增加值增长 23. 6%，居全区第一；固定资产投资增长 25. 5%，居全区第二；社会消费品零售总额增长 13. 5%，居全区第一。

二是“六大产业集群”加快培育。2023 年，实施重点项目 1125 个，完成投资 1355 亿元；“六大产业集群”实现产值 2430 亿元，占全市工业总产值比重突破 90%；新增规上工业企业 41 户，总数达到 322 户，乳制品全国市场占有率 53%，光伏和电子级单晶硅产能分别占全球市场的 24%、4. 6%，建成全球最大的口蹄疫苗、辅酶 Q10、高效金霉素生产基地；在全区率先建设能源资源总部基地和绿电消纳利用示范区，实现“绿证”交易零的突破。制定未来产业发展方案，从未来空间、未来材料、未来健康、未来能源、未来信息五个方面加快布局战略性新兴产业和未来产业，推动新质生产力发展。

三是科技创新发展成效明显。深入实施“科技兴蒙”“人才强心”行动，攻克 44 项关键技术，转化科技成果 137 项，高技术制造业增加值增长 17%，

创新能力指数全区排名第1位、全国排名第30位。打造区域科技创新中心，实现国家乳业技术创新中心实体化运营，获批自治区草种业、动物疫苗技术创新中心和大青山实验室，“乳制品集群”在全区率先入选国家先进制造业集群，乳业全产业链营业收入超过2560亿元，同比增长14%以上；国家高新技术企业达到533家，科技型中小企业达到649家。

四是民生福祉更加可感可及。倾力打造“六大区域中心”，全力建设“五宜城市”，首府人口虹吸能力进一步增强。2023年末，全市常住人口达到360.41万人。开展“智汇青城”“创业启航”等七大专项行动，精心组织实施“1311”就业帮扶，出台“引人留人18条措施”，引进高层次人才团队50余个、高层次人才200余人，院士工作站总数达到14家。深入实施“丁香扎根计划”“十万大学生留呼工程”，留呼就业创业大学生5.2万人，同比增加64%。新增城镇就业6.12万人，完成年度目标任务的102.06%；农村劳动力转移就业37.6万人。深入实施全民参保计划，全市基本养老保险、失业保险、工伤保险参保人数分别达到186.72万人、78.61万人、58.91万人，分别完成目标任务的100.12%、106.5%、109.9%；新增扩面参保9.2万人，完成参保扩面任务的129.58%。全面推进优质教育均衡布局，建成投用中小学、幼儿园14所，新增学位7680个；增加中高级职称岗位3747个，全市中小学同频互动教室覆盖率达到100%。实施国家公立医院改革与高质量发展示范项目，落地2个国家区域医疗中心，街道居家和社区养老服务中心100%覆盖。完善惠民补贴资金“一卡通”直达机制、群众利益评估和分配机制，各族群众获得感、幸福感、安全感持续增强。

五是生态安全屏障更加巩固。深入实施“三北”防护林建设工程、退耕还林工程等国家重点生态工程，完成大青山前坡“生态绿带”、黄河流域沙化土地治理等19个项目，森林覆盖率达15.78%，草原综合植被盖度达46.15%。建成首批国家草原自然公园和全区首个智慧林草生态大数据平台、植物种质资源库，建成2个“绿水青山就是金山银山”实践创新基地、2个自治区级生态文明建设示范区。完成106万亩“三北”六期林草建设任务，

“一口一策”分类整治黄河入河排污口，完成52个黄河流域“清废行动”问题点位整改，全面完成黄河滩区居民332户833人迁建任务。新建城市绿道200公里、口袋公园和社区游园300个、绿化节点1000处，城市更加宜居。5个国控考核断面水质均达到国家和自治区目标考核要求，超额完成燃煤散烧整治任务，各项生态指标均达到10年来最好水平，获评“国家生态文明建设示范市”“绿色出行创建达标城市”。

下一步，呼和浩特市将始终坚持、全面把握铸牢中华民族共同体意识的主线要求，准确把握以中华民族大团结促进中国式现代化的战略目标和总体部署，坚持“首善之地”的标准，落实落细自治区党委《关于全面贯彻铸牢中华民族共同体意识主线的若干措施》和市委《关于以创建铸牢中华民族共同体意识示范市为抓手推动各项工作向主线聚焦的工作方案》，把中华民族共同体建设与现代化区域中心城市建设结合起来，全面推进中华民族共有精神家园建设，扎实推进“六个工程”，带领首府各族群众共同走向现代化、实现共同富裕，在“七个作模范”上彰显责任担当，让“六句话”的事实和道理深入人心，为完成好两件大事贡献首府力量，以优异成绩迎接中华人民共和国成立75周年。

聚焦两件大事 讲好四个故事
奋力书写全方位建设模范自治区新篇章

包头市委统战部

包头是一座在中国共产党领导下全国各族人民支援建设起来的光荣城市，是一座各民族广泛交往、全面交流、深度交融的移民城市。1925 年，中国共产党在包头成立工委。1949 年 12 月，党中央决定把包头列为未来钢铁中心之一，并于 1954 年着手建设包钢。1959 年，在党中央“包钢为全国、全国为包钢”的号召下，来自全国 22 个省区市的 8 万多名建设者齐聚包头，创造了平地起高炉、荒漠变钢城的人间奇迹。60 多年来，“齐心协力建包钢”的红色血脉代代传承，“各族儿女心连心”的生动实践不断拓展，包头从昔日的水旱码头发展成为闻名遐迩的草原钢城、稀土之都、绿色硅都，为共和国实现钢铁梦、锻造国之重器、铸盾砺剑作出重要贡献。“齐心协力建包钢”“三千孤儿入内蒙”“草原英雄小姐妹”等民族团结进步故事激励着几代人共同守卫边疆、共同建设家园，包头分别于 1999 年、2005 年、2009 年 3 次获得“全国民族团结进步模范集体”荣誉称号，2024 年 1 月获评“第十一批全国民族团结进步示范市”。

2023 年，包头市坚持以习近平新时代中国特色社会主义思想为指导，完整准确全面把握和贯彻习近平总书记关于加强和改进民族工作的重要思想，全面落实习近平总书记“铸牢中华民族共同体意识是新时代党的民族工作的主线，也是民族地区各项工作的主线”的重要论断，聚焦聚力办好习近平总书记交给内蒙古的两件大事，讲好产业融合故事、群众身边故事、民族交融故事、城市民族故事，在铸牢中华民族共同体意识上作模范，以实际行动呵护“模范自治区”的崇高荣誉。

一、聚焦聚力落实习近平总书记交给内蒙古的五大任务，忠诚践行习近平总书记对包头作出的“一个创新、三个实现”重要指示，全方位建设模范自治区，讲好产业融合故事

2009 年 8 月 23 日，时任中共中央政治局常委、中央书记处书记、国家副主席的习近平亲临包头视察并作出“一个创新、三个实现”重要指示。这些重要指示的内涵中就包括民族团结进步，这是习近平总书记留给包头取之不尽、用之不竭的宝贵财富。包头市始终坚持以习近平总书记交给内蒙古的五大任务为统领，忠诚践行“一个创新、三个实现”重要指示，赋予所有改革发展以彰显中华民族共同体意识的意义，团结各族干部群众加快推动地区高质量发展，将不断满足各族群众日益增长的美好生活需要作为促进民族团结进步的着眼点和着力点，作为改善民生、凝聚人心的出发点和落脚点，树立雄心壮志，铆足回到历史最高水平的决心和干劲。一是全力建设“两个稀土基地”，打造“世界绿色硅都”，展现各族群众团结拼搏、奋勇争先的包头实践和成效。牢牢抓住《国务院关于推动内蒙古高质量发展奋力书写中国式现代化新篇章的意见》作出的建设“两个稀土基地”重要指示的重大机遇，打造稀土和晶硅光伏两大旗帜型产业集群，建设全球最大的稀土绿色冶炼项目和世界首条固态低压储氢生产线，建成全国首家稀土新材料技术创新中心、国家稀土功能材料创新中心和国家稀土技术标准创新基地，建设稀土永磁电机产业园，投产 22 个项目，稀土产业产值达到 800 亿元。推动高效电池片项目、半导体智能制造项目，多晶硅、单晶硅产能达到全国第一，切片、电池

片、组件产能分别达到45GW、16GW和17GW，产业配套率达到55%，晶硅光伏产业产值达到1200亿元，入围全国新能源产业集聚度最高城市50强。两大旗帜型产业成为包头市高质量发展的强大支撑，各类头部企业齐聚包头，体现了包头市已融入全国产业供应链条，形成边疆地区产业发展融入全国发展大局的生动案例，激发了各族群众齐心协力让包头回到最高水平的雄心壮志。二是围绕新增规上企业、新开工亿元项目的“两新”导向，各族干部群众聚焦“新增”“抓实”“干成”抓项目。开展以季度为单元的重大项目观摩测评，实施重点项目621个，竣工310个，完成投资2064.5亿元，新增规上工业企业118户、限上服务业企业34家、限上贸易企业248家。举办第十五届中国包头·稀土产业论坛、中国硅业大会等近百场主题活动，形成产业链招商主形态，推出场景招商新模式。全年新开工亿元以上项目374个，引进国内（区外）到位资金790亿元，增长37%，战略性新兴产业、高技术制造业增加值分别增长28.8%和9.6%。2023年，GDP总量达到4263.9亿元，增速在全国百强城市中位列第一，经济总量排第72位，让各族群众都能共享改革发展成果。三是推动现代农牧业融合发展，带领各族群众共同增收致富。加快发展新型经营主体，骑士乳业在北交所上市，北辰饲料在新三板挂牌，国家级农牧业龙头企业、自治区级龙头企业分别达到4家、39家，自治区级示范合作社达到94家，创建自治区现代农牧业产业园、田园综合体、农村产业融合发展园区和农业产业强镇，提升农牧业产业链发展水平，农畜产品加工转化率达到79%。建设智慧农牧业场和全国巾帼现代农业科技示范基地，建成玉米、大豆、设施蔬菜3个“看禾选种”平台，225个农作物种质资源入选国家种质资源库，戈壁短尾羊成为自治区主导品种，推广农作物生产全程机械化技术，提升农牧民生产经营水平。塑强3个区域公用品牌，15个农产品进入全国名特优新农产品名录，“达茂草原羊”获评中国地理标志农产品区域公用品牌声誉百强，固阳黄芪列入国家“药食同源”目录，打造绿色有机品牌。拓宽农畜产品销售渠道，11家企业近100款产品入驻国家电投“电能e购”商城，85款名优特产品入驻自治区“内蒙古味道”直播电商选品基地，35 家本地农副产品龙头企业（合作社）产品入驻大型超市，优质特色产品抢订单、拓市场，多渠道增加农牧民收入，让各族人民实实在在感受到推进共同富裕在行动、在身边。四是持续深化对外开放，更好融入国内国际双循环。高标准编制《包头市口岸高质量发展规划（2023—2027 年）》，发展外向型经济，完善满都拉口岸功能布局，航空口岸对外开放，发展泛口岸经济，积极融入中蒙俄经济走廊和向北开放桥头堡建设，口岸过货量突破 500 万吨，创历史新高。开展跨境新能源项目，弥补蒙方电力供应缺口，促进跨境民族工作和对蒙友好工作，推动民族团结、边境安全稳定。推动中国（包头）跨境电子商务综合试验区发展，推进跨境电商数字经济产业园项目，跨境电商公共服务平台上线运行，新设立外资企业 18 家，进出口总值突破 300 亿元，参加“西洽会”“投洽会”“进博会”等交流活动，促进包头市优势产业同国内外产业合作交流，促进优势互补，推动口岸和腹地联动发展。

二、完整准确全面把握和贯彻习近平总书记关于加强和改进民族工作的重要思想，紧紧围绕铸牢中华民族共同体意识这条主线，有形有感有效做好新时代党的民族工作，讲好群众身边故事

2023 年 6 月，习近平总书记在内蒙古考察时，首次提出“铸牢中华民族共同体意识是新时代党的民族工作的主线，也是民族地区各项工作的主线”这一重大论断，对做好新时代民族地区工作具有定向引航的重要指导意义，为进一步做好民族工作、民族地区各项工作指明了前进方向、提供了根本遵循。市委、市政府把深入学习贯彻习近平总书记关于铸牢中华民族共同体意识的重要论述作为重要政治任务，市委书记带头履行第一责任人职责，带头谋划部署、把关定向、督导落实，在市委常务委员会、市委全委会作出安排部署，研究制定了《中共包头市委员会关于深入学习贯彻习近平总书记在内

蒙古考察时的重要指示精神坚定自觉肩负全方位建设模范自治区包头使命的意见》《中共包头市委员会关于全面贯彻铸牢中华民族共同体意识主线的具体措施》，搭建宣教平台，宣讲先进典型，打造实物实景，讲好群众身边的故事，使人人明白铸牢中华民族共同体意识的道理、处处可见铸牢中华民族共同体意识的场景，营造铸牢中华民族共同体意识的浓厚氛围。

一是有形有感有效开展铸牢中华民族共同体意识宣传教育。建立“互联网+民族团结”宣传矩阵，开展民族团结进步百场宣传教育、百期媒体报道、百名典型宣传、百家示范选树“四百”主题活动，以文艺汇演、主题宣讲、知识问答等形式，深入社区、企业和学校宣讲1800多场次。制作《和美包头同心筑梦 包头市创建全国民族团结进步示范市》宣传片、《火红的石榴籽》原创主题曲视频以及“融合”系列宣传视频，推广原创短视频1500多个。塑造文化宣传阵地，在包头市党政办公楼打造民族团结进步创建工作文化长廊，在各商业街区800余块电子屏和8000个移动车载媒体滚动播放民族团结进步内容。充分利用爱国主义教育基地、民族团结进步教育基地、铸牢中华民族共同体意识教育实践基地，推动民族团结进步宣传教育人文化、大众化、实体化，各族干部群众参观达17万人次。大力推广国家民委铸牢中华民族共同体意识宣教品牌——“道中华”微信公众号，关注用户总数达50余万人，居全区第一，使各族群众在潜移默化、耳濡目染中铸牢中华民族共同体意识。在全市各中小学开展民族团结进步“九个一”活动，开设“石榴籽育人小课堂”，在包头轻工职业技术学院率先推广普及《中华民族共同体概论》教材，将该校确定为自治区唯一的教材试讲点试讲院校，为全区推广使用教材作出示范，获评国家民委《中华民族共同体概论》教学资源申报优秀组织单位。

二是打造各族干部群众团结奋斗建设包头的标志标识。把市县两级民委全部列为同级城市规划委员会成员单位，在公园广场以及博物馆、文化馆等公共空间规划设计建设中发挥“把关”作用，增加反映民族团结进步的元素，创新打造各民族共享的中华文化符号景观小品100余处，建设包头市铸牢中华民族共同体意识体验馆，使铸牢中华民族共同体意识相关内容抬头可见、随处可学。结合推进“两个稀土基地”建设，纪念在包头稀土发展中作出突出贡献的国家领导人和科学家，将森林公园更名为方毅广场，推动为方毅副总理和丁道衡等8位科学家设立雕像，选取在包头建设发展不同时期作出突出贡献的先进人物，在公园、广场等公共空间设立宣传栏，反映在党中央的直接支持和关怀下，各族群众共同建设包头的奋斗历程，促进“三个离不开”“四个与共”“五个认同”更加深入人心。

三是讲好群众身边的模范典型故事。以培育选树和学习宣传劳动模范、道德模范、民族团结进步模范等各类典范为主要抓手，充分发挥典型的榜样示范引领作用，广泛动员人民群众参与经济社会建设、文明实践、民族团结进步事业，培育出卢仁峰、戎鹏强2名“大国工匠”，获评全国、全区劳动模范、五一劳动奖的单位和个人1200多个，推树全国道德模范及提名奖12人、自治区道德模范及提名奖60人，培树全国民族团结进步模范集体17个、模范个人17个，自治区级民族团结进步模范集体136个、模范个人171个，扛起了时代赋予的光荣使命，为包头市经济社会高质量发展凝聚磅礴力量。充分运用各种宣传平台和媒体，开展全方位、多角度、立体化的褒扬宣传，通过宣讲、专题讲座、微课堂、体验互动等形式，组建模范事迹宣讲团走进机关、校园、企业、社区等地，开展劳模工匠事迹宣讲，“讲好身边的民族团结故事”宣讲，“以榜样为镜 与好人同行”“最美包头人”事迹展播等活动近1500余场，使崇尚模范、礼赞模范、学习模范、争当模范成为包头这座拥有深厚历史积淀的城市的独特气质，继承传统美德、弘扬民族精神，用群众身边的榜样激励身边的人，用发生在群众身边的典型事迹铸牢中华民族共同体意识，使各民族守望相助、携手奋进。

四是深入持久推进民族团结进步创建工作。1983年，包头市在内蒙古自治区率先启动民族团结进步模范表彰活动，从1984年开始每年坚持开展“民族团结进步活动月”活动，形成“一周两月”常态化长效化宣传教育机制，创建工作由聚焦重点群体向覆盖全面转型，由偏重理论宣教向普及生活转型，由侧重物质实效向兼顾价值内涵转型。结合各旗县区实际，探索“齐心协力建包钢”“军民融合护团结”“红色革命聚共识”“‘两个屏障’保安宁”等“一区一主题”“一进一特色”创建模式，升级“黄河文化示范带”“现代化示范带”“红色文化示范带”“守边固边兴边示范带”4个民族团结进步创建示范带和“边境民族团结进步示范廊”1个民族团结进步创建示范廊，形成以点穿线、以线连片、以片扩面的创建格局，走出了一条富有新时代特点、彰显中华民族精神、体现包头特色的民族团结进步创建之路。充分发挥雷锋车队“多民族成员服务各族群众”的“头雁”效应，打造一批“两新组织”民族团结进步示范实体，在开展公益活动、就业创业、法律咨询、便民服务等方面产生良好的社会效应。包头市和青山区成功创建第十一批全国民族团结进步示范市和示范区，石拐区、敕勒川博物馆等13个地区和单位被命名为第九批全区民族团结进步示范区示范单位，共培育10个国家级、55个自治区级、710个市级民族团结进步示范单位。

三、牢记习近平总书记嘱托，传承“齐心协力建包钢”“三千孤儿入内蒙”“草原英雄小姐妹”历史佳话，打响“北疆文化”包头品牌，讲好赓续“三交”故事

“多元”“融合”是包头的城市特质，也是包头建设中华民族共有精神家园的天然优势，从胡服骑射、昭君出塞到“一五”时期的建设，处处体现出各民族交往交流交融的共生生态。

一是传承好“齐心协力建包钢”历史佳话。升级打造齐心协力建包钢展陈馆、周恩来总理剪彩的“自治区不可移动红色文物”——一号高炉现场展厅、世界稀土之都红色历程博物馆，生动展现来自全国22个省、55个市、727个单位的8万多名建设者发生在包钢的民族团结进步故事，鲜活再现新中国第一个少数民族自治区大型工业企业“诞生记”。动员20余名包钢第一代建设者、老干部撰写回忆录，进行专题采访，录制专题片《红色力量》《包头

记忆》，整理出版《红色包钢印记》《红色传承——包钢共产党员的足迹》等书籍，共话“齐心协力建包钢”背后的故事，使各族党员干部切身感悟到“齐心协力建包钢”的历史就是党领导各族群众共同团结奋斗、共同繁荣发展的历史的缩影。

二是宣传好“三千孤儿入内蒙”感人事迹。建立“三千孤儿入内蒙”展厅，以包头抚养长大的“国家的孩子”及其后代为主题，创作推出场景舞台剧《国家的孩子》、辅导读本《国家的孩子在包头》、漫瀚剧《都贵玛》等文艺作品，深情讲述各族人民亲如一家、相互交融、互帮互助、大爱无疆的动人故事。

三是传颂好“草原英雄小姐妹”英雄赞歌。升级打造草原英雄小姐妹事迹展览馆，融入沉浸式体验式参观、各族青少年交流研学、铸牢中华民族共同体意识教育课堂等功能，全年接待游客 20 万人次。龙梅、玉荣定期与各族青少年“面对面”讲述事迹、宣传党的民族政策，爱国主义和集体主义精神在各族青少年心中扎根。

四是积极探索“民族团结+文旅融合”新路径。以多元文化资源赋能文旅产业，促进各民族交往交流交融，把中华文化符号和中华民族形象有机融入群众文化、文艺汇演、展示展演活动，制作“让文物说话”系列访谈节目。在传统节日和重要节点，举办鹿城文化艺术节、博物馆之夜、图书馆音乐会、街头演唱会等形式多样的文旅活动 1500 场，用中华文化来浸润民族团结，推动中华优秀传统文化创造性转化、创新性发展，促进各民族相互交融、美美与共。在重大旅游项目中注入铸牢中华民族共同体意识内涵，打造包头金街、九原区横竖街，让特色街区热起来、火起来。推进民族团结进步创建进景区，建设赵北长城文化展示区、秦长城国家文化公园、黄河湿地国家文化公园，形成黄河文化旅游线、大青山革命文化旅游线、军工文化旅游线、草原生态旅游线 4 条彰显中华民族共同体意识的文旅线路和 3 条非遗旅游线路。创建非遗特色村镇 2 家、非遗特色街区 4 家，搭建了各族群众交往交流交融的纽带。推动土默特右旗红色革命展览馆、王若飞纪念馆、百灵庙武装暴动展览馆提档升级，打造集参观游览、体验式培训为一体的红色教育基地。打造促进民族团结进步旅游品牌，使特色旅游成为促进各民族广泛交往交流交融的主阵地。组织乌兰牧骑和艺术剧团深入基层开展文化惠民演出 310 多场，免费发放 14 万张景区惠民电子门票，文旅活动丰富多彩，让各族群众真切感受到中华民族大家庭的温暖。

五是推进各族青少年交流计划。实施“培根铸魂”“文化浸润”“携手同行”行动，组织青少年文化体育赛事、志愿服务、“小鹿回家”大学生社会实践等交流活动，承办“携手青春伙伴，共创地球家园”“包头会客厅——2023 年中蒙俄友好省市青少年线上交流”活动，引导 5 万多名大中小学生共同学习生活，促进相互了解、相互学习、共同成长。

六是推进各族群众互嵌式发展计划。以固阳县为试点，在包头市区设置固阳县驻包党群服务中心，打造“固里”同心项目，以铸牢中华民族共同体意识为主线，融合党建、政务、新时代文明实践活动等内容，把服务活动延伸到各族外出流动群众中，为进城工作生活的 6 万多群众排忧解难，解决其多样化需求，将党群服务中心建设成为各族群众办事、学习、交流的温馨家园，实现以活动促团结、以办实事聚民心，构筑各族群众共有精神家园。

四、始终坚持把城市打造成为铸牢中华民族共同体意识和促进各民族交往交流交融的重要平台，发挥城市功能辐射带动作用，推动各族群众享受均等化、同城化待遇，讲好城市民族故事

建市之初，包头市是全国唯一由中央直接批复城市规划方案的城市，如今是国家重要的基础工业基地和全球轻稀土产业的中心。“海纳百川、开放包容、敢于创新、勇闯天下”是包头的城市精神，如今的包头发展前景广阔、吸引能力强、人口流动融居趋势不断加速，城镇化率 86. 88%，91. 3%的少数

民族群众生活在城市。包头市立足地区实际，突出抓好城市民族工作，创造更加完善的共居共学、共建共享、共事共乐的社会条件。

一是搭建“一站式”综合服务平台。从居住生活、工作学习、文化娱乐等日常环节入手，对生态移民、拆迁安置、乡村建设过程中的新建集中居住区，采取互嵌式混居方式进行安置，形成同小区共单元、同村庄共小组的生活结构，不断增进各族群众的交往交流交融。在全市 294 个社区中建成 336 个四级党群服务中心、新时代文明实践站，搭建“一站式服务”平台，为各族群众提供就业指导、子女入学、医疗卫生、社会救助、法律援助等方面的服务，满足各族群众生产生活需求。

二是组织开展“红石榴”系列品牌活动。建设 120 家“红石榴家园”，做好流动人口的服务管理，充分利用社区党群服务中心，把宣传党的民族政策、弘扬中华优秀传统文化融入社区环境建设，融入居民日常生活，打通为民服务的“最后一公里”。建设“红石榴文化大院”，丰富民族团结联谊活动形式和内容，各族群众同庆传统节、同吃团结饭、同照全家福、同建好友群，形成各族群众交往交流交融的重要阵地。打造“红石榴创业就业培训室”，为 13 万名求职者提供就业服务，为 6 万多人进行职业技能培训，城镇新增就业 4 万人。打造“红石榴志愿服务队”，开展文艺进万家、法制进校园、学习雷锋好榜样、卫生健康服务、助农“三下乡”、红色文化宣讲等“红石榴”志愿服务 500 余次，解决各族群众日常生产生活中的揪心事、烦心事，让各族群众切身体会到民族团结带来的福祉，增强各族群众的凝聚力。

三是多措并举关心关爱新市民。坚持以产兴城、以城聚人，以热情拥抱和贴心服务让来包工作的新市民感受到包头的温暖，愿意留在包头安家扎根、乐居乐业，共同建设美好家园。针对高层次引进人才及外地来包企业职工，制定出台了“事业编制企业用”“人才政策包 550”、关心关爱新市民 22 条措施，推出了“爱包头”工会会员卡，打造“爱包头”职工共享服务综合体，开展“春送岗位、夏送清凉、金秋助学、冬送温暖”活动，打造关心关爱新市民等工会服务新品牌，出台“温暖来包路，欢迎新市民”交通补助和“求学圆梦”学历提升等一系列务实有效的举措，让各族群众“愿意来、留得住、融得进、发展好”。

四是积极构建基层民族事务共建共治工作格局。完善社会治理中心矛盾纠纷多元化解“一站式”平台，把民族事务纳入基层社会治理工作中，配备了915名民族工作助理员，构建市、旗县区、街镇（苏木）、社区（村、嘎查）“四级联动”的民族事务治理工作体系。招募“小巷管家”1.2万名，汇民智、聚民力，助力社会治安和谐稳定。以3个“一号”（全面实施市域社会治理现代化项目“十百千”一号工程，全力推进“包你放心”优化法治化营商环境“一号行动”，整合搭建智治政法集成应用“一号平台”）为牵引，构建“四级联动”共建体系，深化政治、法治、德治、自治、智治“五治联创”，形成民族事务共建共治格局。全市99家律师事务所与545个村（居）委会签订公益法律服务协议，依法保障各族群众合法权益。

下一步，包头市将深入学习贯彻习近平总书记关于加强和改进民族工作的重要思想，认真贯彻落实习近平总书记在中共中央政治局第九次集体学习时的重要讲话精神，深入贯彻习近平总书记对内蒙古的重要指示精神，把铸牢中华民族共同体意识的切入点、发力点找准谋实；紧紧围绕铸牢中华民族共同体意识这条主线，将其融入各项工作；构筑中华民族共有精神家园，在“共同性”上做文章、出实招，创造各民族共居共学、共建共享、共事共乐的条件，促进各民族交往交流交融，巩固深化民族团结进步创建成果，推动民族地区加快现代化建设步伐；提升民族事务治理体系和治理能力现代化水平，防范和化解民族领域风险隐患，推动新时代党的民族工作高质量发展，为全方位建设模范自治区贡献包头力量。

坚定不移 砥砺奋进
把铸牢中华民族共同体意识
主线有效融入各项工作

呼伦贝尔市委统战部

近年来，呼伦贝尔市委紧紧围绕铸牢中华民族共同体意识工作主线，认真贯彻落实党中央决策部署和自治区党委关于全方位建设模范自治区的部署要求，统筹经济发展、改善民生与凝聚人心，大力实施“四个百千万”工程，积极推进“六带三基地一家园”建设，聚力打造“守望祖国北疆·共绘多彩呼伦贝尔”民族团结进步品牌，在推动新时代党的民族工作高质量发展上取得积极成效，为全方位建设模范自治区贡献了呼伦贝尔力量。现将有关情况报告如下。

一、聚焦主线，狠抓落实，确保党中央决策部署和自治区党委工作要求在呼伦贝尔见行见效

呼伦贝尔市委坚持把铸牢中华民族共同体意识作为各项工作的主线，在始终如一呵护好模范自治区崇高荣誉上勇担使命、矢志奋斗，将创建全国民族团结进步示范市作为全面落实党的民族政策的主要抓手，实施“六带三基地一家园”工程，团结带领各族干部群众不断增强感党恩、听党话、跟党走

的坚定自觉，有力推动党中央决策部署和自治区党委工作要求在呼伦贝尔见行见效。2024 年 1 月 23 日，国家民委发布《关于命名第十一批全国民族团结进步示范区示范单位的决定》，呼伦贝尔市榜上有名。

（一）党对民族工作的领导不断加强

坚持把党的全面领导贯穿民族工作全过程各方面，将其纳入党的建设和意识形态工作责任制，作为政治考察、政治巡察、政绩考核和常态化大督查的重要内容。市委制定出台《呼伦贝尔市创建铸牢中华民族共同体意识示范区实施方案》，扎实开展“四个百千万”工程；市委主要负责同志坚决扛起“第一责任人”责任，亲自部署、亲自督办，带队赴国家民委汇报对接，积极争取民族团结进步创建、中华民族共同体建设、实施“三项计划”等方面的指导支持，及时召开市委民族工作会议，传达学习党中央重大决策部署和自治区党委有关工作要求，先后多次召开市委常委会会议、统战工作领导小组会议，听取情况汇报、研判分析形势、明确目标任务，多次深入基层一线实地指导工作，推动解决民族宗教领域重点难点问题，确保全市民族工作始终沿着正确方向前进。

（二）各族人民共同富裕持续巩固

坚持把加快发展作为解决民族问题的根本途径，不断夯实铸牢中华民族共同体意识的物质基础。2022 年，全市地区生产总值达到 1536 亿元，增长 4.6%，增速跃居全区第 3 位，全市经济发展保持良好态势；近三年，全市人均地区生产总值实现连续增长，城乡居民人均可支配收入比值实现连续缩小。不断提升公共服务保障水平，完善创业扶持政策，健全普惠托育服务体系，加强医疗服务体系建设，推进智慧广电、全民阅读、公益电影放映等文化惠民工程，解决了呼伦湖综合治理、林区公路建设、集中供热保障等一批多年想解决未能解决的问题，各族群众获得感、幸福感、安全感不断增强。

（三）中华民族共有精神家园建设扎实推进

大力弘扬以爱国主义为核心的民族精神和以改革创新为核心的时代精神，在两级行政事业单位开展了“我的工作与铸牢中华民族共同体意识大学习大讨论”活动。义务教育阶段原民族语言授课学校、民族语言授课幼儿园全部实现国家通用语言文字教学、保育，全市近500所中小学校和幼儿园、近25万名师生全覆盖常态化开展民族团结进步教育“七个一”活动。精心组织开展了“民族政策宣传月”“民族法治宣传周”活动，累计举办活动680余场次，参与群众15万余人次。举办了全市铸牢中华民族共同体意识知识竞赛，首次发起铸牢中华民族共同体意识网上有奖知识竞答活动，参与群众达35万余人次，主线意识得到进一步强化，铸牢中华民族共同体意识的思想基础不断夯实。

（四）各族群众交往交流交融不断深入

聚焦营造各族群众共居共学、共建共享、共事共乐的良好环境，持续推进“六带三基地一家园”建设。实施边境民族团结进步示范带项目8个、“双百示范带”项目106个、民族区域自治制度基层实践示范带项目7个、民族团结进步提档升级项目20个，打造地企联建示范企业5个，建成铸牢中华民族共同体意识青少年研学基地12个。推出旅游促进各民族交往交流交融精品线路，开展“青春边关行同心营”青少年交流活动、“跨区域合作共建”各族群众互嵌式发展活动，加快构建互嵌式社会结构和社区环境，将铸牢中华民族共同体意识的工作要求全面融入社区服务管理各环节。及时掌握少数民族流动人口动态变化、思想状况、困难诉求，健全基本公共服务体系，补齐民生领域短板，让各族群众共享改革发展成果，铸牢中华民族共同体意识的社会基础不断夯实。

二、锚定目标，创新举措，把铸牢中华民族共同体意识贯穿民族地区各项工作全过程各方面

（一）紧扣主线加强党的全面领导，进一步夯实铸牢中华民族共同体意识的政治基础

坚持从中华民族伟大复兴的战略高度把握铸牢中华民族共同体意识的重大意义，从忠诚拥护“两个确立”、坚决做到“两个维护”的政治高度来学习贯彻落实习近平总书记关于加强和改进民族工作的重要思想，坚决做到从政治上看、从政治上学、从政治上办，不折不扣推动习近平总书记对内蒙古的重要指示精神落地见效。注重发挥各级党组织把方向、管大局、保落实的领导作用，将铸牢中华民族共同体意识作为政策制定、项目上马、基础建设、资金投放等重大决策的前置审核条件，推动各级党组织和领导干部想问题、作决策、上项目、抓工作都把是否有利于铸牢中华民族共同体意识作为衡量标尺和检验标准，确保全市所有工作都向铸牢中华民族共同体意识这条主线聚焦聚力。

（二）紧扣主线持续深化宣传教育，进一步夯实铸牢中华民族共同体意识的思想基础

聚焦构筑中华民族共有精神家园，深入理解把握铸牢中华民族共同体意识的精神实质，常态化做好宣传教育和理论阐释，用共同理想信念凝心铸魂。实施“百名书记讲党课、千场座谈话团结、万名党员入村屯”工程，进一步完善全员化、常态化、分众化的宣传教育机制，推动中华民族共同体意识根植于各族干部群众心灵深处。组织全市百名党委（党组）书记围绕习近平总书记关于“铸牢中华民族共同体意识是新时代党的民族工作的主线，也是民

族地区各项工作的主线”的最新重大论断讲授专题党课，动员广大干部职工立足本职岗位建功立业，以有形之魂、有感之举、有效之方抓好铸牢中华民族共同体意识各方面工作。在全市党政机关、企事业单位组织开展“我的工作与铸牢中华民族共同体意识”千场座谈讨论活动，全面分析检视本职工作与铸牢中华民族共同体意识相关要求的结合点与切入点，并在本职工作中落实党的民族政策和铸牢中华民族共同体意识相关要求。结合主题教育，动员组织万名党员干部深入嘎查村屯、城市社区开展调查研究，通过“小范围”座谈、“面对面”交流、“零距离”互动，宣传宣讲党的民族政策，向各族群众讲清楚“六句话”的事实和道理，引领各族群众更加由衷地感党恩、听党话、跟党走。

（三）紧扣主线加快推进转型升级，进一步夯实铸牢中华民族共同体意识的物质基础

坚持把加快发展作为解决民族问题的根本途径，围绕“赋予所有改革发展以彰显中华民族共同体意识的意义”的重要要求，带领全市各族干部群众坚定不移走生态优先、绿色发展之路。坚持扬长避短、培优增效的发展思路，以完成好“五大任务”、全方位建设模范自治区和推深做实产业发展“五大行动计划”为抓手，用活用好“4+5+N”整体推进机制，在传承创新民俗文化、推深文旅提标提效、强化农畜精深加工、做强沿边对外贸易等方面用好政策、创新思路、实化举措，完善富民产业利益联结机制，推动各族群众持续增收致富，形成民族地区各具特色、各有所长的发展新格局，在现代化建设中有效推动各族群众生活互动、文化交流、民族交融。

（四）紧扣主线打响“北疆文化”品牌，进一步夯实铸牢中华民族共同体意识的文化基础

将铸牢中华民族共同体意识作为创作文艺作品、艺术演出、文博展览、

开展群众活动等文化传播活动的中心任务和评价标准，推动所有文化传播活动及其内容都要赋予铸牢中华民族共同体意识的内涵。实施“百团演出下基层、千支队伍微宣讲、万名干部大培训”工程，推动各民族坚定对伟大祖国、中华民族、中华文化、中国共产党、中国特色社会主义的认同，构筑中华民族共有精神家园。组织呼伦贝尔艺术剧院、旗市区乌兰牧骑以及民间艺术团体深入基层一线开展“百团千场”惠民演出，通过积极向上的文艺作品和生动形象的表演方式宣传党的民族政策，促进各民族交往交流交融。建立1100支“石榴籽志愿服务宣讲队”，深入一线用群众听得懂、易接受的方式宣讲中央和自治区党委民族工作会议精神，形成覆盖全域、教育全民的“润物环境”。在率先实现民族团结进步主题广场（公园）旗市区全覆盖的基础上，推动有条件的乡镇（苏木）积极建设不同类型的民族团结进步主题活动区，让各族群众在休闲和运动中交往交流交融。

（五）紧扣主线增进民生福祉，进一步夯实铸牢中华民族共同体意识的社会基础

始终坚持以人民为中心的发展思想，统筹推进各项社会事业发展，不断提升公共服务的均衡性和可及性，有效增加城乡居民收入，持续提升各族群众生活品质，让各族群众共居共学、共建共享、共事共乐，切实把发展成果落实到改善民生、凝聚人心、增进团结上。实施“百姓联姻促团结、千家结对奔小康、万户共画同心圆”工程，努力为全市各族群众广泛交往、全面交流、深度交融创造良好环境，推动各民族在空间、文化、经济、社会、心理等方面全方位嵌入。立足呼伦贝尔众多民族通婚和深度交融的实际，评选出100户多民族“最美石榴籽家庭”，积极传承夫妻和睦、尊老爱幼、科学教子、勤俭持家、邻里互助的中华民族家庭美德，以家庭为细胞激发共同团结进步、共同繁荣发展的内生动力。以苏木乡镇（街道）为单位，评选出1000对“邻里称道、乡亲认可、社会好评”的不同民族家庭团结互助好邻居，倡

导百姓联姻、千家结对、万户同行。充分利用嘎查村（社区）活动场所，开展好“邻里才艺展”“邻里联欢会”等活动，让“民族团结重在交心、以心换心”的理念在社区生根发芽。通过挖掘并讲好“上海孤儿在北疆”“知识青年到草原”“各族儿女入抗联”“兴安岭上金兰谱”“京蒙携手促脱贫”等民族团结进步故事，全面展示呼伦贝尔各族人民像石榴籽一样紧紧抱在一起，共同建设伟大祖国、共同创造美好生活的精神风貌。

（六）紧扣主线扎实推进依法治市，进一步夯实铸牢中华民族共同体意识的法治基础

将民族工作纳入全面依法治市的大局中推进，在法治轨道内铸牢中华民族共同体意识，构筑各民族共同团结奋斗、共同繁荣发展的法治根基。大力推广四级矛盾纠纷调处机制，依法妥善处理各领域民族事务，有力保障各族群众合法权益。实施“百座哨所固北疆、千名牧民巡国境、万众军民守边关”工程，站在筑牢祖国北疆安全稳定屏障的战略高度，立足呼伦贝尔毗邻俄蒙、三国交界、边境线长的特点，深入推进固边兴边富民行动。培育选树百座“蒙古包哨所”、千户“牧民哨兵”模范，引领带动广大牧民与边防官兵共同巡边护边，促进稳边固边，努力做到“每一座蒙古包就是一座哨所，守卫着千里边防；每一个牧民就是一个哨兵，为伟大祖国站岗”，动员万众军民合力筑牢祖国北疆安全稳定屏障。

（七）紧扣主线全面从严管党治党，进一步夯实铸牢中华民族共同体意识的组织基础

贯彻新时代党的建设总要求，层层压紧压实管党治党的主体责任和监督责任，做深做实主题教育和“感党恩、听党话、跟党走”群众教育实践活动，以高质量党建引领保障铸牢中华民族共同体意识主线贯穿各项工作全领域全过程全方面。坚持民族地区“四个特别”好干部标准，大力培养选拔“维护

党的集中统一领导态度特别坚决、明辨大是大非立场特别清醒、铸牢中华民族共同体意识行动特别坚定、热爱各族群众感情特别真挚”的干部，树立鲜明选人用人导向。充分发挥考核“指挥棒”作用，将铸牢中华民族共同体意识情况作为领导班子和领导干部绩效考核、述职述廉的重要内容，引导党员领导干部结合职能职责，真正找准将铸牢中华民族共同体意识作为本职工作主线的切入点、着力点。注重发挥典型引领示范作用，将是否铸牢中华民族共同体意识作为各级各类评选表彰的重要条件，在宏观上提供方向性启示，在微观上展示示范性引导，用铸牢中华民族共同体意识的先进典型引领全市各族群众牢固树立共同体理念，引导各族群众以铸牢中华民族共同体意识为己任，为建设中华民族共同体作贡献。坚持激励约束并重，用足用好政治巡察、常态化大督查等有效手段，健全完善政治监督清单化、督查检查常态化、发现问题台账化、督促整改动态化、考核评价精准化等推进机制，持续压紧压实全市各级党组织和党员领导干部铸牢中华民族共同体意识、全方位建设模范自治区的工作责任，确保常态化制度化推进，按时保质保量完成各项目标任务。

全面展现建设“两区一窗口”的生动实践

兴安盟委统战部

兴安盟总面积近6万平方公里，人口141.7万，是由汉、蒙古、满、回、朝鲜等41个民族组成的大家庭。作为党领导的第一个省级民族自治区诞生地和党的民族区域自治制度最早成功实践地，兴安盟始终牢记嘱托、感恩奋进，坚持以铸牢中华民族共同体意识为主线，以两次成功创建“全国民族团结进步示范盟”为起点，以打造新时代我国民族团结进步的样板区、铸牢中华民族共同体意识的示范区、向世界展示中国特色解决民族问题正确道路优越性的重要窗口试点为抓手，持续为全方位建设模范自治区贡献力量。

一、加强党的全面领导，夯实铸牢中华民族共同体意识的政治基础

坚决落实“铸牢中华民族共同体意识是新时代党的民族工作的主线，也是民族地区各项工作的主线”的重要政治要求，推动经济建设、政治建设、文化建设、社会建设、生态文明建设和党的建设等都紧紧围绕、毫不偏离这条主线。

一是统筹谋划赢主动。将铸牢中华民族共同体意识写入“三定”规定，列入年度计划、工作要点和工作总结，并按照不低于1/3的比例进行抽检，做到融入日常、抓在经常。制定出台《关于以铸牢中华民族共同体意识为主

线推进新时代党的民族工作高质量发展的实施意见》和《关于全面贯彻铸牢中华民族共同体意识主线的实施方案》，正在会同中央民族干部学院编制“两区一窗口”试点工作方案，系统部署民族工作干什么、怎么干、谁来干、如何干等问题，进一步明确了任务、压实了责任。始终把民族工作作为“一把手”工程，开展党建引领铸牢中华民族共同体意识专项行动，加强政治、思想、组织等“八个引领”，推动各级党组织更好发挥政治功能和组织功能。在全区率先实现乡镇苏木全部配备专职统战委员并进入党委班子，旗县市民委主任全部进入同级统战部领导班子，基层统战工作力量更加充实。

二是理论武装强内功。认真落实“第一议题”制度，对习近平总书记和党中央关于民族工作的重要指示、重要部署第一时间学习贯彻，盟委理论学习中心组每年集中学习、专题研讨党的民族政策理论不少于 2 次。发挥“关键少数”表率作用，举办兴安盟推进新时代党的民族工作高质量发展专题报告会，盟委书记带头解读中央民族工作会议精神，带头撰写理论文章并在《瞭望》周刊刊发。各级党委（党组）书记每年至少讲 1 次专题党课，理论学习中心组每年至少开展 1 次集中学习研讨。发挥党校主阵地作用，将铸牢中华民族共同体意识相关内容纳入盟旗两级党校主体班次学习内容，课时占比不少于 20%。盟委党校同中央民族干部学院合作开发“六句话”的事实和道理教学课程体系，培训学员 64 期、6000 余人次，收到良好成效。在兴安职业技术学院和盟委党校分别成立铸牢中华民族共同体意识理论研究基地和实践研究中心，探索铸牢中华民族共同体意识从理论研究到实践层面的方法路径。与自治区党委党史和地方志研究室合作开展的“内蒙古努力呵护模范自治区崇高荣誉研究”课题获评“优秀”，为全区党员干部党性教育和思政教育提供了生动教材。

三是建章立制抢先机。建立完善将铸牢中华民族共同体意识作为兴安盟各项工作主线的组织领导、发展规划、理论研究、宣传教育、政策法规、风险防控、考核评价、监督检查等综合性制度体系，制定实施“兴安盟落实铸牢中华民族共同体意识工作要求前置联审制度”，使贯彻主线成为做好各项工作的前置条件和刚性约束。实行盟委书记民族工作谈话制度，定期就落实铸牢中华民族共同体意识主线要求的重点工作、重要问题和重大事项开展专题谈话，压实党委（党组）书记民族工作责任。这一做法得到国家民委肯定，并作为典型做法推广。制定完善盟委民族工作联席会议和民委委员制度，健全民委委员单位定期调度、专项述职等五项机制，实行月调度、季通报、年述职，确保民族工作联席会议充分发挥作用、解决实际问题，避免“虚化”。

二、持续用力构建中华民族共有精神家园，夯实铸牢中华民族共同体意识的思想基础

坚持重在平时、重在交心、重在行动、重在基层，注重人文化、实体化、大众化，有形有感有效铸牢中华民族共同体意识。

一是创新平台载体于有形。深入开展“石榴籽同心筑梦”系列活动，在全社会开展中华文化大家学，在城市社区开展各族群众互帮互助，在基层群众中开展“感党恩、听党话、跟党走”，在教育系统开展推广普及国家通用语言文字助教助学，在边境地区开展同心戍边等活动万余场，覆盖各族干部群众超百万人次。广泛开展“抵边牧户升国旗”“我为祖国戍一天边”“我在北疆看日出”“最美边防线 齐心戍北疆”等主题活动，凝聚边境地区干部群众“扎根边疆、心向中央”的共识。同时，充分挖掘利用“一馆三址”等红色资源，精心组织开展“十个一”红色主题系列活动，通过在内蒙古民族解放纪念馆“经历一段光辉岁月”、在五一会址“感受一次五一大会”、在中国共产党内蒙古工作委员会办公旧址“聆听一次党中央的声音”、在兴安领创“体验一次共有精神家园”、观看一场红色剧目、听一次“六句话”的事实和道理专题课、学唱百首北疆红色歌曲并听一次“赞歌”背后的故事、赶一场“石榴籽”邻里文化大集、植一片“枫榆同舟”团结林、走一条精品红色旅游线路，让各族群众在“学、看、听、走”的过程中，更加坚定地听党话、感党

恩、跟党走。持续加强北疆文化品牌建设，打造集红色文化和草原文化、农耕文化、黄河文化、长城文化等于一体，守望相助、团结奋斗的“兴安岭上兴安盟”文化标识，创设200余处、1000多个体现中华文化符号和中华民族形象的场景，让铸牢中华民族共同体意识相关内容抬头可见、随手可学、处处能感知。

二是深化宣传教育于有感。发挥好26处宣传教育基地、37处实践创新基地和1088个促进会的作用，使铸牢中华民族共同体意识的载体更实、力量更足。精心建设兴安领创展示体验中心，打造集演出展览、非遗传承、宣传教育等多种功能于一体的中华民族共同体意识体验馆。与中国传媒大学联手打造推广具有示范意义的国家通用语言文字助力乡村振兴实训基地，教育引导各族农牧民讲好普通话、卖好农产品、做好新农人。深入实施“一个引领、八个争做”行动，组织开展“村来村去展·找找老照片、谈谈新变化”，劳模工匠先进典型讲身边事，民族团结进步模范代表巡回宣讲等实践活动，让各族群众弄清楚恩从何来、惠在何处。在北京中国共产党历史展览馆举办“兴安盟·五角枫”杯世界疏林草原摄影大展、科尔沁蒙古族刺绣脱贫致富展，创作《生生不息的赞歌》《草原上升起不落的太阳》《习总书记回信了》等一批文艺作品，反映兴安盟各族群众脱贫攻坚的电视剧《枫叶红了》在中央电视台黄金时间播出，取材兴安盟三角山哨所真实故事编创制作、反映各族军民共同守边戍边的电影《守望相思树》荣获中国电影华表奖，全国百家媒体走进兴安盟开展铸牢中华民族共同体意识主题采访活动，集中宣传展示兴安各族儿女心向党中央、感恩总书记、奋进新征程的时代风貌。

三是强化示范引领于有效。在全社会广泛开展“三学一带一创”活动，深入实施新时代公民道德建设“十大行动”，推动农村牧区守村规、改陋习、重诚信、讲互助，大力培育和践行社会主义核心价值观。坚持以创建文明城市、文明村镇等“六大创建”为引领，发挥先进典型的示范带动作用，6个旗县市全部创建为全区文明城市，乌兰浩特市被国家民委确定为赋予“三个意义”联系点。兴安盟共有25个国家级文明单位，62人荣登中国和内蒙古好人榜，52人获评全国和全区道德模范，“同心共筑中国梦”成为各族群众的共同追求。

三、全力推动经济社会高质量发展，夯实铸牢中华民族共同体意识的物质基础

坚持赋予所有改革发展以彰显中华民族共同体意识的意义，聚焦办好两件大事，全力落实“六个工程”，持续抓好“三稳五进”，坚定不移走以生态优先、绿色发展为导向的高质量发展新路子。兴安盟地区生产总值由2020年的548亿元提高到2023年的703亿元，年均增长5%。

一是擦亮生态底色。始终牢记“国之大者”，持续做好保护、治理、转化三篇文章，先后获评“国家生态文明建设示范盟”和“绿水青山就是金山银山”实践创新基地。严格落实主体功能区战略，把43.5%的土地面积纳入生态保护红线。兴安盟森林覆盖率和草原植被盖度达到33.4%和74.1%，高于全国10个百分点和24个百分点。统筹山水林田湖草沙系统治理，深入推进“三北”工程建设，举全盟之力坚决打赢科尔沁沙地歼灭战。围绕实现“灭黄、治白、增绿”目标，深入实施风电光伏和防沙治沙一体化工程，年内啃下治理5.8万亩裸露沙地的“硬骨头”，实现绿中无黄。率先完成CCER林业、VCS草原和农田3项全区首单期货式碳汇交易，土地和碳汇指标交易两笔“好买卖”走在内蒙古前列，让更多“绿色福利”惠及各族群众。

二是优化产业结构。坚持以创建国家级现代畜牧业试验区为目标做强一产。2023年，兴安盟粮食产量突破135亿斤，牧业年度牲畜存栏1290万头（只）。兴安盟6个旗县市中5个是国家产粮大县、3个是国家生猪（牛、羊）调出大县，“兴安产·安心选”走进全国大市场。坚持把新能源作为重塑工业新格局的重要引擎做强二产。近三年，兴安盟新能源装机新增400万千瓦，新能源电力装机占总装机的68.7%，带动兴安盟三年新增规模以上工业企业

38 家，规模以上工业企业总数达到 122 家；冶金装备、新型化工等重点产业集群产值突破 300 亿元，增长 14.4%。国内在运单体最大陆上风电基地中广核 300 万千瓦风电项目全容量投产发电；乌钢 1200 立方米高炉建成投用，年产 150 万吨双高棒项目开工建设，乌钢实现变“绿钢”、变“特钢”。坚持以旅游业为龙头做优三产。成功举办中国旅游大会、校友经济论坛等活动，获得中国首个全域“避暑旅游目的地”称号。阿尔山国家级旅游度假区完成验收，即将授牌。2023 年，兴安盟接待游客和旅游收入分别增长 82%、130%，均创历史新高。

三是增进民生福祉。持续巩固拓展脱贫攻坚成果，兴安盟成为内蒙古唯一被国务院评为“易地扶贫搬迁后续扶持工作成效明显地区”的地区。深入开展促进就业增收“四大行动”，城乡居民收入增速连续 5 年排名全区前列。对生态承载力弱的“南三北八”地区编制生态修复方案，优化生产要素布局，统筹解决水资源保障、禁牧休牧、群众增收等问题，努力实现人聚沙退、畜转绿增。扎实开展兴边富民行动，大力推进团结戍边、保障稳边、基础固边、产业兴边“四边工程”，谋划实施 76 个重点项目，用绣花功夫建设“一流边防线”。持续做好阿尔山兴边富民行动中心城镇建设试点工作，团结带领各族群众共守祖国边疆、共创美好生活。

四、积极促进各民族交往交流交融，夯实铸牢中华民族共同体意识的社会基础

推动各族群众广泛交往、全面交流、深度交融，促进各民族在中华民族大家庭中像石榴籽一样紧紧抱在一起。

一是深入落实“三项计划”。落实各族青少年交流计划，与北京市、吉林市、长春市、宜昌市等地区建立青少年双向交流合作机制，与湖北省宜昌市联合开展“鄂蒙在行动·送茶送文送健康北疆行”活动，打造“亲情中华·

边疆行”等特色品牌，促进各族青少年跨区域、全方位、多样化交流。落实各族群众互嵌式发展计划，全力提升大乌兰浩特中心城市辐射带动和承载能力，建立少数民族流动人口管理机制，在城市社区建设进城农牧民就业服务站，打造各民族群众学习之家、阳光之家、平安之家、康乐之家，创造更加完善的共居共学、共建共享、共事共乐的社会条件。落实旅游促进各民族交往交流交融计划，承担国家民委确定兴安盟为全国第一批旅游促三交试点任务，规划打造爱国线、团结线、感恩线、奋进线、文明线五条铸牢中华民族共同体意识主题文旅线路，举办亚洲大学生电影节、全国大学生草原文化旅游节、那达慕大会等活动，让各族群众在独具魅力的中华文化旅游体验中自觉铸牢中华民族共同体意识。

二是增进中华文化认同。开展“逐梦乡村·我们的舞台”农牧民文艺活动3400余场，通过“群众编、群众演、群众看”的方式，将党的创新理论、中华文化符号和中华民族形象融入文艺节目，融入现场宣讲、移风易俗等志愿服务活动，助力基层社会治理和精神文明建设。聚焦培塑壮美和美善美、可信可亲可爱的内蒙古形象，全国首个域牌形象“兴安岭上兴安盟”破圈传播，激发了各族群众拼搏进取、感恩奋进的信心决心，树立起兴安盟自信自强、踔厉奋发的良好形象。

三是全面普及国家通用语言文字。兴安盟是2020年全区第一个实现学生全部返校的盟市，目前正在积极推进民汉合校、混班混宿。兴安盟73所原民族语言授课中小学全部推行使用三科国家统编教材，46所民族语言授课幼儿园全部使用国家通用语言开展保育教育，盟语言文字应用中心被教育部、国家语委评为“国家通用语言文字推广普及先进集体”。三科统编教材中考一张卷顺利实施，到2025年所有原民族语言授课中小学起始年级各学科将全部使用国家通用语言文字版教材，并使用国家通用语言文字授课。

四是积极开展民族团结进步创建。率先启动全国铸牢中华民族共同体意识示范盟创建工作，制定“1+8”工作标准、达标举措和测评指标体系，在机关、学校、嘎查村、宗教活动场所等推进示范创建“八进”工作，在推动乡村振兴、促进产业发展、保障改善民生等领域积极营造“中华民族一家亲”浓厚氛围。开展民族团结进步模范集体和模范个人评选，深入挖掘、大力宣传生动故事和感人事迹，先后有156家集体和208名个人受到国家和自治区表彰，用身边事教育人、影响人、感染人。

五、坚持依法治理民族事务，夯实铸牢中华民族共同体意识的法治基础

全面贯彻执行民族事务法律法规，持续在完善政策法规、管好意识形态阵地、加强基层治理上下功夫，依法妥善处理涉民族因素案事件，做到一视同仁、一断于法。

一是严把政策法规关。率先推动各级将宣传、统战、民委部门纳入同级城乡规划委员会成员单位，加强对各类规划和重大工程项目的前置把关，以不低于30%的比例对新上重点项目进行抽检，把铸牢中华民族共同体意识主线融入历史文化宣传教育、公共文化设施建设、城市标志性建筑建设、旅游景观陈列等相关方面。

二是严把意识形态关。坚持举一反三，加强督促检查，常态化对城乡建设规划、雕塑雕像、广告标牌等领域开展细致排查、精准研判。

三是严把基层治理关。将民族事务纳入共建共治共享的社会治理格局，坚持实事求是原则，准确把握“三个不能”，确保民族事务治理在法治轨道上运行，维护各族群众合法权益。深入推进平安兴安、法治兴安建设，倾力打造“北疆枫桥·善治兴安”社会治理品牌，抓实抓细信访代办制，扎实推进“一站式”政务服务大厅建设，将民族工作重心下沉到乡镇苏木街道、嘎查村社区，不断提升基层民族工作治理水平。

下一步，兴安盟将在习近平新时代中国特色社会主义思想的指引下，完整准确全面把握和贯彻习近平总书记关于加强和改进民族工作的重要思想，

深入贯彻落实习近平总书记对内蒙古的重要指示精神，准确把握新时代党的民族工作的历史方位和阶段性特征，把铸牢中华民族共同体意识作为民族工作和各项工作的主线，全力建设全国民族团结进步样板区、全面贯彻铸牢中华民族共同体意识主线要求的示范区、构筑共有精神家园的示范区、推动各族群众共同富裕的示范区、各民族交往交流交融的示范区、依法治理民族事务的示范区，把兴安盟建设成为向世界展示中国特色解决民族问题正确道路优越性的重要窗口。

坚持“六个深入”
努力在全方位建设模范自治区中作出新贡献

通辽市委统战部

近年来，通辽市坚定不移全面贯彻党的二十大精神，深入落实习近平总书记对内蒙古的重要讲话重要指示精神，胸怀“两个大局”，牢记“国之大者”，牢牢把握自治区党委提出的“在铸牢中华民族共同体意识上作模范”的工作目标，紧紧围绕铸牢中华民族共同体意识这条主线，全力以赴推动全市民族工作高质量发展，努力为继续保持模范自治区的崇高荣誉、全面创建铸牢中华民族共同体意识示范区、奋力书写中国式现代化内蒙古新篇章作出通辽贡献。

一、深入贯彻习近平总书记关于加强和改进民族工作的重要思想，忠诚捍卫“两个确立”，夯实铸牢中华民族共同体意识之基

全市上下不断提高政治判断力、政治领悟力、政治执行力，始终牢记“铸牢中华民族共同体意识是新时代党的民族工作的主线，也是民族地区各项工作的主线”，持续强化政治认同、思想认同、理论认同，推动全市经济建

设、政治建设、文化建设、社会建设、生态文明建设和党的建设等都紧紧围绕、毫不偏离这条主线。坚持把民族工作纳入重要议事日程，2023 年，以召开市委常委会、市委统战工作领导小组会、市委理论学习中心组集体学习会等形式，开展党的民族理论政策学习研究和铸牢中华民族共同体意识工作 11 次，高位推动铸牢中华民族共同体意识全面覆盖。深入学习贯彻党的二十大精神，聚焦办好两件大事，明确新征程上通辽夯实现代化建设基础的核心任务和主攻方向，引领带动全市各族干部群众在维护国家生态安全、能源安全、粮食安全、产业安全上担当作为，主动为呵护好模范自治区的崇高荣誉贡献力量。召开市委六届五次全会，审议通过《贯彻落实自治区党委关于全方位建设模范自治区决定的实施意见》，围绕铸牢中华民族共同体意识、加强和改进民族工作等推出 7 个方面 28 项举措，持续夯实思想基础。全面加强意识形态阵地管控，严密防范、坚决打击敌对势力渗透破坏活动，社会大局保持和谐稳定。强化中心城区龙头地位，全国文明城市、国家卫生城市创建成果持续巩固提升。

二、深入开展理论研究和宣传教育，强化铸牢中华民族共同体意识之本

健全用党的创新理论常态化武装党员、教育群众制度机制，全方位抓好铸牢中华民族共同体意识干部教育培训。2021 年以来，累计培训干部 4.8 万人次，教育引导广大干部群众牢记“六句话”的事实和道理。2023 年，全市实施义务教育薄弱环节改善与能力提升项目 117 个，新改扩建中小学、幼儿园 5 所，新增学位、园位 4140 个。在各级各类幼儿园、中小学校、职业学校、成人教育机构中分阶段开设民族团结进步教育课程，全面开展铸牢中华民族共同体意识主题教育实践活动，将铸牢中华民族共同体意识教育融入办

学治校教书育人全过程。全面推广普及国家通用语言文字，义务教育阶段和普通高中一年级全部使用国家统编教材。搭建更多有形有感有效的平台载体，全领域常态化抓好社会面宣传教育，创新开展“一周两月”系列活动，深化“互联网+民族团结”行动。2021 年以来，全市开展党的民族理论政策宣传、铸牢中华民族共同体意识宣讲等各类活动 1.1 万余场次，受众 71 万余人次。成立内蒙古西辽河流域考古研究基地，举办首届西辽河文化节等文旅活动 460 余场。建立西辽河文明研究专家工作站，与内蒙古民族大学合作共建铸牢中华民族共同体意识研究院和通辽市民族团结进步教育发展研究中心，开展区域内各民族交往交流交融史的研究。

三、深入推进各民族共有精神家园建设，凝聚铸牢中华民族共同体意识之魂

以自治区打造“北疆文化”品牌为契机，充分挖掘和生动展现通辽大地上的厚重历史文化和丰富人文资源，弘扬蒙古马精神和“三北精神”，拍摄纪录片《流淌的文明——西辽河》《巡礼西辽河》，推出宣传册《图说西辽河文明》，策划编写《草原丝绸之路》《通辽市各民族交往交流交融实录》等书籍。深入开展“两个打造”，研究储备项目 27 个，举办“石榴籽心贴心”文明实践志愿服务活动 364 场次，创作了一批具有中华文化底蕴、汲取各民族文化营养、融合现代文明的文艺作品。歌舞剧《彩云飘落的地方》入选 2023 年自治区艺术精品工程项目。在城市建设中注重突出共同体理念，编制了《通辽市城市风貌设计导则》，加强中华文化符号和中华民族形象的传播推广。坚定坚决推行使用国家统编教材，认真贯彻落实《内蒙古自治区实施〈中华人民共和国国家通用语言文字法〉办法》，大力推广普及国家通用语言文字，充分尊重、保障少数民族语言文字的学习使用。精心组织全

区第十届少数民族传统体育运动会备赛参赛工作，并取得了总成绩第三名的佳绩。

四、深入推动各民族共同走向社会主义现代化，奋进铸牢中华民族共同体意识之志

全市各族干部群众深入学习贯彻党的二十大精神，聚焦习近平总书记交给内蒙古的“五大任务”，紧扣全方位建设模范自治区工作要求，在维护国家生态安全、能源安全、粮食安全、产业安全上担当作为，主动为呵护好模范自治区的崇高荣誉贡献力量。2023 年，全市地区生产总值完成 1609 亿元，增长 5.2%，创 7 年来最好水平。实施重点项目 612 个，固定资产投资增速连续两年居全区第一方阵，经济稳进提质。2023 年，全市粮食产量实现“二十连丰”，“全国肉牛产业第一重镇”建设取得积极进展，“通辽肉牛”品牌价值达 267.8 亿元，稳居全国畜产品区域品牌首位。新增自治区级制造业单项冠军企业 2 户，新能源、绿色铝基新材料、玉米生物医药产业等蓬勃发展，全市转型升级步伐加快；科技创新“六项工程”成效显著，新增国家地理标志商标，“蒙”字标认证居全区之首，获评“2023 中国营商环境创新示范城市”，全市发展动能持续增强；全面启动科尔沁沙地歼灭战，完成林业生态治理 201 万亩、天然草原保护修复 200 万亩，西辽河干流连续 4 年实现“有水”目标，全市绿色底蕴更为深厚；智慧城市建设加速转型，实施京蒙协作、巩固拓展脱贫攻坚成果同乡村振兴有效衔接项目 354 个，脱贫人口人均收入增长 12.7%，全市城乡面貌日益改善。全市财政民生支出占比达 70.5%，城乡居民人均可支配收入分别增长 5.2% 和 8.3%，向上争取少数民族发展任务资金 7547 万元，全部用于补齐民族地区高质量发展短板和民生改善，各族群众获得感、幸福感不断增强。

五、深入促进各民族广泛交往交流交融，提升铸牢中华民族共同体意识之效

全面落实促进各民族交往交流交融“三项计划”，将各族青少年交流研学活动纳入京蒙协作项目，修缮东蒙军政干部学校等革命旧址，打造红色研学路线，把铸牢中华民族共同体意识融入文旅活动全过程。成立铸牢中华民族共同体意识宣讲团，按照“八进”要求开展全市大宣讲活动400余场，制作发布民族团结进步创建和民族政策系列宣传片8部；在广播、电视等媒体开设宣传栏目，宣传推广全市各地典型人物、事迹20个（则）。全市各地区各部门开展各类宣传活动2000余场次，发放宣传资料、宣传物品14万余件，在全社会营造了铸牢中华民族共同体意识的浓厚氛围。扎实有序做好城市民族工作，努力为各族群众共居共学、共建共享、共事共乐提供良好社会环境。结合实际，有序推进民汉合校、混班混宿。高规格召开通辽市民族团结进步创建工作推进会，举办创建工作专题培训班，召开“互观互学”现场会，实施铸牢中华民族共同体意识“石榴籽”行动计划，推动全市民族团结进步创建工作提质增效。2023年，科尔沁左翼中旗、库伦旗成功创建全国民族团结进步示范区。

六、深入提升民族事务治理体系和治理能力现代化水平，完善铸牢中华民族共同体意识之法

积极完善民族工作体制机制，高标准实现“两个纳入”，积极构建新时代党的民族工作格局。通辽市认真梳理排查规范性文件、政策法规、文艺作品、蒙古语言文字使用、宣传教育等方面存在的偏差，以自治区巡视反馈意见整

改为契机，逐一研究制定整改措施，稳慎推进整改落实。把民族事务纳入共建共治共享的社会治理格局，在全市范围内开展涉民族因素风险隐患的排查整治，不断提高防范化解风险隐患的能力，通过六项工作机制和三项配套保障，确保全市民族宗教领域安全稳定。持续开展推行使用国家统编教材和高考综合改革应急处置工作，针对 19 个风险点，制定 33 条应对措施。市旗两级共出动执法人员 532 人次，对纪念馆、展览馆、博物馆（院）等 107 家单位开展排查，全面整治主线不突出、史实阐释不准确等问题。深化“平安通辽”建设，全面推行信访代办制，开展“治重化积”攻坚行动，化解疑难复杂信访事项 1003 件，电信网络诈骗发案数下降 20.2%。全面加强意识形态阵地管控，严密防范、坚决打击敌对势力渗透破坏活动，社会大局保持和谐稳定。

牢记嘱托 感恩奋进
在铸牢中华民族共同体意识上展现新作为

赤峰市委统战部

赤峰市是多民族聚居区，居住着汉族、蒙古族、满族、回族、朝鲜族等46个民族，全市常住人口403.6万人，其中少数民族人口97.4万人，占全市总人口的24.1%。2019年7月，习近平总书记亲临赤峰考察调研，同赤峰各族干部群众座谈交流，对民族团结工作作出重要指示、提出明确要求，强调“要深入推进民族团结进步创建进社区，把社区打造成为各族群众守望相助的大家庭”，要求赤峰市“促进民族团结融合，促进各民族像石榴籽一样紧紧抱在一起”，为赤峰市做好新时代民族工作和创建全国民族团结进步示范市指明了努力方向、提供了根本遵循，在全市上下进一步凝聚起“中华民族一家亲，同心共筑中国梦”的强大合力。

近年来，赤峰市深入学习贯彻习近平总书记关于加强和改进民族工作的重要思想和对内蒙古的重要指示精神，全面贯彻党的二十大精神，认真落实中央民族工作会议精神，全面落实自治区党委决策部署，聚焦完成习近平总书记交给内蒙古的五大任务和全方位建设模范自治区两件大事，牢牢把握铸牢中华民族共同体意识是新时代党的民族工作的主线和民族地区各项工作的主线这一重大要求，以加强铸牢中华民族共同体意识体系建设为基础，以打造民族团结进步创建“升级版”为支撑，以实施各民族交往交流交融“三项计划”为载体，以助力各民族共同走向社会主义现代化为着力点，不断加强和改进新时代党的民族工作，全市上下呈现出经济社会持续繁荣发展、民族团结进步教育不断深化、各民族文化创新交融、民族团结进步示范创建成果丰硕、民族事务治理能力不断提升的大好局面。2024 年 1 月，获得“第十一批全国民族团结进步示范市”荣誉称号。

一、加强“两个体系”建设，全面深化铸牢中华民族共同体意识理论研究和宣传教育

印发了《关于建设赤峰市铸牢中华民族共同体意识理论研究体系和宣传教育体系的通知》，不断加强“两个体系建设”，做到抓手有形、受众有感、教育有效。

一是宣传教育体系。着力抓好党员、干部、国民、社会四类教育，建好实体化、网络化两大平台。2021 年以来，市、县两级共开展中心组学习、研讨座谈 1600 余次，组织铸牢中华民族共同体意识主题宣讲、活动 9200 余场次，覆盖各族干部群众 172 万余人次。市委组织部与中央民族干部学院签署战略协议，在干部培训、资源共享、人才交流等方面开展全面合作。发挥群众教育阵地作用，命名市、县两级教育实践基地 53 个，建设主题公园、广场及专题博物馆、展览馆，设立“民族团结号”公交专线 3 条。在各类融媒体平台开设专题专栏，宣传党的民族理论政策，开展在线答题等近 30 万次，让互联网成为铸牢中华民族共同体意识的最大增量。

二是理论研究体系。建立由 22 个部门和旗县区组成的铸牢中华民族共同体意识实践研究中心，坚持理论研究、实践研究、宣传教育“三位一体”，聚焦重大理论和现实问题，完成研究课题 55 个，其中“契丹辽史中所见中华民族交往交流交融研究”等课题成果在助力全市各民族交往交流交融史的研究

中发挥了重要作用。以赤峰学院为基础，联合中国社科院、中央民族大学、中央民族干部学院等多个机构与高校，组建了由30位知名专家组成的铸牢中华民族共同体意识专家库。举办红山文化研究论坛等学术论坛与交流活动，在中华民族探源、民族交流融合、中华民族多元一体格局形成等方面不断加强研究，不断挖掘各类文化中蕴含的中华民族共同体意识资源。建立了市级铸牢中华民族共同体意识讲师团，面向党员干部、青少年、农牧民、社区居民等重点群体开发了4类分众化精品课程，近三年来累计在全市开展宣讲5000余场次，覆盖各族干部群众70多万人。

二、积极构筑中华民族共有精神家园，夯实铸牢中华民族共同体意识的思想基础

一是大力弘扬伟大的民族精神。始终坚持把弘扬伟大的民族精神摆在重要位置，面向各族干部群众广泛开展统一多民族国家国情宣传教育，举办“我和我的祖国”“永远跟党走”等主题宣讲活动。以“国家安全教育日”“党的生日”“烈士纪念日”等活动为载体，依托全市77处烈士陵园等纪念场馆、46个爱国主义教育基地和28座历史博物馆开展爱国主义教育，组织广大干部群众和中小学生到烈士陵园、博物馆等场所，接受国情、爱国主义和“五史”教育。以社会主义核心价值观为引领，推进移风易俗、思想道德建设，在开展道德模范、赤峰楷模、赤峰好人等先进典型选树中，将个人事迹能否体现民族团结作为首要条件和选拔标准，引导各族干部群众和睦相处、和衷共济、守望相助，牢固树立休戚与共、荣辱与共、生死与共、命运与共的共同体理念，不断增进对伟大祖国、中华民族、中华文化、中国共产党、中国特色社会主义的高度认同。

二是积极推动中华优秀传统文化创造性转化和创新性发展。深入贯彻

习近平总书记关于中华优秀传统文化保护与传承的重要指示精神，准确把握中华文化是主干、各民族文化是枝叶的关系，充分利用赤峰市丰富的文化遗存、考古实物、红色遗址、博物馆、文化馆、研究机构等，挖掘文化遗产的深厚内涵，传承红色基因，讲好文物背后的民族团结故事。在国家民委中华民族共同体体验馆举办赤峰市专题展演，展示赤峰民族团结进步事业的辉煌成就，得到首都各界的一致好评。在城乡规划、园林景观、地标建筑、广告标牌、重大活动中广泛使用政治性强、意蕴厚重、接受度高的中华文化符号和中华民族形象。启动建设中华文化符号主题广场，财政列专项预算 2000 万元；调配 1 栋投资 1200 多万元，面积 4000 平方米的独栋建筑，建设赤峰市铸牢中华民族共同体意识体验馆；在全市公园广场、景区景点、交通场站等点位设计制作景观小品 500 余处、公益广告 1.8 万余处，做到既“管肚子”又“管脑子”，既做看得见、摸得着的工作也做大量“润物细无声”的事情，既抓当前又抓长远，不断增进各族群众对“三个离不开”“四个与共”“五个认同”的理解。

三是广泛开展具有新时代特色的文化活动。坚持用中华文化浸润民族团结，组织创作了《忠诚》《玉龙街九号》《牧民永远歌唱中国共产党》等一大批文艺作品，编排《民族团结是幸福》等节目 127 个，深入基层惠民演出 4860 场，累计惠及线上线下观众 1000 多万人次。加强乌兰牧骑品牌建设，成立网上乌兰牧骑，打造新时代“红色文艺轻骑兵”，组织开展乌兰牧骑文化惠民活动 2000 多场。加强历史文化遗产保护和传承，全市有少数民族国家级非物质文化遗产代表性项目 4 项、自治区级非物质文化遗产代表性项目 49 项。组织中华文化进基层活动，在各类学校开展中华文明礼仪、中华传统技艺教育，在农村牧区开展广场舞比赛、文艺演出、书画摄影创作展览等活动，推动各民族文化创造性转化、创新性发展，通过“润物细无声”的方式开展铸牢中华民族共同体意识宣传教育。

四是全面加强国家通用语言文字推广普及工作。全面推行使用国家统编教材，原民族语言授课学校全科使用国家通用语言文字授课。召开全市推广使用国家统编教材工作会议，严格落实《赤峰市推行使用国家通用语言文字教育教学推进方案》及 5 个配套方案。通过绿色通道引进、教师招录、旗县间商调、内部调剂等方式，补齐配强三科统编教师 386 人。联合各高校开展多轮次新课程标准、新教材培训，共培训 1605 人。119 所原民族语言授课中小学、幼儿园全部使用国家通用语言文字授课和保教保育。建立国家通用语言文字教育督导评估和质量监测机制，将国家通用语言文字教育教学纳入市、县两级政府履行教育职责评价内容，常态化开展学情分析、教学指导和质量监测，全市评估认定国家通用语言文字规范化达标校达 1308 所。在全区率先开展校园文化建设整改行动，确保中华民族共同体意识扎根各族青少年心灵深处。

三、示范创建与“三项计划”一体推进，大力促进各民族交往交流交融

一是推动各民族互嵌式发展。印发《赤峰市各族群众互嵌式发展计划实施方案》，着力健全完善流出地与流入地之间的对接机制，构建流出地和流入地信息互通、人员互动、优势互补的工作格局，积极搭建就业服务平台，创造各族群众共居共学、共建共享、共事共乐的社会条件，促进各民族在空间、文化、经济、社会、心理等方面实现全方位嵌入。印发《赤峰青少年交往交流交融活动实施方案》，开展“结对子”“手拉手”“心连心”“一家亲”等交流联谊活动和“争做民族团结石榴籽”等主题实践活动。建立北京·赤峰各族青少年交流长效机制，开展线上交流活动 400 多次，打造示范校 14 个，推出“赤子心·石榴情·逐梦行”研学交流品牌，覆盖 3 万余名中小学生。推出“青年大学习”“红领巾爱学习”等网上课堂，参与人数超 300 万人次。

印发《赤峰市旅游促进各民族交往交流交融实施方案》，将铸牢中华民族共同体意识融入旅游路线，打造中华民族共同体意识主题旅游路线 6 条，开展大型主题活动 30 多场次，参与总人数达 40 多万人。举办“中华一家亲·巴林草原情——海峡两岸各民族欢度赤峰那达慕暨赤峰市第二届那达慕大会”和“中华民族一家亲·同心共筑中国梦”海峡两岸民族文化交流节。全市乡村旅游年内累计接待游客 566.39 万人次，实现旅游收入 41.88 亿元，推动各民族广泛交往、全面交流、深度交融。

二是加快构建互嵌式社会结构和社区环境。推动形成“一家亲民族团结进步党建联合体”和“城市民族综合服务体”工作模式。积极稳妥推进民汉合校、合班、合宿，全部实行民族学校与普通学校结对共建，互派教师共同开展教研活动。加强各民族流动人口服务管理工作，打造城市民族工作示范社区 28 个，通过“我们的节日”“邻里节”“微活动”等载体，推动各族群众更好地相互融合。2019 年，赤峰市在全国城市民族工作现场经验交流会上作典型发言；2020 年，赤峰市松山区被命名为“全国第四批少数民族流动人口服务管理示范城市”，是全区唯一获此殊荣的地区。

三是深入开展民族团结进步创建。印发《民族团结进步创建工作规划（2021—2025 年）》和《赤峰市争创全国民族团结进步示范市工作实施方案》，对创建工作进行系统谋划部署。扎实推进民族团结进步创建“8+N 进”活动，加大公共文化服务场所、重点行业、窗口单位、群团组织、新经济组织等的创建力度。以“三廊三带三片区”创建品牌为引领，着力推进“一域一品牌”建设，打造精品示范点 102 个、观学路线 6 条，形成了以点串线、以线连片、以片扩面的工作模式。着力构建跨省份、跨盟市、跨旗县三级共建联创网络，打造“一河两岸”“金牛带”等 4 个联创品牌，全市各旗县区与辽宁省及呼伦贝尔市、包头市等地区形成了经济社会发展多领域、多层次交流合作的格局。截至目前，全市累计培育国家级民族团结进步示范单位 11 个、自治区级 71 个、市级 786 个；培育全国民族团结进步模范集体 20 个、模范个人 22 名，全区民族团结进步模范集体 227 个、模范个人 319 名，全市民族团结进步模范集体 323 个、模范个人 488 名。2024 年 1 月，赤峰市获得“第十一批全国民族团结进步创建示范市”荣誉称号。

四、提升民族事务治理体系和治理能力现代化水平，构建共建共治共享的社会治理格局

一是促进民族事务治理法治化、规范化、精细化。坚持在法治轨道上治理民族事务，确保涉及民族工作的法规政策举措同宪法规定、党中央有关决策部署精神相符合。坚持以公平公正为原则，突出区域化和精准化，制定和实施差别化区域支持政策。

二是强化民族领域法治宣传教育。将民族领域法律法规全面纳入“八五”普法规划，纳入年度法治宣传工作要点，纳入全市国家工作人员网络在线学法考法内容，提升各级领导干部依法治理民族事务的能力水平。将民族事务纳入共建共治共享的社会治理格局，加大对少数民族聚居区的法治宣传力度，打造“法治乌兰牧骑”“法韵德音好来宝”等特色普法品牌，引导各族群众牢固树立国家意识、公民意识、法治意识，在全社会营造自觉守法、遇事找法、解决问题靠法的良好法治氛围。

三是筑牢安全稳定屏障。深入开展“化积案、治重访、促稳定”攻坚行动，加强社会治安防控，有力巩固全市和谐稳定局面。不断强化国防教育、双拥共建、退役军人管理等工作，实现“全国双拥模范城市”九连冠，进一步夯实社会安定团结的基础。

四是深入做好意识形态工作。牢牢把握党对民族领域意识形态工作的领导权，不断完善民族领域意识形态工作形势定期分析研判、联合排查化解机制，形成党委统一领导、党政齐抓共管、宣传部门组织实施、各相关部门积

极配合的工作格局。强化网络意识形态阵地建设，建强网络意识形态工作机构和工作队伍，注重对市内网络大 V、网红主播及自媒体进行教育、管理和引导，积极传播有利于铸牢中华民族共同体意识的正能量、好声音。

下一步，赤峰市将继续全面贯彻党的二十大精神，深入落实习近平总书记对内蒙古的重要指示精神，认真落实《内蒙古自治区党委关于全方位建设模范自治区的决定》，全力办好两件大事，为呵护模范自治区崇高荣誉作出更大贡献。

把铸牢中华民族共同体意识主线贯穿各项工作全过程各方面

锡林郭勒盟委统战部

锡林郭勒盟认真学习贯彻习近平总书记关于“铸牢中华民族共同体意识是新时代党的民族工作的主线，也是民族地区各项工作的主线”这一重大论断，牢记“国之大者”，扛实政治责任，以争创全国民族团结进步示范盟工作为抓手，扎实推进铸牢中华民族共同体意识工作“十个纳入”，逐级压实主体责任，坚定不移将主线要求贯穿经济建设、政治建设、文化建设、社会建设、生态文明建设和党的建设全过程各方面。

一、全面贯彻铸牢中华民族共同体意识主线，牢牢把握民族地区工作的正确方向

坚持把中华民族共同体建设作为全盟当前和今后一个时期的重大政治任务，充分发挥各级党委把方向、管大局、作决策、保落实的作用，以强有力的政治领导确保主线要求一贯到底、落细落实。

一是突出目标导向。盟委坚持按照增进共同性的方向完善实践思路，将铸牢中华民族共同体意识列入重要议事日程、理论学习中心组重要学习内容和主题教育专题学习篇目，并纳入各级党委（党组）年度工作要点和政治责

任清单。2023年，先后召开30余次盟委会、书记专题会、中心组学习会，专题学习和研究部署相关内容，周密有序推动议事决策、政策制定、干部选用、宣传教育等工作向铸牢中华民族共同体意识聚焦聚力，以“头雁效应”引领各级党委（党组）自觉将主线要求贯穿各项工作始终。制定出台贯彻落实《自治区党委关于全方位建设模范自治区的决定》的具体举措和分工方案，聚焦“七个作模范”总要求，细化分解了7方面44条重点任务，成立专项工作组，周密有序推进各项任务落实。深入落实自治区全面贯彻铸牢中华民族共同体意识主线的若干措施，制定出台具体落实措施67项，推动主线更加鲜明、落实更加具体、成效更加显著。同时，树立鲜明的考核导向，连续4年保持铸牢中华民族共同体意识在各级党政班子和部门单位绩效考核中占8%以上的最高赋分权重。邀请自治区政协少数民族界别调研组实地调研指导，助推民族工作提档升级。充分发挥各苏木乡镇（街道）统战委员、嘎查村（社区）统战工作联络员和三级“统战之家”人员、阵地的作用，推进铸牢中华民族共同体意识工作有效延伸到基层末梢。

二是强化把关定向。坚持把民族地区“四个特别”好干部标准作为各级干部选拔任用、评先评优的重要依据。2023年，累计调整县处级以上干部7个批次177人，评选盟级“担当作为好干部”59名；实施干部人才队伍“育苗计划”和优秀年轻干部“232计划”，培养优秀年轻干部359名。将铸牢中华民族共同体意识纳入政治监督重要内容和“1+9”监督格局，健全完善监督贯通协调体系，围绕办好两件大事细化192项监督内容，督促整改问题318个，确保各级领导权牢牢掌握在忠诚干净担当的干部手中。盟、旗两级各部门单位、议事协调机构、各行各业、社会组织、嘎查村（社区）有序将铸牢中华民族共同体意识工作要求写入“三定”规定、工作规则、行业章程、村规民约、居民公约等，并融入中心工作，使铸牢中华民族共同体意识成为各级各类单位的重要职能、各族干部群众的行为准则和日常习惯，有力有效赋予所有改革发展以彰显铸牢中华民族共同体意识的意义。

二、扎实推进“形、感、效”三维互动，持续推动中华民族共同体意识深入人心

坚持把构筑中华民族共有精神家园作为固本之举和长久之策，以创建全国民族团结进步示范盟为关键抓手，既做好看得见、摸得着的工作，也做实大量“润物细无声”的工作，不断推动各民族人心归聚、精神相依。

一是在“有形”上做文章。持续优化“一廊一带四个基地”创建布局，打造主题展馆、基地、公园等38处，建设“小精特”观摩点位161个，依托党员中心户和红色堡垒户创建“石榴讲堂”85个，依托互联网宣传矩阵刊发报道相关融媒体产品文章1200余篇，切实绘好民族团结进步创建网上网下“全景图”。选派各族青少年赴北京、湖北、河北等地开展多批次冬（夏）令营活动，与西藏自治区贡觉县开展千里书信“手拉手”活动，与广西壮族自治区开展手拉手结对共建活动。成功举办内蒙古自治区第33届旅游那达慕，吸引游客60余万人次。开展草原旅拍、音乐节、万名游客签名换装等活动，创新举办首届“蒙古马精神杯”锡林郭勒马超联赛，大力弘扬蒙古马精神，为各民族广泛交往、全面交流、深度交融提供平台载体支撑。将民族事务纳入共建共治共享的社会治理格局，在全区率先打造农村牧区“民汉合住”综合性养老服务园区，实现全盟幼儿园“民汉合园”，努力营造各民族相互嵌入式的社区环境。

二是在“有感”上下功夫。联合中央民族大学建立铸牢中华民族共同体意识科研实践基地。激活后发优势，积极打造研学中心。成功举办第三届“铸牢中华民族共同体意识的理论与实践”高层论坛、北部边疆治理与铸牢中华民族共同体意识论坛，编纂《中国共产党锡林郭勒盟历史简明读本（1921—2021）》《锡林郭勒4个“100”口述史》。立项自治区级理论研究课题16项、盟级理论研究课题34项，征集咨政建言文稿65篇，不断提升理论

研究的深度和广度。实施铸牢中华民族共同体意识教育培训工程，充分发挥党校主阵地作用，将相关课时在主体班次的占比提高到20%以上。依托新时代文明实践中心、“马背党校”、党员中心户等各类平台载体，分级分类开展知识竞赛、主题征文、学习研讨、主题党日、“红书包”志愿宣讲万余场次，累计覆盖党员、干部、学生 50 余万人次。深入实施文艺作品质量提升工程，以打造“北疆文化”品牌为引领，充分发挥乌兰牧骑基层文化传播生力军作用，围绕主线创作文艺精品 208 部，演出 1500 余场次，在润物细无声中构筑中华民族共有精神家园。深入开展固边兴边富民行动，大力开展“国旗耀边关”“民营企业进边疆”活动，促进沿边乡镇（苏木）、抵边村（嘎查）在铸牢中华民族共同体意识方面走在前、作表率。

三是在“有效”上求突破。高标准高质量开展学习贯彻习近平新时代中国特色社会主义思想主题教育，专列铸牢中华民族共同体意识学习专题，指导各级参学单位开展专题研讨 1333 场次，基层党组织开展学习活动 1.7 万余次。建立四级书记讲铸牢宣讲机制，结合“感党恩、听党话、跟党走”群众教育实践活动，将铸牢中华民族共同体意识列为从盟到嘎查村四级书记讲党课重要专题。32 名盟级党员领导以讲清“六句话”的事实和道理为重点，带头下沉联系点调研督导并讲专题党课；县处级以上领导干部、基层党组织书记分别讲党课 875 次、4228 次，真正面对面、点对点地让群众知晓惠从何来、惠在何处、惠有多少，自觉做到发自内心地拥护党的领导。注重在示范创建上争前列，累计创建和评选国家、自治区、盟级民族团结进步示范区示范单位 369 个、模范集体 505 个、模范个人 903 人，多措并举切实发挥模范引领作用。

三、紧紧围绕“七个有所”同向发力，努力创造各民族共居共学、共建共享、共事共乐的社会条件

始终坚持把发展作为解决民族地区各种问题的“金钥匙”，进一步统筹好

城乡建设布局和公共服务资源配置，在持续发展中保障和改善民生，有力推动公共就业、医疗服务、社会保障等领域公共服务质量满意度高于全国总体水平，不断增强各族群众获得感和幸福感。

一是聚焦“幼有所育”建好“摇篮”。根据不同年龄段幼儿特点，创新开展“童心向党”“立德育苗”、民族团结“手拉手”结对共建等系列活动。组建“小石榴籽”宣讲团，精心设计分享民族团结小故事、民族团结抱一抱等主题游戏。创建完成盟级“自主游戏”试验区6个、试点园22所，用好“童语同音”助教系统。自治区抽查全盟幼儿普通话达标率为100%，切实将中华民族共同体意识根植于幼儿心灵深处。续建、扩建幼儿园10所，计划新增学位2670个，目前建成并投入使用8所、竣工1所、在建1所。10所公办幼儿园接受自治区级示范幼儿园评估验收和复评，盟内认定2所公办一类甲级幼儿园和6所普惠性民办幼儿园，不断建好浸润各族幼儿童心“石榴园”。

二是聚焦“学有所教”育好“花蕾”。坚定不移推广普及国家通用语言文字，深入实施“石榴籽育人”工程，组织全盟中小学生收听收看《石榴籽育人小课堂》25期。积极开展“书香融情·石榴花开”主题阅读、知识竞赛等形式多样的活动，实现铸牢中华民族共同体意识教育中小学生全覆盖。开展“小石榴籽寻访”实践教育活动，指导近千名少先队员参加盟、旗两级研学活动。持续抓好国家通用语言文字教育教学工作，认真研究制定“1+9”配套方案。完成全盟统编三科教师教育教学能力提升骨干示范性培训522人，义务教育阶段五学科国家通用语言教学能力提升培训、跟岗实践、入校指导443人。积极争取上级资金5.53亿元，优先向薄弱学段、薄弱环节倾斜。下达各级各类助学资金1.66亿元，惠及各族学生12.5万人次，用心浇灌各族学生共同成长“石榴花”。

三是聚焦“劳有所得”护好“钱包”。深入实施就业扩容提质工程，逐人落实“1131”服务举措。突出做好农村牧区劳动力转移就业，落实脱贫人口就业实名制动态帮扶机制，针对脱贫人口就业需求进行精准帮扶。充分发挥社会保险和就业补助资金兜底保障作用，为失业人员发放失业保险金及其他待遇1790.88万元；为20512名各类重点对象代缴城乡居民基本养老保险费268.94万元。全盟城镇新增就业10998人，农村牧区劳动力转移就业81271人，分别完成2023年度任务的103.75%和113.67%；城镇登记失业率低于自治区调控指标。全国欠薪线索核处管理系统线索办结率达100%，劳动人事争议调解率达71.8%，仲裁结案率达95%，切实系牢各族群众团结奋斗“石榴情”。

四是聚焦“病有所医”当好“医靠”。全面启动国家卫生城市创建工作，盟中心医院晋升为三甲综合医院，锡林郭勒盟入选全国首批医疗应急重点城市。启动国家食品安全示范城市创建工作，全力保障群众“舌尖上的安全”。着力打造“15分钟医保便民服务圈”，充分发挥医保服务支撑保障作用，持续推进“智慧医保”建设，积极推广“医保通”智能服务终端，大力推广“医保+马背”“医保+红书包”“医保+乌兰牧骑”等宣传帮办机制，共提标扩建1203个基层医保服务站（点），实现苏木乡镇（街道）、嘎查村（社区）全覆盖，努力呵护各族群众平安健康“石榴心”。

五是聚焦“老有所养”托好“夕阳”。深入实施社会保障改革提质工程，印发《锡林郭勒盟养老保险扩面局际联席会议制度》《锡林郭勒盟边境地区2023—2025年城乡居民养老保险扩面计划》，探索开展城乡居民基本养老保险嘎查村集体经济组织补助试点工作。全盟基本养老保险参保人数达72.5万人，完成2023年度任务的100.7%。进一步完善基层养老服务设施，完成22处乡镇级养老服务中心建设和101处嘎查村级养老服务站建设，改造提升15处农村互助幸福院，切实健全基层养老服务网。创新打造2.0版牧区养老园区，在东乌珠穆沁旗、苏尼特右旗、正镶白旗打造集“机构住养+医养康养+智慧养老+居家养老”为一体的2.0版本牧区养老园区，推进“牧区养老园区、农村区域性综合敬老院”一体化养老园区建设，在全区率先探索“民汉合住”多民族共同养老新途径，着力描绘各族群众安享晚年“石榴红”。

六是聚焦“住有所居”搭好“温床”。修订印发了新建商品房预售资金监管办法，符合预售条件的项目全部纳入监管范围，落实监管资金40.3亿元。持续完善住房保障体系，改造农村牧区危房 247 户，计划实施棚户区改造 1229 套，目前已开工 1236 套，开工率 106%。对 33 个老旧小区进行了改造，完成投资 1.55 亿元，惠及各族群众 3082 户。实施更新改造地下管网 100 公里、铺设改造道路 18 公里等 85 个市政基础设施项目，完成投资 19.5 亿元。新建改建道路 14.63 公里，铺设人行道 8.8 万平方米，完成道路罩面施工 46.67 万平方米，新建改造给排水、供热、燃气管网 125.4 公里，新增绿化面积 15.56 万平方米，积极建设各族群众温馨舒适“石榴坊”。

七是聚焦“弱有所扶”兜好“底线”。统筹做好就业困难人员、登记失业人员、残疾人等重点群体帮扶工作，对就业援助对象给予优先扶持和重点帮助。扎实推进社会救助扩围增效行动，新纳入低保 3175 人，退出 777 人，净增长 2398 人。提高城乡低保保障标准，有力保障了 7 万名城乡低保对象和 2412 名城乡特困人员的基本生活。全盟发放临时救助金 905.4 万元，救助 7398 人次。为全盟 48211 户城乡低保对象、1812 户农村牧区特困人员发放电价补贴 279.8 万元。推进残疾人福利政策与救助政策相衔接，为 2.99 万残疾人发放“两项补贴”4027 万元，广泛分享各族群众互扶互助“石榴果”。

奋力推进铸牢中华民族共同体意识的创新实践

乌兰察布市委统战部

乌兰察布市位于内蒙古自治区中部，总面积 5.45 万平方公里，辖 11 个旗县（市、区），其中含 1 个边境旗，边境线 104 公里。全市常住人口 170.6 万，有汉族、蒙古族、回族、满族、达斡尔族、鄂温克族、朝鲜族等 49 个民族，少数民族人口 8.47 万，占常住总人口的 4.96%。乌兰察布市历史悠久、底蕴深厚，自古以来就是各族人民交往交流交融之地，拥有旧石器时代的大窑文化遗址，新石器时代的裕民遗址、岱海文化遗址群，还有元代欧亚茶驼古道、草原丝绸之路的重要通道和货物集散地——集宁路遗址。这些表明乌兰察布市是由各族人民共同建设的，是一座象征着“中华民族一家亲”的美丽城市。

近年来，乌兰察布市以习近平新时代中国特色社会主义思想为指导，认真学习贯彻习近平总书记关于加强和改进民族工作的重要思想，以铸牢中华民族共同体意识为主线，聚焦办好两件大事，立足城市实际，高站位谋划、高质量推动民族工作，加强各民族交往交流交融，促进各民族和睦相处、和衷共济、和谐发展，谱写了民族团结进步事业高质量发展新篇章，全面推动了新时代党的民族工作。

一、加强党的全面领导，为民族工作提供根本政治保障

（一）强化理论学习

市委、市政府高度重视民族工作，中央民族工作会议召开后，第一时间邀请中国社会科学院民族学与人类学研究所所长王延中、研究员郝时远等知名专家学者前来举办专题讲座，全面解读铸牢中华民族共同体意识、中央民族工作会议精神。全市各级党委（党组）将习近平总书记关于加强和改进民族工作的重要思想作为理论学习中心组必学内容，各级干部做好民族工作的本领不断提高。

（二）强化组织领导

将铸牢中华民族共同体意识工作列入各级党委（党组）重要议事日程，纳入“五位一体”总体布局和“四个全面”战略布局中统筹谋划，纳入全市经济社会发展“十四五”规划，并结合全市工作实际，印发了《以铸牢中华民族共同体意识为主线 推动新时代党的民族工作高质量发展的重点举措》《乌兰察布市全面贯彻铸牢中华民族共同体意识主线的实施方案》，将铸牢中华民族共同体意识贯穿各项工作的全过程。市委常委会会议、市政府常务会议每年定期专题研究民族工作，将民族工作纳入市委、市政府年度工作报告，纳入党的建设、意识形态工作责任制，纳入政治考察、督查巡察、政绩考核的重要内容，与中心工作同部署、同推进、同落实。

（三）强化机制建设

在市委统一战线工作领导小组框架下建立民族工作协调机制，完善民委委员制度，市、县两级民委主任兼任同级统战部副部长，形成党委统一领导、

政府依法管理、统战部门牵头协调、各部门通力合作、全社会共同参与的新时代党的民族工作格局。全市 105 个乡镇（街道）均配备统战委员，1520 个嘎查村社区配备统战工作联络员，确保民族工作在基层有人管、有人抓，形成上下通力协作、齐抓共管的工作格局。

二、做好思想政治引领，着力构筑中华民族共有精神家园

（一）增强公共文化服务供给力

将铸牢中华民族共同体意识相关宣传内容纳入“三微一端”、电视、乌兰察布云、日报等主流媒体公益广告和重要时段、栏目的宣传内容范畴，开设“全方位建设模范自治区”“弘扬蒙古马精神”等主题宣传专栏，打造“报台网微端屏”一体发力媒体宣传矩阵。刊播刊发相关视频、广告、标语口号 16 万余条（次），开展线上线下“铸牢中华民族共同体意识宣传教育学习测试”活动，20 余万人次参与。

（二）增强社会主义先进文化引领力

将铸牢中华民族共同体意识融入爱国主义教育，同学习宣传贯彻党的二十大精神结合起来，同“感党恩、听党话、跟党走”群众教育实践活动结合起来。依托乌兰察布市丰富的红色资源，在集宁战役纪念馆、贺龙纪念馆、都贵玛展厅等场所举办专题展览，解读民族团结历史，讲述民族团结故事，打造民族团结进步教育基地，促进中华民族历史观教育与民族团结教育互通互融、双向发力。

（三）增强优秀传统文化生命力

大力传承和弘扬优秀传统文化，建设突出各民族共有共享的中华文化符

号和形象的铸牢中华民族共同体意识主题展厅、公园、长廊等公共建筑42个；实施中华优秀传统文化传承发展工程，不断推动中华优秀传统文化创造性转化、创新性发展，丰富“北疆文化”品牌内涵，打造以“民族团结进步”为主题的突出中华民族传统文化的文艺作品《人民楷模都贵玛》《醉美釉里红》《不负青山》等90余部；充分发挥“红色文艺轻骑兵”作用，广泛组织开展惠民演出1700余场，各族群众精神文化需求得到满足。

三、深化互嵌式发展，不断促进各民族交往交流交融

（一）创新打造促进各民族交往交流交融平台

依托京蒙教育对口帮扶，先后组织察哈尔右翼中旗、四子王旗、卓资县、兴和县开展各族青少年赴京励志研学交流活动，首办“两岸心·草原情2023长城骑迹暨第十一届单车天使公益圆梦之旅”活动，海峡两岸各族青年参加活动；积极营造互嵌社会环境，与呼和浩特市、包头市等地签订《少数民族流动人口跨区域协调管理协议书》，支持各族群众互嵌式发展，跨区域跨行业有序流动，打造互嵌式示范点11个，开展互嵌式主题活动44次；以民族团结为核心，全力打造乌兰察布市“之”系列品牌文旅IP，开展集宁区国际皮草节、乌兰察布之夜、卓资熏鸡香四季好风光文化旅游节、四子王旗那达慕大会等系列主题文化活动，吸引全国各地游客参与。

（二）促进各民族学生共学共进

全面推广普及国家通用语言文字，全面推行使用国家统编教材，深入开展结对共建活动，16所优质普通学校与8所原民族语言授课学校实现名师、优秀教师“一对一”或“多对一”结对共建；坚持把培育和践行社会主义核心价值观与民族团结进步教育有机结合起来，构建课堂教学、实践引领、氛围熏陶一体化教育体系，在全市各中小学开设“石榴籽”思政课程，不断巩

固青少年中华民族共同体思想基础；依托少先队、共青团、学生党支部、学生会等组织，推动成立“青少年铸牢中华民族共同体意识宣讲团”，开展“石榴籽”主题活动千余场，让“三个离不开”“五个认同”“四个与共”理念在青少年心中深深扎根。

（三）深入开展民族团结进步创建工作

将民族团结进步创建工作纳入全市经济社会发展“十四五”规划，建立市、县两级党政主要负责同志任组长和常务副组长的“双挂帅”创建工作机制，坚决扛起抓民族团结进步创建工作的重大政治责任，组织召开争创全国民族团结进步示范市推进会、调度会，对《全国民族团结进步示范测评指标》《内蒙古自治区民族团结进步示范测评指标》进行细化，带动全市各单位各部门全力做好民族团结进步创建工作，形成“层层负责、人人担责”的创建工作格局。

四、积极推进高质量发展，推动各民族共同走向中国式现代化

（一）基本公共服务水平稳步提升

不断提高公共服务保障能力和水平，促进发展成果公平惠及各族群众。开展“春风行动”“就业援助月”等招聘活动45场次以上，职业技能培训达1.1万人次，城镇新增就业8500人以上，城镇登记失业人口就业帮扶率超过80%；加快完善教育、医疗、住房、社保等公共服务体系，新建续建幼儿园9所，新增学位1800个；完成市第四医院传染病区改扩建，增设床位200张；新建13个街道养老服务中心和74个社区养老服务站；改造农村牧区户厕5000个以上，新建城镇公厕63座、旅游交通沿线厕所30座。

（二）特色城市品质持续提升

坚持全城动员、全面发动、全民参与，全力推进全国文明城市、民族团结进步示范市、国家食品安全示范城市创建，城区基础设施配套进一步完善，公共服务水平得到有力提升。中心城区、马莲滩水源地供水工程完工。扎实开展国家北方地区冬季清洁取暖工作，“煤改电”设备安装完成 14.5 万户，完成率 104%；建设改造供热管网 518 公里。中心城区生活垃圾分类实现全覆盖；智慧城市整体框架和数据底座搭建完成，新时代文明实践中心标准化建设实现全覆盖，城市功能和品质得到全面提升。

（三）边境基础设施建设不断完善

G331、乌艾线、乌江线交通干线横贯沿边境 3 个苏木镇和 4 个抵边嘎查村，各苏木镇和嘎查通硬化路率达到 86%，饮水问题全部解决，57%的常住户通网电，42%的常住户风光互补通电，98%的常住户实现广电网络覆盖，66%的常住户实现通信网络覆盖，“水电路信”一体化建设向纵深推进；统筹将中央、自治区级兴边富民发展资金用于边境辖区中心城镇建设，依托“万企兴万村”“京蒙民营企业进边疆”等行动，带动边境苏木居民人均可支配收入达到 2.64 万元，高于全区全体居民人均可支配收入（1.82 万元），促进了边民就地就近就业和增收致富。

牢记重要嘱托 扛牢政治责任 全面推动铸牢中华民族共同体意识走深走实

鄂尔多斯市委统战部

2023年，鄂尔多斯市深刻学习领会习近平总书记考察内蒙古时的重要指示精神和关于铸牢中华民族共同体意识的重要论断精神，牢牢把握铸牢中华民族共同体意识这条主线，坚持以“七个作模范”为引领，以铸牢中华民族共同体意识示范建设为牵引，围绕“144610”落实体系，大力宣介中华民族共同体意识，促进各民族交往交流交融，不断构筑中华民族共有精神家园，有形有感有效推进铸牢中华民族共同体意识，奋力谱写全方位建设模范自治区鄂尔多斯幸福篇章。

第一，抓主线、优布局，坚持和完善党的全面领导。贯彻铸牢中华民族共同体意识这条主线，关键要看责任压得实不实。鄂尔多斯市始终牢记习近平总书记对内蒙古的重要指示精神，全面落实《内蒙古自治区党委关于全方位建设模范自治区的决定》《关于全面贯彻铸牢中华民族共同体意识主线的若干措施》提出的新任务、新要求，先后召开市委统战工作会议暨落实全方位建设模范自治区任务动员大会和市委五届六次、七次全会等会议，制定出台《关于落实全方位建设模范自治区任务的决定》《关于全面贯彻铸牢中华民族共同体意识主线的实施方案》《关于推动民族工作落实中华民族共同体意识主线要求的行动方案》等重要文件，始终在思想上政治上行动上同以习近平同志为核心的党中央保持高度一致。一是落实主线要求。要把铸牢中华民族共同体意识主线要求体现到全市经济、政治、文化、社会、生态文明和党的建设之中，体现到市域发展、法规政策、项目建设和具体事务之中，体现到谋划聚智、工作聚焦和落实聚力之中，推动铸牢中华民族共同体意识纳入各级党委重要议事日程、党建工作责任制、意识形态工作责任制、政治考察、巡察、实绩考核、人大依法监督和政协民主监督、政府工作规划、部门业务工作和基层组织重点工作，确保做任何工作、办任何事情都要赋予其彰显中华民族共同体意识的重大意义。二是强化顶层设计。牢牢把握习近平总书记关于铸牢中华民族共同体意识的新要求，召开市委常委会会议 8 次、市委理论学习中心组学习会 3 次，专题研究民族工作和全方位建设模范自治区工作；强化顶层设计和组织领导，逐步形成工作主线、努力方向、顶层设计、重点格局、主要载体和落实体系六个维度，一体发力铸牢中华民族共同体意识的总体布局，高站位优化考核工作机制，高效能开展全方位建设模范自治区专项督查，高质量承办全区全方位建设模范自治区论坛，做到全方位建设模范自治区工作有领导、有布局、有机制、有成效。三是构建工作体系。优化“三个三 · 大统战”工作机制，完善市、旗两级党委统一战线工作“1+6”运行机制，推动所有苏木乡镇专职配备统战委员、所有市属高等院校专职配备统战部长、所有企事业单位专门配备统战干事、所有基层网格员聘为统战联络员分别负责民族工作；成立市、旗、镇、村四级铸牢中华民族共同体意识工作“领导小组+促进会”1088 个，构建起“横向到边、纵向到底、覆盖全域”的铸牢中华民族共同体意识工作网络体系。

第二，搭平台、建机制，宣介中华民族共同体意识。民族工作是凝聚人心、汇聚力量的工作。涉民族宣传做得好不好，中华民族故事讲得深不深，关系人心向背，关系党和国家形象。鄂尔多斯市认真贯彻习近平总书记提出的“讲好中华民族故事，大力宣介中华民族共同体意识”重要指示精神，坚持以宣传教育打头阵，着力构建铸牢中华民族共同体意识宣传教育常态化机制；把铸牢中华民族共同体意识纳入干部教育、党员教育、国民教育和社会宣传教育，搭建起市、旗、镇、村四级铸牢中华民族共同体意识实践教育平台 1756 个，组建骨干、机关、企业、社区、基层、学校、乌兰牧骑七类宣讲队伍 1924 支，大力宣介中华民族共同体意识，推动“三个离不开”“四个与共”“五个认同”在各族干部群众心中深深扎根，形成党委主导、四级联动、各方参与、全域覆盖的铸牢中华民族共同体意识大宣教工作格局。一是实现党员干部教育全覆盖。把习近平总书记关于加强和改进民族工作的重要思想纳入各级党校（行政学院）教育培训班核心课程，列入各级党组织理论学习中心组学习、主题党日等活动中。各级党校（行政学院）主体班次铸牢中华民族共同体意识课时占比为 12%，各级各领域党委（党组）书记讲专题党课 148 节次，开展主题党日活动 5296 场次。二是实现国民教育全覆盖。深入实施“石榴籽”育人工程，分学段推进铸牢中华民族共同体意识教育进教材、进课堂、进头脑；在小学高年级和初中开设民族团结教育课，在高中思想政治课程中强化民族团结教育，在高校、职业院校开设党的民族理论与政策课程；在各中小学、幼儿园开展“五个一”活动 2176 场次，开展“行走的思政课”活动 423 场次；切实将铸牢中华民族共同体意识有效融入立德树人全过程。三是实现社会宣传全覆盖。全方位、多层次、常态化开展“感党恩、听党话、跟党走”主题宣讲 10396 场次，打造主题线路、公园、广场、街区等标志性实景实物 98 个，开发“暖城同心”体验线路 18 条，制作主题海报、微视频等 2 万多张（部），市、旗两级主流媒体专题宣传报道 5219 条，营造了润物细无声的育人环境。

第三，重传承、增认同，构筑中华民族共有精神家园。文化认同是最深层次的认同，是民族团结之根、民族和睦之魂。构筑中华民族共有精神家园，要以文化认同为抓手，推动中华优秀传统文化创造性转化、创新性发展。鄂尔多斯市深刻认识习近平总书记关于构筑中华民族共有精神家园的重要指示精神，构建铸牢中华民族共同体意识研究体系，挖掘北疆文化的深厚底蕴，讲好鄂尔多斯各类文化、文物背后的交往交流交融故事，全面推行国家通用语言文字，引导各族群众树立正确的国家观、民族观、历史观、文化观、宗教观。一是加强文化研究。实施“北疆文化”品牌先行区建设三年行动，成立市铸牢中华民族共同体意识实践研究中心；与国内权威机构和院校合作，建设各类铸牢中华民族共同体意识研究基地和实践阵地，深挖红色文化、黄河文化、青铜器文化、西口文化等历史文化内涵，加强党在鄂尔多斯地区历史的研究；建成鄂尔多斯革命历史博物馆、乌审红色小镇、牧区大寨博物馆、鄂托克前旗“1+6”红色培训教育基地等，举办伊金霍洛旗铸牢中华民族共同体意识主题展，编纂《中华民族交往交流交融史料汇编·鄂尔多斯卷》《金冠文库》等书籍。二是强化文化宣传。把铸牢中华民族共同体意识融入全市公共文化设施建设、城市标志性建筑建设、旅游景观陈列等各方面，在全区率先创作铸牢中华民族共同体意识主题歌曲《幸福暖城》，打造《江格尔》文化传承与创新基地，举办“黄河从草原上流过——鄂尔多斯历史文化陈列”，组织实施萨拉乌苏考古遗址、阿尔寨石窟、准格尔黄河大峡谷国家文化公园等重点文物保护工程，各族群众对中华文化更加认同、更加热爱。三是增进文化认同。承办第 24 届全国推广普通话宣传周开幕式，创建“鄂尔多斯语言艺术节”工作品牌，稳妥推进“混合编班”，国家通用语言文字达标校建设比例 95. 1%，教师普通话达标率 99. 1%，各民族青少年都能掌握和使用国家通用语言文字。

第四，优环境、抓创建，促进各民族广泛交往交流交融。各民族之间的交往交流交融是一个有机统一的整体，交往是形式，交流是内容，交融是本质。鄂尔多斯市认真践行习近平总书记提出的“促进各民族广泛交往交流交融，以中华民族大团结促进中国式现代化”重要论述精神，精心做好新时代城市民族工作，全面深入持久开展民族团结进步创建，全方位促进各民族交往交流交融，推动各民族像石榴籽一样紧紧抱在一起。一是构建“六共”格局。全面放开全市各民族群众城镇落户限制，健全流动人口社会化服务管理机制，完善就业落户、社会保障、就医就学等一系列政策措施，确定各族群众互嵌式发展试点 10 个，精心实施各族青少年交流、各族群众互嵌式发展和旅游促进各民族交往交流交融“三项计划”，开展“结对子”“手拉手”“心连心”活动297场次，组织青少年赴湖北省开展“迎中秋·回‘姥’家”铸牢中华民族共同体意识教育行活动，举办“站在首都看草原·爱上内蒙古”暖城文旅宣传月、“西安—鄂尔多斯”联程旅游推介等活动10余场次，让各族群众共居共学、共建共享、共事共乐。二是深化示范创建。实施民族团结进步创建提质增效行动，制定《民族团结进步创建发展五年规划》，以“十二个必须”为标尺，以深化内涵、丰富形式、创新方法为目标，全面开展民族团结进步“10+6+N”创建，培育各领域“石榴籽”典型711个，打响“暖城·石榴籽”民族团结进步品牌；实施铸牢中华民族共同体意识市域示范建设行动，在全市22个领域建成铸牢中华民族共同体意识示范点738个，通过建设一批、巩固一批、提升一批，以点带面，推动创建工作在各领域纵深开展，正在推动跨部门跨行业联建联创，做到全面覆盖、全域示范。三是推动共同富裕。持续推动巩固拓展脱贫攻坚成果同乡村振兴有效衔接，实施“工业反哺农业、二产拉动一产”和“万企兴万村”助力乡村振兴行动，实施高效农牧业、优质种业、特色种植养殖、田园综合体等产业项目626个，投入资金32亿余元，助力嘎查村集体经济经营性收入全部达到20万元，让各族人民实实在在感受到推进共同富裕在行动、在身边，做到有事情一起干、有困难一起扛、发展成果一起分享。

第五，强机制、防风险，推进治理体系和治理能力现代化。鄂尔多斯市把民族事务治理作为市域社会治理体系的重要组成部分，坚持依法治理民族事务，加快推进民族事务治理体系和治理能力现代化，筑牢祖国北疆安全稳定屏障鄂尔多斯防线。一是抓实民族政策宣贯。全面贯彻执行党的民族政策，开展自治区党委“一决定”“六条例”“一若干措施”和市委配套方案宣传活动，举办送法下乡专题宣传活动249场次。以铸牢中华民族共同体意识为标准，圆满完成涉民族工作规范性文件清理，稳步推进民族法规政策修订完善。二是抓实基层社会治理。以创建市域社会治理典范城市为抓手，全力提升社会治理智能化、精细化、专业化的能力和水平，推出“三分吸附法”“千里草原安睦隆”“党建统领·共富共享”等典型做法，搭建“多多评·码上生活”智治平台和集人口信息管理、社区公共服务、民族法治宣传为一体的“智慧石榴籽”信息化平台，基层治理“五治融合”局面进一步巩固。三是抓实风险防范化解。制定防范化解民族领域重大风险工作方案、应急预案和会商制度，常态化开展民族领域风险排查，完善预警分析、应急处置、联动配合等工作机制，依法妥善处理涉民族因素的案事件。建成三级网络舆情监测预警处置平台，对各类热点问题做到第一时间发现、介入、处置，牢牢掌控网络舆论引导权，严防敌对势力插手炒作。

行者方致远，奋斗路正长。鄂尔多斯市将以习近平新时代中国特色社会主义思想为指引，牢记嘱托、感恩奋进，认真落实《内蒙古自治区党委关于全方位建设模范自治区的决定》《关于全面贯彻铸牢中华民族共同体意识主线的若干措施》和市委配套实施方案，着力实施铸牢中华民族共同体意识示范建设工程和铸牢中华民族共同体意识宣讲工程，推动铸牢中华民族共同体意识走深走实，以鄂尔多斯一域之力为全方位建设模范自治区增光添彩。

牢牢把握主线
在推进现代化建设中充分体现担当作为

巴彦淖尔市委统战部

2023年，习近平总书记考察内蒙古的第一站是巴彦淖尔市，这让全市各族干部群众深受鼓舞，他们自发地重走总书记考察路线，重温总书记指示精神，巴彦淖尔市加快发展的腰杆更硬，干事创业的心劲更强，闯新路、进中游的底气更足，日益形成牢记嘱托、感恩奋进、守望相助、团结奋进的良好态势。2023年，巴彦淖尔市深入学习贯彻习近平总书记考察内蒙古重要讲话重要指示精神，深刻领悟习近平总书记关于“铸牢中华民族共同体意识是新时代党的民族工作的主线，也是民族地区各项工作的主线”重大论断的极端重要性，坚决贯彻自治区党委办好两件大事的决策部署和“七个作模范”的工作要求，全面强化党对民族工作的领导，推动铸牢中华民族共同体意识有力有效贯穿到现代化巴彦淖尔建设各领域全过程。

一、加强系统谋划，进一步明确呵护模范自治区崇高荣誉的思路和抓手

坚持从政治战略和全局的高度看待和把握全方位建设模范自治区和推进铸牢中华民族共同体意识工作，专门召开市委五届五次全会，深入贯彻《内

蒙古自治区党委关于全方位建设模范自治区的决定》和“六部条例”的要求，以习近平总书记关于铸牢中华民族共同体意识的最新论断为指引，聚焦办好两件大事，确定了“五高五区”（“五高”：高水平生态保护、高质量经济发展、高品质人民生活、高效能社会治理、高标准党的建设。“五区”：建设黄河流域生态文明示范区、防沙治沙模范区、现代高效农业集聚区、产业绿色转型先行区、乡村振兴样板区）奋斗目标，“两个基地、四个集群”（“两个落地”：建设绿色农畜产品精深加工基地、清洁能源和战略资源综合开发利用基地。“四个集群”：新材料、生物医药、装备制造、新型冶金化工产业集群）主攻方向和“五个一”（“一市”：建设全国民族团结进步示范市。“一线”：建设八百里亮丽边防线。“一点”：建设向北开放桥头堡的重要支点。“一园”：建设边疆民族地区共同富裕幸福家园。“一形象”：树立可信可亲可爱的巴彦淖尔新形象）重点任务。其中，“五高五区”奋斗目标和“两个基地、四个集群”主攻方向是落实五大任务、推动高质量发展的实践路径，“五个一”重点任务是呵护模范自治区崇高荣誉的具体抓手。

二、健全完善“五项机制”，推动铸牢中华民族共同体意识落地落实

注重用法治化、机制化的方式，常态长效推动铸牢中华民族共同体意识融入各项工作中去。一是健全主线意识领导推进工作机制。将统战部、民委及时列入市、县两级党委、政府各类议事协调机构和工作专班成员单位，固定列席党委常委会、政府常务会议，确保统战部和民委切实担负起对全市各项决策、议定事项是否符合主线要求进行审核把关的职责；常态化开展贯彻铸牢中华民族共同体意识主线专项检查，推动全市各领域、各行业、各部门对标“铸牢中华民族共同体意识是新时代党的民族工作的主线，也是民族地区各项工作的主线”的要求，进行全面自查，及时发现问题、校准偏差。结

合党政机构改革，把做好铸牢中华民族共同体意识的工作明确写入各部门单位“三定”方案，使贯彻主线意识成为法定职责、必尽之责，推动各部门单位的工作都自觉向此聚焦用力。二是健全执法监督工作机制。由市、县两级人大常委会开展专项执法检查，推动自治区“六部条例”落地实施。三是健全规范性文件备案审查工作机制。由市委办政策法规科牵头，对 2021 年以来制定出台的各类规范性文件进行全面梳理，对照新论断新要求做好立、改、废、释相关工作，确保制定出台的政策性文件都以铸牢中华民族共同体意识为前提，都着眼于强化中华民族共同性、铸牢中华民族共同体意识。四是健全领导包联工作机制。明确将全面贯彻铸牢中华民族共同体意识主线工作纳入包联责任体系，建立统筹协调、检查督办、跟踪问效、监督问责等闭环工作机制，压紧压实党委主体责任和部门主管责任。五是健全严守意识形态阵地工作机制。严格落实意识形态工作责任制，妥善处置涉民族因素网络舆情。巴彦淖尔市通过以上五项机制，确保全面贯彻铸牢中华民族共同体意识主线的要求扎实有效落实到各地各部门工作的方方面面。

三、开展“四项工程”，全力构筑中华民族共有精神家园

“管肚子”的同时，更要注重“管脑子”，多措并举促进人心归聚、精神相依。一是理论强基工程。各级党委每半年至少研究一次铸牢中华民族共同体意识工作；党委（党组）理论学习中心组每年至少组织一次学习习近平新时代中国特色社会主义思想“民族篇”，组织一次铸牢中华民族共同体意识专题学习研讨；党委（党组）书记每年至少讲一次铸牢中华民族共同体意识专题党课。围绕学习领会习近平总书记关于铸牢中华民族共同体意识重要论述的精神实质和实践要求，由宣传部牵头，组织政研室、社科联、党校、文联、河套学院铸牢中华民族共同体意识研究中心等部门机构，积极开展学术研讨、

理论研究，深化对中华民族共同体意识的研究阐释和宣传宣讲宣介。坚持把铸牢中华民族共同体意识贯穿主题教育，“感党恩、听党话、跟党走”群众实践教育活动和党员干部教育培训管理全过程，各级党校（行政学院）、社会主义学院、河套干部教育培训基地主体班次铸牢中华民族共同体意识相关课时占比不少于20%，实现科级以上干部全部轮训。充分运用与中央民族干部学院的合作机制，着力打造巴彦淖尔市铸牢中华民族共同体意识实践教育基地。二是校园固本工程。完成有关校名整合优化工作，全市幼儿园实现国家通用语言文字保育教育全覆盖，义务教育阶段各年级、普通高中高一年级全部使用国家统编教材，开展国家通用语言文字教学。将铸牢中华民族共同体意识融入办学治校、教书育人全过程，通过开展铸牢中华民族共同体意识“开学第一课”、举办思政课程技能比赛、评选优秀示范课程、组织主题班队会等活动，让铸牢中华民族共同体意识根植青少年灵魂深处。三是文化铸魂工程。打响“北疆文化”品牌，创新实施“籽籽相拥、同心筑梦”“十个一”（唱响一首歌，编演一台剧，创作一批数字文创产品，选树一批典型事例，举办一系列主题活动，打造一个主题公园，展陈一个主题场馆，建设一个传习场所，创建一条精品线路，共建一条同心创业街区）主线工程，建设了一批主题场馆、传习场所、同心创业街区，创作了《总书记到咱巴彦淖尔来》等一批反映北疆儿女心向党的文艺精品。保护修复阴山岩刻、秦汉长城、鸡鹿塞等历史遗迹，排查梳理红色资源32处，推出“听文物讲民族交往故事”系列报道，不断增强各族群众对中华文化的情感认同。四是社会宣教工程。在各类媒体开辟专栏、设置专版，运用“六种载体”（一本辅导书，一本发展账，一张惠民卡，一套学生思政讲义，一张现代化发展蓝图，一批红色文艺精品）、“四教融合”（面对面引领式教育、分享式自我教育、分众式学习教育、大众式宣传教育）等群众喜闻乐见的方法，讲清楚“六句话”的事实和道理，让党的创新理论飞入寻常百姓家、传到草原最深处，引导全社会不断加深对“三个离不开”“四个与共”“五个认同”的认识。

四、办好两件大事，夯实铸牢中华民族共同体意识的物质基础和文化基础

国务院《关于推动内蒙古高质量发展奋力书写中国式现代化新篇章的意见》出台后，市委、市政府对照明确点到巴彦淖尔的 7 处项目（乌梁素海生态综合治理、临哈铁路临河至额济纳段扩能改造、乌兰布和大型风电光伏基地建设、河套灌区续建配套和现代化改造、高质量建设巴彦淖尔国家农高区、推进甘其毛都口岸跨境铁路前期工作、甘其毛都沿边产业园区建设）和 7 个方面 33 条具体内容，组织策划了总投资 1420 亿元的 7 大类 60 个项目，先后到中央财办（农办）、国家发改委、林草局、农业农村部、自然资源部等部委和自治区相关厅局开展对接工作。召开全市干部大会，推动各旗县区、市直部门对照国务院《意见》加快完成“十四五”规划实施情况中期评估报告，谋篇布局抓项目、紧锣密鼓盯配套，切实把政策用好用活，最大程度放大政策红利，将策划的项目变成国家和自治区支持的大事要事，为办好两件大事提供有力支撑。

聚焦习近平总书记交给内蒙古的五大任务，全力推进“五区”建设。致力于建设生态文明示范区，制定出台《乌梁素海流域生态保护条例》等地方性法规，全面打响黄河生态治理保护、节能减排降耗等“六场攻坚战”，协同推进护山、节水、造林、改田、保湖、增草、治沙综合治理。致力于建设防沙治沙模范区，深入总结推广“磴口模式”，走好“防沙治沙+系统治理”“防沙治沙+光伏产业”“防沙治沙+有机奶业”“防沙治沙+特色有机农业”“防沙治沙+全域旅游”等一系列生态产业化、产业生态化防沙治沙新路子，当好打赢黄河“几字弯”攻坚战的排头兵、尖刀连。2023 年，乌兰布和沙漠综合治理工程入选中国山水工程首批优秀典型案例。致力于建设现代高效农业集聚区，按照全域农高区化、产业全链条化发展思路，紧扣地、水、种、

粮、肉、奶六个重点，实施农高区建设三年行动，扎实推进强农惠农“九大工程”，大力推进改地增粮、节水增效、科技增产、规模增收、延链增值，建设绿色农畜产品生产基地不断迈出新步伐。特别是在自治区党委、政府的高度重视和全市干部群众的共同努力下，工程农艺管理节水多管齐下，水权水价水组织改革一体推进，河套灌区的节水增效攻坚战取得一系列突破性进展和标志性成果，全年实现节水1.17亿立方米，秋浇同比压减6亿立方米。致力于建设产业绿色转型先行区，坚持大抓工业、大抓招商、大抓项目，紧盯12条重点产业链招商引资，通过承接产业转移，延链补链强链，推进节能技改、绿电替代、数字赋能、设备更新、工艺升级等措施和途径，建设清洁能源和战略资源综合开发利用基地及新材料、生物医药、装备制造、新型冶金化工产业集群。乌兰布和沙漠东北部千万千瓦级新能源基地开工建设，三一零碳产业园投产达效，前三季度全市引进国内（区外）到位资金114.19亿元，带动主要经济指标全面攀升。致力于建设乡村振兴样板区，扎实推进脱贫攻坚成果同乡村振兴有效衔接，坚持以党支部领办合作社为牵引，以“十强镇、百强村、千强户”示范创建为载体，以京蒙协作交流机制为抓手，乡村发展、乡村建设、乡村治理一体推进，带动乡村产业、人才、文化、生态、组织全面振兴。成功举办“京蒙百企情——巴彦淖尔行”系列活动，现场签约11个项目（金额91.15亿元），陆续与北京方面18家企业达成协议，引资共计107.55亿元，380多种优质农畜产品进入首都商超，上架销售。

围绕全方位建设模范自治区，确定了加快推进一市、一线、一点、一园、一形象“五个一”建设的重点任务，做好融合共建这篇文章。着眼于2024年成功创建全国民族团结进步示范市这一目标，制定创建攻坚方案，召开动员会和表彰会，表彰了150个先进集体和模范个人，示范创建的政治基础和思想共识全面夯实，目标任务、责任分工进一步明确，在全市上下形成全民共创的浓厚氛围。着眼于打造八百里亮丽边防线，深入推进固边兴边富民行动，加快实施“水电路信”基础设施军地一体化建设三年行动，推动牧户厕改、智慧广电、通信网络、道路硬化、通村供电 5 个方面实现百分之百全覆盖。推进乌拉特中旗川井苏木国防小镇“四个共同”长廊、乌拉特后旗塞北草原丝绸之路文旅产业等兴边富民项目建设，多措并举开展“民营企业进边疆”行动，稳步提高护边员薪资待遇，护边员人数由 212 人增加至 422 人，吸引更多的人到边境地区置业安居、守边戍边。运用“四下基层”工作法，坚持和发展好新时代“枫桥经验”，推广信访代办制，化解各类社会矛盾，创新实施“一校、一户、一业、一队、一车、一站”（草原流动党校、党员中心户、特色产业、志愿服务队、爱民固边直通车、警民服务站）边疆党建模式，党政军警民合力强边固防的能力全面提升。着眼于建设向北开放桥头堡重要支点，全面提升甘其毛都口岸、B 型保税物流园区、“乌拉特后旗号”中欧班列、三个外贸转型升级基地和 8 个企业海外仓的开放幅度和软硬实力，努力打造自治区共建“一带一路”和中蒙俄经济走廊建设的重要支点。甘其毛都口岸过货量突破 3000 万吨大关，创造了历史新高，客运通道恢复通关。前三季度，外贸进出口总额突破 300 亿元。着眼于建设边疆民族地区共同富裕幸福家园，扎实做好就业、教育、医疗、社会保障各项民生工作，各级民生支出占公共财政预算支出的 71.6%。积极构建互嵌式社会结构和社区环境，创造共居共学、共建共享、共事共乐的社会条件。通过以工代赈、发展特色产业、党支部领办合作社、土地增减挂钩交易等方式，多渠道增加农牧民收入，让各族群众实实在在感受到推进共同富裕在行动、在身边。着眼于树立可信可亲可爱巴彦淖尔新形象，按照自治区党委“五个立起来”的要求，借助习近平总书记亲临考察的重大机遇和深远影响，全方位宣传巴彦淖尔的自然生态、人文历史、物产民风，展示巴彦淖尔人民忠诚勇敢、包容厚道、淳朴善良的优秀品质，讲好巴彦淖尔故事，培树可信可亲可爱的对外新形象。

五、加强和改进党的领导，为铸牢中华民族共同体意识提供有力保障

全面压实各级党委领导责任，坚持把铸牢中华民族共同体意识与各项工作同安排、同部署、同落实，纳入党的建设和意识形态工作责任制，纳入旗县区、市直单位、市属国有企业年度绩效考核，纳入政治考察和巡察重点，纳入基层党建述职评议，纳入“市直部门公开述职、旗县区高质量发展现场会比评、苏木乡镇乡村振兴擂台大比武、村党支部领办合作社、村民小组五人工作法”五级党建特色载体。健全完善考核评价指标体系，将铸牢中华民族共同体意识作为评估主题教育成效的重要标准，作为领导班子和领导干部年度考核、党组织书记抓党建工作述职评议考核的重要内容，作为旗县党委书记专项考核的重要依据，作为“干事创业好班子、担当作为好干部”评选的重要标尺，全面提升各级党员干部推动铸牢中华民族共同体意识的政治自觉、思想自觉、行动自觉。

下一步，巴彦淖尔市将持续深入学习贯彻习近平总书记关于加强和改进民族工作的重要思想，坚持“急不得”与“等不得”相结合、“有形有感有效”与“润物无声”相结合，绵绵用力、久久为功，铸牢中华民族共同体意识，努力在全方位建设模范自治区上勇争先、作贡献。

紧紧围绕主线
在现代化建设进程中走好高质量发展新路子

乌海市委统战部

2023年，习近平总书记考察内蒙古时指出："铸牢中华民族共同体意识是新时代党的民族工作的主线，也是民族地区各项工作的主线。"习近平总书记的重要指示为民族地区做好各项工作提供了根本遵循。乌海市深入贯彻习近平总书记对内蒙古重要讲话重要指示精神，牢记总书记殷殷嘱托，研究制定了"贯彻一条主线（全面贯彻铸牢中华民族共同体意识主线）、坚持一个遵循（着力抓好乌海及周边地区等重点区域生态环境综合治理）、走好一条新路（坚决走好以生态优先、绿色发展为导向的高质量发展新路子）、推进两个转型（扎实推进产业转型和城市转型）、实现'三高'目标（推动实现高质量发展、高品质生活、高效能治理）"的发展思路，使经济、政治、文化、社会、生态文明和党的建设各项事业从单项突破迈向围绕铸牢中华民族共同体意识主线的全面系统推进，社会大局保持和谐稳定，经济平稳快速发展，人民生活水平不断提高，民族宗教关系和睦和顺，文化事业繁荣发展，生态环境日益改善，党的建设全面加强。2023年，获评"全国第四批社会信用体系建设示范市""全国市域社会治理现代化试点合格城市""国家公交都市建设示范城市""典型地区再生水利用配置优秀试点城市""中国领军智慧城市"等一系列荣誉称号。

一、聚焦“有责”树牢“全局观”，坚持把党的领导贯穿铸牢中华民族共同体意识全过程

乌海市始终站在坚决拥护“两个确立”、做到“两个维护”的政治高度，持续加强和改进党对民族工作的领导，坚持高位谋划、系统推进，健全完善铸牢中华民族共同体意识思想教育、问题研究、综合协调和督查考核等各项制度机制，以正确政治方向引领铸牢中华民族共同体意识。

一是提供制度保障。印发《乌海市委关于坚定不移、一抓到底推动全方位建设模范自治区见行见效的决定》《乌海市全面贯彻铸牢中华民族共同体意识主线的工作方案》，将铸牢中华民族共同体意识写入各部门各单位“三定”规定，写入各议事协调机构的工作规则及其常设办事机构工作细则，列入年度工作计划、要点和重要议事日程，通过人大执法监督、政协民主监督、纪委监委专项监督等多种方式加强贯彻铸牢中华民族共同体意识主线的要求，从运行机制、政策措施、落地载体等层面构建起全面贯彻铸牢中华民族共同体意识主线的新格局。

二是压实工作责任。坚持高位推进，市委书记严格履行“三个带头”，召开市委常委会会议、市委书记专题会、统战工作领导小组会议研究铸牢中华民族共同体意识工作 7 次，谋划部署贯彻铸牢中华民族共同体意识主线各项工作。不折不扣抓好中央民族工作会议精神检查反馈意见整改，研究制定 44 条整改举措，并全部落实。健全完善民族工作协调机制和基层民委委员制，制定《关于推动民族工作贯穿铸牢中华民族共同体意识工作主线的若干举措》，统筹协调做好工作，确保铸牢中华民族共同体意识贯穿于各项工作之中。

三是加强考评考核。将铸牢中华民族共同体意识纳入党的建设和意识形态工作责任制，纳入各级党政领导班子年度绩效考核指标体系，将其作为市

委巡察的重要内容，开展常规巡察和专项巡察。围绕“四个特别”要求建立党政领导干部政治监督和日常监督正负面清单，强化日常监管和民主测评，树牢重实干、重实绩、重担当用人导向，特别注重在干部“选育管用”全过程突出贯彻铸牢中华民族共同体意识主线。2023 年，在维护民族团结进步、乡村振兴等急难险重岗位和基层一线中提拔县处级干部 26 名，真正把铸牢中华民族共同体意识强、贯彻铸牢中华民族共同体意识主线情况好的班子和干部选出来、用起来。

二、聚焦“有形”画好“同心圆”，着力构筑中华民族共有精神家园

乌海市坚持把构筑中华民族共有精神家园作为一项基础性、战略性任务抓紧抓实，以社会主义核心价值观为引领，积极传承和保护中华优秀传统文化，大力推进公共文化服务体系建设，推动各民族坚定对伟大祖国、中华民族、中华文化、中国共产党、中国特色社会主义的高度认同。

一是坚持思想引领，强化凝心铸魂。把学习贯彻习近平总书记关于加强和改进民族工作的重要思想贯穿国民教育、干部教育、社会教育全过程。抓党员干部教育全覆盖。坚持“第一议题”制度，将铸牢中华民族共同体意识作为各级党委（党组）会议、理论学习中心组学习、党员干部教育培训、“三会一课”必学内容，构建常态化学习教育机制。2023 年，各级中心组开展学习研讨 450 余场次。市委党校（社会主义学院）开设铸牢中华民族共同体意识专题课程，各类主体班次中安排相关课程 39 讲，占比超 20%，各级干部全面贯彻铸牢中华民族共同体意识主线的能力进一步提升。抓青少年教育全融合。全市大中小学把铸牢中华民族共同体意识纳入思政教育必修课程，各学段不少于 12 课时，开设“红领巾思想讲堂”“云思政”线上课程，搭建“微思政”“葡萄娃娃讲故事”“金种子”工程等教育平台，经常举办专题讲座、

主题班会、演讲和征文比赛、书画展览、知识竞赛、经典诵读等活动，开展“从小学党史·永远跟党走”“我心中的中国红”等八大主题特色活动120余场次，推动中华民族共同体意识教育进校园、进教材、进课堂、进头脑。抓社会教育广扩面。用好“两月一周”活动载体，集中开展文化体育、社区娱乐等群众性文化活动300余场。发挥社会组织的作用，成立各级“铸牢中华民族共同体意识促进会”“红石榴”宣讲团、“红石榴”志愿服务队150余支，建设乌海市铸牢中华民族共同体意识主题公园和“红石榴”志愿服务站，讲好民族团结进步故事和“身边的榜样”典型事迹，组织各类宣讲活动2500余场次。加快推进“互联网+民族团结进步”行动，推出“悟源云课堂”精品课，开设“铸牢中华民族共同体意识”等网络专栏，打造“网络名人话团结”特色品牌，刊发新闻报道等2000余篇，阅读量达569.9万次，使网络成为铸牢中华民族共同体意识宣传教育新阵地，让“四个与共”理念在各族干部群众心中牢牢扎根。

二是加强研究阐释，夯实思想之基。将贯彻铸牢中华民族共同体意识主线纳入各级领导班子年度调研计划重要内容，每年至少形成一个研究课题报告。整合全市研究资源，建立专家研究库，命名市级铸牢中华民族共同体意识理论研究基地、教育实践基地25家，选送的“发挥人大在民族工作中的作用，铸牢中华民族共同体意识研究”等3个课题纳入市级社科立项课题，推出政策理论专刊5期，《铸牢中华民族共同体意识提升民族事务治理法治化水平》一文被自治区《统战理论研究》刊登。举办乌海市铸牢中华民族共同体意识论坛，3名自治区级专家专题讲授，为铸牢中华民族共同体意识提供了学理支撑。

三是弘扬北疆文化，构筑精神家园。坚持把保护弘扬民族优秀文化与传承各民族共享的中华文化有机结合，动态制定“两个打造”项目清单90个，重点推进书籍、舞台艺术作品、展览展示等50个精选项目的建设，累计创作文艺作品6000余件。创作《山高水长》《柳树》《我爱你中国》等一大批优秀歌舞作品，结合黄河入蒙首站的区位特点，打造黄河入蒙首站标识、母亲河主题雕塑和墙绘全景，策划推出10集反映乌海历史文化的纪录片《黄河在这里入蒙》，深刻阐释黄河文化及其蕴含的时代价值。充分挖掘蒙古马精神、“三北精神”“三线精神”在乌海地区的鲜活事例，讲述好“万人上山夺煤大会战”“好人好马上三线”等各民族共同奋斗的乌海故事，深入阐释好“我们辽阔的疆域是各民族共同开拓的，我们悠久的历史是各民族共同书写的，我们灿烂的文化是各民族共同创造的，我们伟大的精神是各民族共同培育的”这一重要事实，让中华民族共同体更加牢不可破。

三、聚焦“有感”厚植“石榴情”，促进各民族交往交流交融

乌海市常住人口56万，有43个民族，少数民族人口3.9万，城镇化率达96.36%。在这种形势下，乌海市立足城市民族工作特点，积极营造各民族共居共学、共建共享、共事共乐的社会条件。各族人民共同建设乌海，书写了从“不毛之地”到“黄河明珠”的传奇篇章。

一是全力搭建各民族交往交流交融平台。深入实施“各族青少年交流计划”，组织各族学生参加“民族团结我践行”“中华民族一家亲”等社会实践交流活动，举办全区青少年（中学生）游泳锦标赛、“奔跑吧·少年”2022年乌海市青少年户外夏令营、“亮丽黄河几字弯”巴彦淖尔—乌海青少年“手拉手”实践营，与巴彦淖尔市、江苏淮安市签署缔结各族青少年友好交流城市合作框架协议，与江苏淮安市联合举办了“民族团结一家亲 淮乌两地心连心”主题夏令营活动，与重庆、成都、拉萨等市联合举办线上“手拉手”交流活动，为各族青少年提供了相互学习、共同成长的广阔舞台。广泛开展“各族群众互嵌式发展计划”，与新疆塔城等10个地区建立跨区域就业创业合作机制，21家重点企业同自治区15所院校签订“政校企”合作协议，和甘肃兰州、庆阳、陇南以及河南安阳等51个劳动力密集地区签订劳务协议及政

校企合作协议，组织开展重点企业高校引才等系列招聘活动142场，提供岗位13.5万个次，帮助企业解决缺工8216人，打通东西部各族群众灵活就业流动渠道。积极推动“旅游促进各民族交往交流交融计划”，发挥好旅游促进各民族广泛交往交流交融的桥梁纽带作用，在中华民族共同体体验馆（北京）开展为期一周的轮值展演，展现乌海地域文化和特色产品，接待全国各地游客8600余人次，受到广大游客的欢迎。将“北疆文化”品牌融入景区建设，加快打造“来沙漠看海”“中国书法城”“母亲河之旅”马拉松赛道等品牌项目，全力建设中华优秀传统文化宣传体验示范带、红色基因传承示范带；将中华民族文化符号融入景区建设，推出“乌海十景”精品线路和黄河西行客栈乡村集市、音乐节、帐篷节等旅游项目，发挥“全域旅游+铸牢中华民族共同体意识”效应。2023年，全市4A级景区达到5家，“乌海葡萄”入选中国农业品牌目录，成为世界沙漠葡萄酒大赛永久举办地、第三批中国特色农产品优势区，航空旅客吞吐量近70万人次，创历史新高，旅游人次和收入分别增长90%、123.7%，实现了民族融合与经济效益双丰收，推动各民族在中华民族大家庭中手足相亲、守望相助。

二是全力构建互嵌式社会结构和社区环境。因地制宜打造互嵌式社区，统筹公共服务资源配置，在移民搬迁、易地重建、保障房建设中引导各族群众互嵌式居住生活。将少数民族流动人口纳入城市流动人口服务管理体系，与区内外20余地合作建立促进各民族流动人口跨区域双向流动机制。制定印发《关于进一步加强社区民族工作的意见》，搭建社区党委——小区党支部——楼栋党小组——党员中心户四级组织架构体系，纵向上发挥党组织功能，横向上联动共建单位、驻地单位、物业企业等，为百姓提供优质公共服务。依托新时代文明实践中心（所、站），打造文明实践与民族团结相融合的红色宣传阵地“民族团结一家亲”“十大英模”等主题文化墙25处。全面推进民汉合校、混班混宿，在大中小学开展校际间联建联创活动。坚决推行使用国家统编教材工作，全市小学一年级、初中一年级和高中一、二年级全科推行使用国家通用语言文字版教材，在全区率先完成原民族语言授课学校转型。大力推广普及国家通用语言文字，全市行政单位公务员普通话合格率近九成，通过验收的普通话达标校园数占比达97%，达标学校教师普通话合格率达98%以上。各族群众共居共学、共建共享、共事共乐的格局已然形成。

三是全力争创全国民族团结进步示范市。将创建全国民族团结进步示范市作为深入践行铸牢中华民族共同体意识的具体举措，推动中心工作向主线聚焦聚力。突出全域创建、全面创建、全民创建，市委、市政府主要领导亲自挂帅、高位推进，制定《乌海市创建全国民族团结进步示范市工作实施方案（修订版）》《创建全国民族团结进步示范市负面事项清单》《乌海市民族团结进步创建发展规划（2021—2025年）》《乌海市民族团结进步示范单位命名管理办法》《乌海市民族团结进步示范单位测评标准》，组建6个专项工作组，确定7个方面主要任务、21项工作目标、94条具体措施，形成市委、市政府专项督查考核，各级党委政治巡察，各级人大执法检查，各级政协调研视察，社会各方共同参与的创建工作格局。探索形成“五带三线三矩阵”（五带：中华优秀传统文化宣传体验示范带、红色基因传承示范带、生态优先绿色发展示范带、公共服务优质共享先行示范带、市域治理现代化示范带。三线：旅游促进各民族交往交流交融示范线、各族青少年交流示范线、各族群众互嵌式发展示范线。三矩阵：铸牢中华民族共同体意识理论研究矩阵、铸牢中华民族共同体意识教育实践矩阵、铸牢中华民族共同体意识全媒体宣传矩阵）的工作布局和民族团结进步创建“八+N进”“一进一主题”的创建模式（进机关——民族团结进机关 先锋共育和谐花；进企业——相融互促谋发展 共建共创享成果；进村社区——石榴花开共筑梦 爱在邻里绘新篇；进镇街道——种下团结籽画好同心圆 共谱和谐曲结出幸福花；进学校——争做小小石榴籽 同心共筑中国梦；进连队——民族团结创先进 军民同心筑国防；进宗教活动场所——爱国爱教明方向 民族团结促和谐；进网络——网聚正能量 携手共织民族情。“N进”重点放在公共场所、公共文化设施、窗口与市场管理等单位，突出展示创建惠民的具体成果）。推动民族团结进步创建与精神文明“六大创建”相融合，深化新时代公民道德建设“十大行动”。2023

年，乌海市1人被中宣部评为“诚信之星”，1人被评为“内蒙古十大诚信人物”，3人被评为“内蒙古好人”。发挥民族团结进步模范示范引领作用，精心打造30个高质量创建迎检点位，2个区、6家单位获评自治区第九批民族团结进步示范单位，全市各级民族团结进步示范单位增至137个。

四、聚焦“有效”同唱“幸福曲”，赋予所有改革发展以彰显中华民族共同体意识的意义

乌海市紧紧围绕党中央对内蒙古的战略定位，以铸牢中华民族共同体意识为主线，赋予所有改革发展以彰显中华民族共同体意识的意义，全面落实五大任务，聚焦办好两件大事，向着闯新路、进中游的目标扎实迈进，各民族共同繁荣发展、共同走向社会主义现代化的步伐更加坚定有力。

一是现代产业体系加快构建。实施重点项目“争先进位、赛马比拼”工作机制，组建小分队助企解难，296个重点项目开复工率100%，完成投资263亿元，固定资产投资连续25个月保持两位数增长。强化向北开放腹地支撑，完善建设国家向北开放重要桥头堡工作机制，制定出台推动外贸高质量发展7条措施，“乌贸通”外贸综合服务平台高效运行，中蒙俄特色贸易区如期开园，首批6家企业开展自营进出口业务，对外贸易总额达11亿元。地区综合经济实力不断壮大，地区生产总值增长0.1%，一般公共预算收入再创新高，增长8.1%，社会消费品零售总额增长4.6%。城乡居民收入水平快速提升，人均可支配收入分别增长3.8%、6.3%，共同富裕程度显著提升，铸牢中华民族共同体意识的物质基础进一步夯实。

二是生态环境持续改善。始终牢记习近平总书记关于“着力抓好乌海及周边地区等重点区域生态环境综合治理”的殷殷嘱托，坚持生态惠民、生态利民、生态为民，聚焦“七治”系统发力，投入资金22.3亿元，实施环境治理项目115个，生态环境综合治理三年行动圆满收官，乌达区小铁帽子采空

区治理、矿区道路扬尘等一批群众关注、为期久远、成因复杂的历史遗留问题得到妥善解决。黄河乌海段连续 7 年保持Ⅱ类水质，国考断面水环境质量改善状况居全国第三位。美丽乌海生态环境提质行动全面启动，明确了 30 项重点任务，细化 109 项年度重点任务，全力推动生态环境治理由治标向治本转变，各族群众“推窗见绿”“开门亲水”“移步进园”，畅享蓝天碧水、青山净土。

三是社会民生事业全面进步。积极探索以城乡融合发展带动各民族共同富裕的有效路径，践行以人民为中心的发展思想，民生支出持续上升，全市基本民生保障标准全部达到全国平均水平，让各族群众实实在在感受到推进共同富裕在行动、在身边。就业创业工作取得实效，社会救助标准实现“七连升”。教育、医疗高质量发展“1+N”政策成效初显，市一中新校区、市二中滨河校区基本建成，义务教育均衡发展顺利通过国家和自治区督导评估，高考成绩再创新高，人民健康保障指标和居民健康素养水平居全区前列，群众对教育、医疗的信任度明显提升。深入实施城市更新行动，改造老旧小区 60 个，“一刻钟社区生活圈”实现主城区全覆盖，S217 绕城段全线建成投用，获评国家公交都市建设示范城市，让各民族人民共享发展成果。

五、聚焦“有力”谱写“和谐篇”，筑牢祖国北疆安全稳定乌海防线

乌海坚持把加强民族团结、维护社会稳定作为着眼点和着力点，不断完善防范化解各类风险隐患的制度机制，提高社会治理现代化能力和水平，谋长久之策，行固本之举，人民群众安全感稳步提升，社会大局更加稳定向好。

一是不断提升民族事务治理能力。坚持和完善民族区域自治制度，完整准确贯彻党的民族理论和民族政策，深入开展“民族政策宣传月”“民族法治宣传周”等活动，加大“两条例一办法”宣传教育力度，举办民族理论政策

法律法规宣传教育活动700余场次，开展“法治乌兰牧骑基层行”宣传活动55场，建成法治公园、法治广场等各类普法阵地106个，形成“普法早市”“法入寻常百姓家”等特色品牌。加大涉民族因素政策审查力度，坚持依法治理民族事务，保障各族群众合法权益，全年未发生涉民族因素的矛盾纠纷和案事件。全力推进市域社会治理现代化建设，将民族工作纳入市域社会治理网格化管理体系一体推进，划设网格786个，覆盖全市20个镇（街道）、83个村（社区）、近300家行政企事业单位，实现市、区、镇（街道）、村（社区）四级矛盾纠纷调处化解中心全覆盖。

二是强化矛盾纠纷排查化解。推进基层治理体系和治理能力现代化水平整体提升，完善市、区、镇（街道）、村（社区）、网格五级一体化社会治理智能平台，着力打造“城市大脑”，建成市域社会治理8个“一张图”、网格化服务管理平台等多个智能化系统场景应用，市域社会治理、城市运营管理“两中心”一体化运行，信息反馈、矛盾化解、隐患排查、风险预警等联动能力持续增强，智能化综治平台连续三年入选“全国政法智能化建设智慧治理创新案例”。坚持和发展新时代“枫桥经验”，建立健全四级信访代办机制，实现全市信访代办服务全覆盖，将矛盾化解在基层、处理在萌芽状态，群众满意率达100%。

三是有效防范化解风险隐患。将铸牢中华民族共同体意识作为主目标，建立健全涉民族领域风险隐患协调化解机制，制定防范化解民族领域重大风险和网络舆情的应急处置方案，加强信息搜集和分析研判，妥善化解民族领域风险隐患，将民族领域风险隐患纳入市、区、镇（街道）三级重大不稳定问题清单制度和台账管理体系，严防境内外敌对势力的渗透破坏活动。强化意识形态阵地管理，把铸牢中华民族共同体意识的工作要求贯彻落实到历史文化宣传教育、公共文化设施建设、旅游景观陈列等相关方面，加强事前审核备案，坚决纠治过分强化单一民族元素问题，维护民族领域安全稳定大局，确保不发生重大风险隐患问题和案事件。

牢记嘱托 扛起责任 更加有形有感有效推进铸牢中华民族共同体意识工作

阿拉善盟委统战部

阿拉善盟深入学习贯彻习近平总书记“铸牢中华民族共同体意识是新时代党的民族工作的主线，也是民族地区各项工作的主线”的重要要求，紧紧围绕主线推进经济建设、政治建设、文化建设、社会建设、生态文明建设和党的建设，将自治区党委提出的“七个作模范”体现到工作各方面，努力创建铸牢中华民族共同体意识示范盟。2023 年 1 月，阿拉善盟被国家民委命名为全国民族团结进步示范盟。

一、聚焦工作主线，坚定不移铸牢中华民族共同体意识

（一）全面加强党对民族工作的领导

坚定拥护“两个确立”、坚决做到“两个维护”，把铸牢中华民族共同体意识作为重大政治任务。一是突出主线不动摇。印发《关于建设铸牢中华民族共同体意识示范盟的决定》《关于全面贯彻铸牢中华民族共同体意识主线的实施方案》《落实铸牢中华民族共同体意识工作要求前置联审制度》，推动全盟各项工作都紧紧围绕、毫不偏离铸牢中华民族共同体意识这条主线。二是

抓住关键少数。把习近平总书记交给内蒙古的五大任务和全方位建设模范自治区等内容纳入各级党委（党组）理论学习中心组重点学习内容，将铸牢中华民族共同体意识工作纳入盟委员会、统一战线工作领导小组重要议事日程，作为政治考察、政治巡察、政绩考核和党建工作责任制重要内容；每半年听取1次相关情况汇报，在每季度落实两件大事晒单述职评议会议上要求各旗区、各部门汇报铸牢中华民族共同体意识的做法和成效；编印《中央民族工作会议精神学习辅导100问》等，讲清楚“六句话”的事实和道理，推动各级领导干部自觉履行政治责任。

（二）持续推进中华民族共有精神家园建设

构筑中华民族共有精神家园是新时代加强和改进民族工作的重要议题，也是铸牢中华民族共同体意识的重要维度。一是搞好社会宣传教育。广泛开展“民族政策宣传月”“民族法治宣传周”“民族团结进步活动月”等活动，组织实施“健康饮茶、送茶入户”项目，给边境地区农牧民免费发放40万元低氟边销茶，引导各族群众养成健康的饮茶习惯。组织党员群众开展“我看家乡新变化”系列观摩活动50余场次，举办“学习宣传贯彻党的二十大精神、铸牢中华民族共同体意识”知识竞赛，在北京举行中华民族共同体体验馆内蒙古体验区阿拉善盟展演。结合习近平新时代中国特色社会主义思想主题教育，着力打造“驼乡儿女心向党，感恩奋进新时代”阿拉善品牌，不断激发干部群众内生动力。持续抓好铸牢中华民族共同体意识宣传教育，推进新时代党的民族工作高质量发展。二是有序推进理论研究。建成阿拉善盟铸牢中华民族共同体意识主题公园，成立铸牢中华民族共同体意识研究培训基地，聘请28名盟内外专家学者，举办“阿拉善盟铸牢中华民族共同体意识论坛”，围绕铸牢中华民族共同体意识开展重大基础性问题研究，加强对贺兰山西麓、黄河沿岸、岩画遗址、居延遗址等的考古调查研究。三是增进文化认同。围绕共产国际秘密通道、三易旗府为航天、“土尔扈特万里东归”等历史佳话，讲好阿拉善民族团结、爱国奉献、双拥共建的感人故事。聚焦打造

“北疆文化”品牌，改编排演舞台剧《胡杨红》《东风——呼啸起》等，举办“美在阿拉善——岩画与居延汉简艺术展”和“心之所往，向善而行”阿拉善盟2023年“遇见醉美金秋”文旅系列活动，不断增进各族群众文化认同感。四是全面推行使用国家统编教材。坚决贯彻党中央决策部署，扎实做好推行国家统编教材及相关配套改革工作。从2023年秋季学期开始，全盟原民族语言授课学校一至七年级实现全科使用国家通用语言文字授课。积极推进各级各类学校语言文字达标校建设，全盟国家通用语言文字规范化达标学校创建率达94.4%。

（三）促进各民族广泛交往交流交融

顺应社会发展趋势，积极创造共居共学、共建共享、共事共乐的社会条件，推进中华民族共同体建设。一是扎实推进“三项计划”。实施“各族青少年交流计划”“各族群众互嵌式发展计划”“旅游促进各民族交往交流交融计划”，指导各旗区建立“驼乡石榴籽家园”志愿服务队，组织开展各族群众互嵌式发展试点工作，确定了10个试点项目，积极探索促进各民族交往交流交融的新经验、新做法。联合民委、教体局、团委等部门广泛开展交流研学活动，举办各族青少年交流活动40余批次，覆盖各族青少年7000余人次。二是巩固创建成果。围绕深化“一区一带三个融入”行动，打造“携手共筑中国梦，英雄精神满驼乡”创建品牌，印发《阿拉善盟民族团结进步创建发展规划（2021—2025）分工方案》，指导各旗区整合资源力量，推进跨区域联创共建。开展第五批全盟民族团结进步示范单位评选命名工作，完成第十一批全国民族团结进步示范区示范单位、第九批全区民族团结进步示范区示范单位的推荐申报工作，8个单位被评为全区民族团结进步示范区示范单位。三是着力提升城市民族工作质效。主动适应城市化发展新趋势，从服务管理入手，在“共同”上出实招，持续优化进城落户、就业创业、社会保障、人才引进、行业准入等政策体系，加快构建“你中有我、我中有你”的互嵌式社会结构和社区环境，让各族群众广泛交往、全面交流、深度交融。四是强化依法治理。坚持在法治轨道上治理民族事务，建立民族工作领域协调联动机制，深入推进盟域社会治理现代化，提升民族事务治理体系和治理能力现代化水平，依法保障各族群众的合法权益，常态化开展风险隐患排查整治，坚决守住不发生重大风险隐患的底线，坚决维护国家安全、民族团结、社会稳定。

（四）紧扣主线增进民生福祉

始终把发展作为铸牢中华民族共同体意识的最大基石，聚焦解决突出民生短板弱项，靶向用力、精准发力，不断增进民生福祉。一是在推动高质量发展中凝聚共识。依托风光资源富集优势，大力发展新能源及全产业链，着力打造全国重要的亿千瓦级新能源大基地；依托盐碱等矿产资源优势和现有产业基础，大力发展煤化工、盐碱化工、精细化工等产业集群，着力打造全国重要的现代盐碱化工基地；依托骆驼、肉苁蓉、锁阳等特色沙生动植物资源，围绕规模化、高端化、绿色化发展方向，着力打造全国重要的骆驼产业基地和沙产业基地；依托得天独厚的文化旅游资源，加快推进资源整合、高端策划和品牌打造，着力打造全国重要的沙漠旅游基地。通过高质量发展汇聚起团结奋进的强大合力，让各族群众携手走向共同富裕。二是在服务保障“国之大者”中凝聚共识。深入实施兴边富民行动和“民营企业进边疆”行动，加快推进边境地区“水电路信”基础设施一体化建设，探索推广生态守边、产业守边、智慧守边新模式，大力提升边境地区产业发展、基本公共服务和基础设施保障水平，解决好边境地区群众吃水、用电、通信、出行和子女上学、看病就医、增收致富等实际问题，不断改善他们的生产生活条件，提升收入水平，切实增强守土戍边群众的获得感、荣誉感和幸福感。三是努力提升教育医疗养老服务水平。加强与区内外名校合作，内蒙古师范大学附属阿拉善中学成功挂牌，受到人民群众欢迎。全盟各级医疗机构通过签订院际技术合作协议，设置专家团队工作站等方式推动医疗高质量发展。制定《阿拉善盟发展旅居康养养老服务工作方案》，与58家旅居康养基地、12家客源输出方、5家知名旅居网络媒体达成合作协议。投入300余万元，建成

10个苏木（镇）养老服务中心和5个嘎查养老服务站。

（五）坚定不移强化兴边稳边固边

全力维护社会安定、人民安宁和民族团结大好局面，坚决维护边疆安全稳定和繁荣发展。一是加快推进边境地区建设。聚力解决边境“空心化”问题，护边员补贴提升至1000元/人。边境学校——乌力吉学校落成揭牌。建成“智慧哨所”3个，为巡边车辆安装北斗监控终端3套。二是深入实施兴边富民行动。2023年，争取少数民族发展任务资金3982万元，高质量实施边境网络通信覆盖工程、分散户农村电网接入工程、输配电线路改造提升和产业基地风光互补改造等兴边富民项目25个。三是提升基层社会治理能力。全面加强盟域社会治理现代化试点工作统筹调度，培育形成“夫妻警务室”、女子专业护边队等基层社会治理特色品牌。加快推进网格治理“多网融合”工作，设置网格1452个，配备网格员3245名，其中专职网格员165名。将“智慧边境一张图”管理平台和人车数据分析比对平台建设纳入全盟“雪亮工程”整体规划，完善“微连心”“基层治理网格通”等网格化信息平台功能。

（六）坚定不移弘扬新风正气

始终保持“永远在路上”的清醒和坚定，推动广大干部群众以新气象新担当新作为，不断开创铸牢中华民族共同体意识各项事业发展新局面。一是大力弘扬蒙古马精神和“弘扬三北精神”。在公益宣传平台常态化滚动展播“加快推进落实习近平总书记交给内蒙古的五大任务”“弘扬蒙古马精神”“弘扬三北精神”等内容，精准推送各类主题宣传教育短信180万余条。在新闻媒体开设“新时代、新征程、新伟业”“弘扬蒙古马精神”等专栏，精心策划并推出快评、综述等媒体产品7万余件。《飞播42年，这片沙漠增绿6.23万亩》《大漠戈壁：他们用心守护千年遗迹》等一批稿件被《人民日报》、新华网、央视新闻联播等国内主流媒体刊播，引发全社会广泛关注。二是全面树立和展示阿拉善良好形象。把铸牢中华民族共同体意识宣传教育融入文明城市、文明单位、文明村镇、文明社区创建各领域，列入公民道德建设工程，融入新时代公民道德建设“十大行动”，组织开展相关活动2800余场次。举办五盟市“弘扬蒙古马精神”——“北疆楷模”巡回报告会、“阿拉善楷模”先进事迹发布会，算井子派出所、黑鹰山供电所被自治区授予“北疆楷模”荣誉称号。三是进一步优化营商环境。印发《阿拉善盟全面优化提升营商环境行动方案（2023年）》，进一步提升“掌上办”服务能力，实现政务服务事项“掌上办”全覆盖。形成盟、旗（区）、苏木镇（街道）、嘎查村（社区）四级政务服务体系，建成便民服务中心38个，便民服务点254个，覆盖率100%。

二、创新思路举措，将铸牢中华民族共同体意识融入全过程各方面

（一）进一步突出主线

把全面贯彻铸牢中华民族共同体意识主线写入各部门各单位“三定”规定、各议事协调机构工作规则及其常设办事机构工作细则等，明确职能职责，做到融入日常、抓在经常。推动将贯彻铸牢中华民族共同体意识主线写入各行业规章、社会组织章程和村规民约、市民公约，融入企业文化建设，成为广大干部职工群众的行为准则和日常习惯。

（二）强化示范创建

出台建设铸牢中华民族共同体意识示范盟实施方案，明确主要任务和具体举措，落实自治区民族团结进步示范区示范单位“百千万示范引领”工程，以铸牢中华民族共同体意识为根本方向深化内涵、丰富形式、创新方法，持续打造“携手共筑中国梦，英雄精神满驼乡”创建品牌，大力实施“一区一带三个融入”创建行动，打造新时代民族团结进步创建升级版，努力实现

“双示范”（铸牢中华民族共同体意识示范盟、全国民族团结进步示范盟）目标。

（三）打造阿拉善“北疆文化”品牌

建立重大资金安排使用贯彻铸牢中华民族共同体意识主线审核机制，对开展铸牢中华民族共同体意识宣传教育、建设铸牢中华民族共同体意识教育实践基地、打造“北疆文化——阿拉善·善文化”品牌、全面推广普及国家通用语言文字等工作予以保障。大力推行“惠民幸福账单”，完善惠农惠牧财政补贴资金“一卡通”直达机制，优化查询服务、申报服务、金融服务，依托“明白卡”让各族群众知晓惠有多少、惠从何来、惠在何处，从而发自内心地感党恩、听党话、跟党走。

（四）营造铸牢中华民族共同体意识浓厚氛围

推动铸牢中华民族共同体意识宣传教育进企业、进农村、进机关、进校园、进社区、进军营、进网络。开展铸牢中华民族共同体意识宣传宣讲，大力宣传中华民族的历史、中华民族共同体理论、新时代党的民族工作取得的历史性成就、中华民族同世界各国人民携手构建人类命运共同体的美好愿景。深入挖掘“土尔扈特部万里东归”“最好牧场为航天”“国家的孩子在阿拉善”等反映各民族“四个与共”的史实，打造一批铸牢中华民族共同体意识主题公园和教育实践基地，谋划设置支持国防、双拥共建、守土戍边等具有阿拉善特色的课程，创新传播方式，丰富传播内容，拓宽传播渠道，讲好中华民族共同体故事。

（五）以语言相通促进心灵相通

在持续提高教育教学质量上下功夫，逐步转变民族语言授课学校教育办学模式，加快推进校际之间领导班子交流和教师互派，实施原民族语言授课教师能力提升行动，全面推动就近入学、划片招生工作，实现各民族学生同校共班，在学前教育阶段实施“童语同音”计划，全面开设“立德育苗”课堂；在义务教育阶段用好《中华民族大家庭》等教材，开展不少于12课时的民族团结进步专题教育；在高中教育阶段全面开展“我对祖国深情告白”等活动，广泛开展“爱我中华”夏令营、冬令营等社会实践；在高等教育阶段全面实行师生共学共用《中华民族共同体概论》等教材，实施高校“礼敬中华优秀传统文化”项目。尊重和保障少数民族语言文字学习和使用，分期分批开展在职公务员普通话培训测试工作，确保2024年在职公务员普通话水平持证率达到100%。在党员干部培训班次中开设少数民族语言选修课程，鼓励边境地区干部和基层干部学习使用少数民族语言文字，培养更多蒙汉兼通的干部，促进各民族广泛交往交流交融。

（六）抓好基层党组织建设

把铸牢中华民族共同体意识融入星级化“亮晒比”全过程，将铸牢中华民族共同体意识、维护社会稳定、带领各族群众致富作为模范党支部评选要件；围绕打造“驼乡儿女心向党、感恩奋进新时代”党建品牌，大力开展“强基筑边”行动，打造一批“红色边境党建长廊示范点”；探索边境地区“党政军警企民”合力强边固防等融合党建新载体新模式，推动每名党员干部成为维护民族团结、社会安定的先锋模范。

附　录

2023 年内蒙古民族工作大事记

1 月 17 日，自治区发改委、文旅厅、民委印发《内蒙古自治区关于实施旅游促进各民族交往交流交融计划的实施方案》。方案深入贯彻落实习近平总书记关于加强和改进民族工作的重要思想，坚持以铸牢中华民族共同体意识为主线，提出 22 条工作举措，通过推动旅游业高质量发展，有效促进各民族交往交流交融。

2 月 17 日，自治区党委统战部、自治区民委印发《内蒙古自治区贯彻落实中央统战部国家民委等七部委〈关于实施各族群众互嵌式发展计划的意见〉实施方案》。方案深入贯彻落实习近平总书记关于加强和改进民族工作的重要思想，坚持以铸牢中华民族共同体意识为主线，通过促进各族群众就业创业、优化营商环境、深化铸牢中华民族共同体意识宣传教育、深化民族团结进步创建等举措，营造适宜各族群众互嵌式发展的社会环境。

2 月 20 日，自治区党委统战部、自治区民委制定《内蒙古自治区贯彻落实国家〈“十四五”民族团结进步事业规划〉的实施方案》。

2 月 25 日，自治区党委统战部、自治区民委印发《内蒙古自治区贯彻落实五部委〈关于实施各族青少年交流计划的意见〉实施方案》。方案深入贯彻落实习近平总书记关于加强和改进民族工作的重要思想，坚持以铸牢中华民族共同体意识为主线，通过组织各族青少年开展线上线下各类活动，积极搭建促进各族青少年交往交流交融载体，引导各族青少年不断增强对伟大祖国、中华民族、中华文化、中国共产党、中国特色社会主义的认同。

3月20日，内蒙古自治区本级财政下发2023年衔接推进乡村振兴（少数民族发展任务）补助资金7800万元；5月17日，下发2023年中央财政衔接推进乡村振兴补助资金（不含提前下达部分）9742万元；12月6日，下发2024年中央财政衔接推进乡村振兴（少数民族发展任务）补助资金57283万元。

3月22日至24日，中央统战部副部长，国家民委主任、党组书记潘岳率调研组来我区调研。他强调，要以党的二十大精神为指引，深入学习贯彻习近平新时代中国特色社会主义思想，深刻领悟“两个确立”的决定性意义，增强“四个意识”、坚定“四个自信”、做到“两个维护”，以铸牢中华民族共同体意识为主线，加强和改进新时代党的民族工作，继续保持模范自治区的崇高荣誉。自治区党委副书记、自治区主席王莉霞陪同调研。调研期间，潘岳一行先后前往呼和浩特第三十中学、内蒙古博物院，了解铸牢中华民族共同体意识工作情况，与干部群众、专家学者进行深入交流，并召开座谈会听取自治区有关部门、呼和浩特市民族工作情况汇报。潘岳指出，内蒙古自治区认真贯彻落实习近平总书记关于加强和改进民族工作的重要思想，坚决落实习近平总书记关于内蒙古工作的各项要求，按照中央民族工作会议决策部署，有形有感有效开展铸牢中华民族共同体意识工作，推动全区民族团结进步事业取得新成效。潘岳强调，要不断加强党对民族工作的全面领导，坚持和完善民族区域自治制度，凝聚做好民族工作的合力。要着力抓好铸牢中华民族共同体意识宣传教育，编好《中华民族交往交流交融史料汇编·内蒙古卷》，挖掘梳理体现共同性的文化历史资源，引导全社会树立正确的中华民族历史观。要正确把握中华文化与各民族文化的关系，树立和突出各民族共享的中华文化符号和中华民族形象，推动各民族优秀传统文化的创造性转化、创新性发展，全面推广使用国家通用语言文字，引导各族群众自觉增强中华文化认同。要以中国式现代化推动各民族共同走向社会主义现代化，找准实现高质量发展的切入点和发力点，深入开展兴边富民行动等重点工程，推动各民族广泛交往交流交融，在全面建设社会主义现代化国家新征程上促进各民族共同团结奋斗、共同繁荣发展。

3月29日，充分发挥兴边富民行动协调小组办公室的作用，协调各成员单位形成本年度兴边富民行动工作要点。

4月14日，内蒙古大学成功复创中央四部委铸牢中华民族共同体意识研究基地。

4月，经中共内蒙古自治区委员会机构编制委员会审批，自治区民委的职责、机构和编制进行了调整。

4月，自治区民委印发《关于持续做好〈内蒙古自治区实施中华人民共和国国家通用语言文字法办法〉学习宣传贯彻落实工作的通知》，举办了全区视频培训班，组织全区民委系统干部，各盟市市场监督管理局、执法部门、相关综合服务窗口、牌匾制作企业工作人员以及个体工商户代表等200余人参训。

5月25日至31日，自治区党委统战部、宣传部，自治区民委、司法厅联合开展全区“民族法治宣传周”工作，全区12个盟市、82个自治区直属机关单位积极行动，广泛深入开展党的民族理论政策和法律法规进机关、进企业、进社区、进苏木乡镇、进学校、进连队、进宗教活动场所、进网络等。活动期间，自治区党委统战部、宣传部，自治区民委、司法厅联合开展了党的民族理论政策和民族法律法规知识网络有奖竞答活动。

5月，开展全区“民族政策宣传月”工作。自治区党委统战部、宣传部，自治区民委、司法厅联合印发工作方案，在包头市举办启动仪式。全区12个盟市、82个自治区直属机关单位积极行动，扎实推进党的民族理论政策和法律法规进机关、进企业、进社区、进苏木乡镇、进学校、进连队、进宗教活动场所、进网络等。

6月5日至8日，中共中央总书记、国家主席、中央军委主席习近平在内蒙古巴彦淖尔市、呼和浩特市考察。习近平总书记强调，要牢牢把握党中央对内蒙古的战略定位，完整、准确、全面贯彻新发展理念，紧紧围绕推进高质量发展这个首要任务，以铸牢中华民族共同体意识为主线，坚持发展和安全并重，坚持以生态优先、绿色发展为导向，积极融入和服务构建新发展格局，在建设“两个屏障”“两个基地”“一个桥头堡”上展现新作为，奋力书写中国式现代化内蒙古新篇章。

习近平总书记强调，要加快优化产业结构，积极发展优势特色产业。内蒙古是国家重要能源和战略资源基地、农畜产品生产基地和我国向北开放重要桥头堡，优化产业结构必须立足这些禀赋特点和战略定位，大力发展优势特色产业，积极探索资源型地区转型发展新路径，加快构建体现内蒙古特色优势的现代化产业体系。要发挥好能源产业优势，把现代能源经济这篇文章做好。要发挥好战略资源优势，加强战略资源的保护性开发、高质化利用、规范化管理，加强能源资源的就地深加工，把战略资源产业发展好。要发挥好农牧业优势，从土地、科技、种源、水、草等方面入手，稳步优化农牧业区域布局和生产结构，推动农牧业转型发展，大力发展生态农牧业，抓好农畜产品精深加工和绿色有机品牌打造，促进一二三产业融合发展，推动农牧业高质量发展。要积极参与共建“一带一路”和中蒙俄经济走廊建设，提升对外开放水平，构筑我国向北开放的重要桥头堡，在联通国内国际双循环中发挥更大作用。要加强与京津冀、长三角、粤港澳大湾区和东三省的联通，更好融入国内国际双循环。

习近平总书记指出，筑牢我国北方重要生态安全屏障，是内蒙古必须牢记的“国之大者”。要统筹山水林田湖草沙综合治理，精心组织实施京津风沙源治理、“三北”防护林体系建设等重点工程，加强生态保护红线管理，落实退耕还林、退牧还草、草畜平衡、禁牧休牧，强化天然林保护和水土保持，持之以恒推行草原森林河流湖泊湿地休养生息，加快呼伦湖、乌梁素海、岱海等水生态综合治理，加强荒漠化治理和湿地保护，加强大气、水、土壤污染防治，在祖国北疆构筑起万里绿色长城。要进一步巩固和发展“绿进沙退”的好势头，分类施策、集中力量开展重点地区规模化防沙治沙，不断创新完善治沙模式，提高治沙综合效益。

习近平总书记强调，从全国来看，推动全体人民共同富裕，最艰巨的任务在一些边疆民族地区。这些边疆民族地区在走向共同富裕的道路上不能掉队。要坚持以人民为中心，在发展中更加注重保障和改善民生，补齐民生短板，增进民生福祉，让各族人民实实在在感受到推进共同富裕在行动、在身边。要全面落实就业优先政策，把推动实现更加充分更高质量的就业摆在突出位置，完善政策体系，强化培训服务，精准有效实施减负稳岗扩就业各项政策措施，支持多渠道灵活就业，重点抓好高校毕业生、退役军人、农民工等群体就业。要开拓就业渠道，加强对脱贫家庭、低保家庭、零就业家庭、残疾人等困难人员就业兜底帮扶。要健全多层次社会保障体系，推动参保扩面，加大社会救助、医疗救助、低保和困难家庭保障扶持措施，发展养老事业和养老产业。要巩固拓展脱贫攻坚成果，把促进脱贫县加快发展作为主攻方向，增强脱贫地区和脱贫群众内生发展动力，坚决守住不发生规模性返贫底线。要以“时时放心不下”的责任感抓好安全生产，把制度完善起来，把责任落实下去，尽最大努力防范各类重大安全事故的发生，维护好人民群众生命财产安全。

习近平总书记指出，铸牢中华民族共同体意识是新时代党的民族工作的主线，也是民族地区各项工作的主线。民族地区的经济建设、政治建设、文化建设、社会建设、生态文明建设和党的建设等，都要紧紧围绕、毫不偏离这条主线。无论是出台法律法规还是政策措施，都要着眼于强化中华民族的共同性、增强中华民族共同体意识。要坚定不移全面推行使用国家统编教材，确保各民族青少年掌握和使用好国家通用语言文字。要统筹城乡建设布局规划和公共服务资源配置，创造更加完善的各族群众共居共学、共建共享、共事共乐的社会条件。

6 月 21 日，自治区党委统战部、自治区民委制定出台《内蒙古自治区铸牢中华民族共同体意识研究基地管理办法》，明确了基地建设标准、方向和职责，为基地围绕主线开展工作提供了制度保障。

6 月，自治区民委协助中国民族语文翻译局完成民族语文翻译工作专项调研。组织相关人员召开座谈会，围绕民族语文规范化标准化工作机制、党政文献翻译工作机制和经验成果、蒙古语文信息化建设等方面进行了交流；赴内蒙古广播电视台进行调研。

7 月 3 日至 5 日，中国共产党内蒙古自治区第十一届委员会第六次全体会议在呼和浩特举行。会议审议通过《内蒙古自治区党委关于全方位建设模范自治区的决定》。《决定》指出要在感党恩听党话、紧跟习近平总书记奋进新征程上作模范，在铸牢中华民族共同体意识上作模范，在民族地区推进中国式现代化建设中作模范，在边疆民族地区走向共同富裕的道路上作模范，在兴边稳边固边上作模范，在边疆地区联通国内国际双循环上作模范，在弘扬新风正气上作模范。

7 月 8 日至 13 日，成功举办第十届全区少数民族传统体育运动会。本届运动会以“多彩乌兰察布 · 和谐民族盛会”为主题，为期 6 天，共设 15 个竞赛项目和 4 个表演项目，全区 12 盟市的运动员、领队、教练员、裁判员、表演人员等 2600 余人参加。

7 月 18 日，蒙藏学校旧址暨中华民族共同体体验馆第二期中华民族优秀文化体验项目开展仪式在北京举行。中央统战部副部长，国家民委党组书记、主任潘岳出席仪式并讲话；自治区党委常委、统战部部长胡达古拉，山东省委常委、统战部部长徐海荣致辞；北京市委宣传部副部长张际主持开展仪式；国家民委有关部门负责同志，北京市委宣传部有关同志，内蒙古自治区和山东省民族、宣传、文旅等相关部门负责同志参加仪式。

7 月 21 日，自治区民委印发《内蒙古自治区民族团结进步示范区示范单位测评指标体系》，在原有测评指标基础上，进一步强化铸牢中华民族共同体意识主线地位，使各项指标内容更具操作性、针对性和实效性，高质量推进民族团结进步示范区示范单位建设。

7月31日，内蒙古自治区十四届人大常委会第五次会议闭幕。会议全票通过了《内蒙古自治区全方位建设模范自治区促进条例》《内蒙古自治区建设我国北方重要生态安全屏障促进条例》《内蒙古自治区筑牢祖国北疆安全稳定屏障促进条例》《内蒙古自治区建设国家重要能源和战略资源基地促进条例》《内蒙古自治区建设国家重要农畜产品生产基地促进条例》《内蒙古自治区建设国家向北开放重要桥头堡促进条例》6部地方性法规，自2023年9月1日起施行。

自治区民委在鄂尔多斯市鄂托克前旗、赤峰市巴林右旗分别举办了第一期（2023年5月18日）、第二期（2023年7月17日）民族传统手工艺品制作培训班，带动更多人参与民族手工艺品制作，促进了农牧民就业创业。

8月12日，自治区党委常委、统战部部长胡达古拉在赤峰市调研，强调要将铸牢中华民族共同体意识作为各项工作的主线，有形有感有效、润物无声地铸牢中华民族共同体意识。在喀喇沁旗河南街道广场社区，胡达古拉旁听了大中专学生暑期“三下乡”青马宣讲团的宣讲，要求宣讲团成员将所学专业知识融入宣讲中，为社区居民讲述好中华民族一家亲的故事。在马鞍山村委会，胡达古拉观看了“铸牢中华民族共同体意识乌兰牧骑演出万村行”文艺演出和铸牢中华民族共同体意识知识竞赛，指出要丰富铸牢中华民族共同体意识宣传教育的载体和手段，引导大家牢固树立休戚与共、荣辱与共、生死与共、命运与共的共同体理念。

8月17日，自治区民委印发《内蒙古自治区民族团结进步示范区示范单位命名管理办法》，在原命名管理办法的基础上，进一步强化铸牢中华民族共同体意识主线地位，完善动态管理机制、退出机制等，高质量推进民族团结进步示范区示范单位建设。

8月21日至22日，全方位建设模范自治区论坛在鄂尔多斯市举行，自治区党委常委、统战部部长胡达古拉出席论坛并致辞。胡达古拉希望与会专家学者畅所欲言、集思广益、献计献策；希望自治区民族工作协调机制成员单位和各盟市率先把铸牢中华民族共同体意识融入各项工作中，率先落实《内蒙古自治区党委关于全方位建设模范自治区的决定》部署要求，互学互鉴、共同提高，汇聚起全方位建设模范自治区的强大力量。论坛由自治区党委统战部、自治区民委主办，邀请国家民委、北京市委统战部有关同志，区内外专家学者和区直部门、盟市有关负责同志110多人参加。5位专家作主旨发言，麻国庆、王延中、刘宝明等10位专家学者被聘为自治区铸牢中华民族共同体意识研究智库特聘专家。

8月24日，自治区党委统战部、宣传部，自治区教育厅、民委联合印发《关于申报内蒙古自治区铸牢中华民族共同体意识研究基地的通知》，组织有关高校和科研院所开展申报工作。

9月1日至2日，自治区民委会同自治区工商联在呼伦贝尔市额尔古纳市召开了全区兴边富民行动现场会暨“民营企业进边疆”行动推进会，共78人参会，其中有18名企业家。

9月5日至14日，自治区民委走访调研8家自治区研究（培育）基地，详细了解各研究基地建设和理论研究开展情况，征求了有关专家学者的意见建议，合力推动研究工作提质增效。

9月27日，全区2023年第四期形势政策报告会在呼和浩特举行，自治区党委常委、统战部部长胡达古拉以“全方位建设模范自治区，奋力书写中国式现代化内蒙古新篇章”为题作专题辅导。胡达古拉说，要深入贯彻落实习近平总书记对内蒙古的重要指示精神，全面把握自治区党委关于全方位建设模范自治区决定的深刻内涵、重点任务和实践要求，大力弘扬蒙古马精神和“三北精神”，坚定自觉办好两件大事，奋力闯新路、进中游，以实际行动忠诚拥护“两个确立”、坚决做到“两个维护”。

9月，在第26届全国推广普通话宣传周活动期间，自治区民委围绕“推广普通话 奋进新征程”“推广普及国家通用语言文字 铸牢中华民族共同体意识”主题，针对各族干部群众，组织开展了形式多样的系列宣传活动，为推广普及国家通用语言文字营造了良好的社会环境。

9月，自治区党委统战部、宣传部和自治区民委、教育厅印发了第40个全区民族团结进步活动月工作方案，各地区各部门以“线上+线下”工作方式，深入开展主题活动和宣传教育，参与互动人数达1000万以上。

10月5日，国务院印发《关于推动内蒙古高质量发展奋力书写中国式现代化新篇章的意见》。《意见》包括9部分33条具体内容，第八部分“加强中华民族共同体建设，筑牢北疆安全稳定屏障”包含5条内容，其中第二十六条指出：全面推进民族团结进步事业。开展铸牢中华民族共同体意识示范创建，推进研究基地和教育实践基地建设。构筑中华民族共有精神家园，坚定不移全面推行使用国家统编教材，确保各民族青少年掌握和使用好国家通用语言文字。巩固深化民族团结进步创建，持续开展各民族交往交流交融“三项计划”。完善防范化解民族领域重大风险体制机制。统筹城乡建设布局规划和公共服务资源配置，创造更加完善的各族群众共居共学、共建共享、共事共乐的社会条件，在新时代继续保持“模范自治区”的崇高荣誉。

10月23日，自治区民委与内蒙古日报社签订宣传合作协议，联合出版了《铸牢中华民族共同体意识·家园》一书，有利于引导广大干部群众不断增强对中华文化的认同。

10月24日，自治区民委会同自治区文旅厅、社科院、文物局转发国家民委等四部门关于《开展边境“四个共同”长廊建设的指导意见》，积极指导试点地区开展工作。

11月7日至16日，自治区民委配合国家民委完成铸牢中华民族共同体意识宣讲团在我区的示范宣讲活动。宣讲团在呼和浩特市等9个盟市分别开展了12场宣讲活动，9600余人参加了宣讲活动。

11月14日，内蒙古自治区铸牢中华民族共同体意识研究（培育）基地座谈会在北京市召开，自治区党委常委、统战部部长胡达古拉出席会议并讲话。会后组织与会人员赴中央民族大学考察学习。

11月15日，自治区党委书记孙绍骋在呼和浩特市调研北疆文化建设工作并主持召开座谈会。孙绍骋说，自治区党委十一届六次全会提出打造“北疆文化”品牌以来，各有关方面都动起来了，做了大量工作，取得了积极成效。现在这项工作已经有了良好的开端，下一步要不断拓展研究的深度和广度，更加深透地阐释好北疆文化的内涵特质特别是核心内容，切实把“北疆文化”品牌全面立起来。孙绍骋说，做好北疆文化研究阐释工作，要把握好六个方面的要求。一是以习近平文化思想为根本遵循和指引，完整、准确、全面学习领会这一重要思想，切实将其全过程地落实到“北疆文化”品牌打造的各环节，确保不跑偏、不走样。二是牢牢把握铸牢中华民族共同体意识这条主线，使“三个离不开”“四个与共”“五个认同”和“七个作模范”充分融入北疆文化建设。三是深度观照内蒙古大地上各民族交往交流交融的历史和现实，用史料说话，用发展说话，展现好北疆文化深厚的历史底蕴和现实基础。四是充分挖掘守望相助理念的丰富内涵，讲好优良传统，讲好历史佳话，阐释好北疆文化蕴含的家国情怀。五是深刻研释蒙古马精神和“三北精神”，提炼和升华好精神中的精神，赋予北疆文化更加鲜明的精神特质，激励干部群众逢山开路、遇水架桥，锚定目标一干到底。六是从办好两件大事的实践中汲取精神养分，以闯新路、进中游的目标任务激发北疆文化建设的活力，以文化建设的大提升支撑经济发展的大跃升。文化的生命力在于应用，文化建设最忌形式主义，更当虚功实做，要再加一把劲，立竿见影、有形有感地把能做的事情做起来，持续用力、久久为功。自治区领导包钢、郑宏范、于立新参加有关活动。

11 月 16 日，自治区党委书记孙绍骋主持召开会议，听取自治区有关部门单位关于全面贯彻铸牢中华民族共同体意识这条主线的工作情况汇报。会上，自治区党委组织部、统战部，自治区公安厅、司法厅、住建厅、文旅厅、体育局、妇联负责同志分别作了汇报。孙绍骋在讲话中认真梳理了习近平总书记关于铸牢中华民族共同体意识的重要论述及其来龙去脉。他说，内蒙古作为习近平总书记铸牢中华民族共同体意识“也是民族地区各项工作的主线”重大论断的首次提出地，一定要在全面贯彻落实这条主线上走在前、作表率。各地区各部门单位都要深学细悟铸牢中华民族共同体意识的基本内涵和实践要求，深刻领会习近平总书记为何如此高度重视铸牢中华民族共同体意识，为何将其上升到新时代党的民族工作和民族地区各项工作主线这样的高度，切实做到知其然更知其所以然，进一步增强全面贯彻主线的意识和自觉，确保经济建设、政治建设、文化建设、社会建设、生态文明建设和党的建设等都紧紧围绕、毫不偏离这条主线。要在前段工作的基础上，紧扣如何更加深入具体地落实好“三个离不开”“四个与共”“五个认同”和“七个作模范”等方面的要求进行深入思考，进一步把思路举措谋精准谋细致，实打实地把主线落实到各项工作的全过程各环节。要用心做好结合和融入的工作，切实把贯彻主线和履行职责有机统一起来，不能主线是主线、工作是工作，搞成“两张皮”，更不能空喊口号、流于形式。要在“共同”上下功夫，全面推动各民族共居共学、共建共享、共事共乐，有事情一起做，有难题一起扛，发展成果一起分享。要打造和用好“北疆文化”品牌，更好促进各民族人心归聚、精神相依。要健全完善相关工作机制，加强把关、形成导向，确保全面贯彻铸牢中华民族共同体意识这条主线常态长效地抓下去。于立新出席会议。

11 月 17 日，自治区民委召开《中华民族交往交流交融史料汇编·内蒙古卷》史料编纂工作推进会暨编纂人员培训会，听取编纂情况汇报，研究解决困难和问题，安排部署下一步工作，自治区党委统战部、自治区民委有关领导和处室负责同志、《中华民族交往交流交融史料汇编·内蒙古卷》课题组编纂人员 70 多人参加会议。

11 月 18 日至 19 日，自治区党委书记孙绍骋在包头市调研铸牢中华民族共同体意识、主题教育及重点工作推进情况。在听取包头市委关于贯彻铸牢中华民族共同体意识这条主线思路举措的汇报后，孙绍骋就进一步推动这项工作走深走实提出要求。他说，第一，要深入学习领会习近平总书记关于铸牢中华民族共同体意识的重要指示精神，理清来龙去脉，领悟精神实质，充分认识把这条主线贯穿于民族地区各项工作中的极端重要性。第二，要弄清楚铸牢中华民族共同体意识的基本内涵，“三个离不开”“四个共同”“四个与共”“五个认同”“五观”包括自治区党委提出的“七个作模范”，指的是什么、要干什么都要结合实际弄明白、把握好，进而把贯彻主线的切入点、发力点找准谋实。第三，要做好结合和融入的工作，处理好主线与具体工作的关系，把主线具体深入地贯彻到完成五大任务、全方位建设模范自治区各项工作中。第四，要在“共同”上做文章、出实招，让各族群众更加广泛地共居共学、共建共享、共事共乐。第五，要用好“北疆文化”品牌，打造推出更多具有地方特色的标志性建筑和旅游项目。第六，要多从机制上想办法，强化各部门单位对主线的落实和把关职责，常态化、制度化地把这项工作抓下去。丁绣峰、于立新参加调研。

11 月 22 日，自治区党委书记孙绍骋主持召开会议，听取有关部门单位关于贯彻铸牢中华民族共同体意识这条主线的思路举措汇报。会上，自治区党委宣传部、政法委，自治区发改委、民委、民政厅、财政厅、生态环境厅、农牧厅负责同志分别作了汇报。孙绍骋说，对民族地区来讲，铸牢中华民族共同体意识是各项工作的主线，各部门各单位的工作都要自觉向此聚焦用力。要抓紧优化职能职责，把做好铸牢中华民族共同体意识的工作明确写入部门单位的“三定”方案，使贯彻主线成为法定职责、必尽之责。要把统筹协调、检查督办、跟踪问效、监督问责等工作机制建起来，确保全面贯彻主线的要求在法规政策制定审核、党员干部教育培训管理、各类新建组织章程制定等方方面面都落实下去。要结合谋划明年工作，认真制定贯彻主线的计划和要点，把干什么和怎么干想清楚、列出来，一项一项抓好组织实施，确保有抓手、有成果。要加强对全面贯彻主线重大问题的研究，深化对政策和区情的研究，把握特殊性，强化协同性，更好促进各项政策与民族政策同向发力，更好推动地区经济社会发展。要深入细致做好工作，既高度重视、全面贯彻，又精准结合、防止泛化，坚决杜绝空喊口号、乱贴标签，高度警惕各种形式的“低级红”“高级黑”。于立新出席会议。

11 月 28 日，自治区党委统战部、宣传部，自治区民委命名呼和浩特市武川县等 138 个地区和单位为第九批全区民族团结进步示范区示范单位。

11 月，自治区党委统战部、自治区民委联合印发《全区铸牢中华民族共同体意识教育实践基地建设工作方案（2023—2027年）》，从2024年起，支持建设自治区级铸牢中华民族共同体意识教育实践基地，到2027年自治区成立80周年时，在全区初步建成较为完备的铸牢中华民族共同体意识教育实践基地体系。

6月至11月，自治区民委按照国家民委有关要求推动落实《中华民族共同体概论（试用本）》（以下简称《概论》）教材在全区的试用试讲工作。6月，在内蒙古民族大学、呼和浩特民族学院两所院校进行试讲，征集授课老师的意见建议，及时进行整理反馈。9月，国家民委教育司在内蒙古师范大学、呼和浩特民族学院2所高校开展《概论》教材试讲试用情况调研，与自治区教育厅就《概论》教材试讲试用工作进行了座谈交流。10月，自治区教育厅组织自治区15名高校骨干教师参加了国家民委、教育部举办的高校铸牢中华民族共同体意识教育干部师资研讨班，进一步提升政治能力和业务素养。11月，在第二届学校铸牢中华民族共同体意识教育论坛上，邀请区内外知名专家对《概论》进行解读，并对我区使用该教材进行部署安排；组织召开铸牢中华民族共同体意识教育暨《概论》教材试用试讲工作座谈会，推动我区铸牢中华民族共同体意识教育工作高质量发展。

12月12日，内蒙古师范大学成功复创国家民委中华民族共同体研究基地。

12月16日，自治区民委会同自治区工商联建立“民营企业进边疆”行动工作协调机制，负责行动的组织领导、指导推动、统筹协调和服务保障。

12月27日，自治区民委制定实施《内蒙古自治区民族事务委员会民族工作研究项目管理办法（试行）》，明确了民族工作研究项目的申请立项、经费支持、过程管理、验收结项、成果转化等工作流程，为规范有序开展铸牢中华民族共同体意识研究提供了制度支撑。

12月27日，自治区民委制定出台《内蒙古自治区民族事务委员会民族工作专家库管理办法（试行）》，明确了专家入库条件、申请流程、选用方式、权利义务、监督管理等细则要求。

12月29日，自治区民委印发了《2024年民族工作研究项目课题指南》，定向委托自治区研究（培育）基地开展铸牢中华民族共同体意识研究重大委托项目10个，一般委托项目20个。

12月，自治区党委印发《关于全面贯彻铸牢中华民族共同体意识主线的若干措施》。《若干措施》提出28条具体举措，明确了对各项工作和民族工作全面贯彻铸牢中华民族共同体意识主线进行统筹协调的两个责任部门，要求各类机构和组织把全面贯彻铸牢中华民族共同体意识主线写入“三定”规定、纳入相关职能职责；在学习教育和宣传阐释工作、地方性法规审核审查、经济社会发展政策规划及资金审核、“北疆文化”品牌打造、干部队伍和基层党组织建设等若干方面，对全面贯彻铸牢中华民族共同体意识主线工作提出要求。

后　记

《内蒙古自治区铸牢中华民族共同体意识蓝皮书（2023）》（以下简称《蓝皮书》），是自治区重点科研项目“内蒙古中华民族共同体建设研究工程（2023—2027年）”的子课题，也是该研究工程首部蓝皮书。

《蓝皮书》的编写工作是在自治区党委统战部和自治区社科院党委领导下进行的。自治区党委常委、统战部部长胡达古拉同志高度重视编写工作，多次提出重要要求并给予指导；自治区党委统战部副部长孙志强同志、时任三处处长闫爽同志组织参与文稿审核、统稿、征求意见、审定等具体工作；自治区社科院党委书记简小文研究员多次主持召开专题会议指导推进编写工作。《蓝皮书》由自治区社科院包银山研究员和娜仁其木格研究员负责设计主要内容框架，组织科研人员进行调查研究、组织编写并初步统稿形成初稿。参与编写者有（以撰写报告先后为序）：何生海、高风、张倩、德红英、双宝、武振国、马钰琦、郭芮希、天莹、李娜、张国庆、王海荣、康建国、白图亚、郭晶晶、照日格图、金洁、娜仁其木格、钱程等专家学者。区域报告由12个盟市委统战部供稿，民族工作大事记由自治区民委提供。形成初稿后先后请云冰、吴海山、张玲玲、李春林、包思勤、萨仁、何生海、包银山（财经大学）、胡清惠、王海荣、杨德瑞、刘杰、刘丰颢、高鹏华、曹井波、王世喜、李贵文、黄莹、奥丽娜、王叶等领导和专家审读书稿，提出修改意见；之后又征求了自治区党委组织部、宣传部、党史和地方志研究室以及自治区政府办公厅、发改委、教育厅、农牧厅、文化和旅游厅、生态环境厅、水利厅、林业和草原局、卫生健康委员会、民族事务委员会等部门意见，最后由自治区社科院乌云格日勒研究员对全部书稿进行统稿修改。钱程、张宁、张文艳、毕力格等同志负责编写工作日常协调联络事宜。内蒙古人民出版社在时间紧、任务重的情况下，加班加点完成出版任务，王静、董丽娟、蔺小英、翟晓娟负责书稿的编辑、排版工作。在此，对本书编写过程中，给予指导、配合与支持的各有关单位及专家学者们表示衷心感谢！

由于编写时间较紧、编写组水平有限，书中难免有错漏之处，恳请广大读者批评指正。

内蒙古社科院《蓝皮书》编写组

2024年6月